李援释法报告集

立法者讲法

李援 著

中国民主法制出版社

图书在版编目（CIP）数据

立法者讲法：李援释法报告集/李援著．—北京：中国民主法制出版社，2020.2

ISBN 978-7-5162-2180-8

Ⅰ.①立…　Ⅱ.①李…　Ⅲ.①法律解释—中国—文集　Ⅳ.①D920.5-53

中国版本图书馆 CIP 数据核字（2020）第 018860 号

图书出品人：刘海涛

图 书 策 划：张　涛

责 任 编 辑：周冠宇

书名/立法者讲法——李援释法报告集

LIFAZHEJIANGFA——LIYUANSHIFABAOGAOJI

作者/李　援　著

出版·发行/中国民主法制出版社

地址/北京市丰台区右安门外玉林里 7 号（100069）

电话/人大系统发行 010－66238486　010－83910658　010－63056983

传真/010－63297356

http：// www. npcpub. com

E-mail：mzfz@ npcpub. com

经销/新华书店

开本/16 开　787 毫米 ×1092 毫米

印张/18.25　**字数**/242 千字

版本/2020 年 2 月第 1 版　2020 年 2 月第 1 次印刷

印刷/北京天宇万达印刷有限公司

书号/ISBN 978-7-5162-2180-8

定价/42.00 元

目　　录

行政法篇

社会法篇

代序：

五年普法教育决议与中国特色社会主义法律体系（节选）*

全国人大常委会法工委　李　援

1985 年，六届全国人大常委会第十三次会议通过了第一个五年普法教育决议；2011 年 4 月，十一届全国人大常委会第二十次会议通过了第六个五年普法教育决议。1986 年至 2010 年，我国法制宣传教育五个五年规划已顺利实施和完成，取得了明显成效。公民的宪法和法律意识明显增强，权利意识和公民意识普遍提高，人民政府、企业事业单位和社会团体的依法办事和依法治理活动有序推进，社会管理法治化水平进一步提高，法制宣传教育在服务经济社会发展、维护社会和谐稳定、落实依法治国基本方略中发挥了重要作用。

一、历次普法决议的回顾

1. 从普法决议的题目看普法教育活动的逐步强化

这是一个很有意思的现象。“一五”普法决议的题目是：关于在公民中基本普及法律常识的决议；“二五”普法决议的题目是：关于深入开展法制宣传教育的决议；“三五”普法决议的题目是：关于继续开展法制宣传教育的决议；“四五”普法决议的题目是：关于进一步开展法制宣传教育的决议；“五五”普法决议的题目是：关于加强法制宣传教育的决议；“六五”普法决议的题目是：关于进一步加强

---

* 2011 年 5 月 17 日，为全国人大常委会办公厅培训中心录制的视频讲话。

法制宣传教育的决议。它充分印证了我国的普法教育活动在逐步强化。

"一五"普法教育决议是全国人大常委会1985年作出的，规定为了发展社会主义民主，健全社会主义法制，必须将法律交给广大人民掌握，大力加强法制宣传教育，在公民中普及法律常识，树立法制观念，学会运用法律武器，保障公民合法的权利和利益，维护宪法和法律的实施。"一五"普法教育决议的重点是"在公民中基本普及法律常识"。

1978年党的十一届三中全会启动了我国三十年来改革开放的历史进程，1979年7月全国人大一次通过七部法律，迈开了我国社会主义法律体系构建的步伐。它们是：《选举法》《地方组织法》《人民法院组织法》《人民检察院组织法》《刑法》《刑事诉讼法》《中外合资经营企业法》。1982年全国人大通过了《宪法》。到1985年底，全国人大常委会制定了63部法律。一些重要的基本法律相继出台，如《婚姻法》《经济合同法》《民事诉讼法（试行)》《商标法》《专利法》《国务院组织法》《民族区域自治法》等。有些法律名词，如法人、自然人、合同、标的、市场、人身权与财产权、继承、抚养与扶养、夫妻共同财产、诉讼、原告与被告等进入了百姓生活，对于中国的大多数人来讲都是"新事物"。

因此，"一五"普法决议把普法的重点放在了普及公民的法律常识上，规定了普及法律常识的内容，即以《宪法》为主，包括刑事、民事、国家机构等方面基本法律的基本内容，以及其他与广大干部和群众有密切关系的法律常识。各部门还应当着重学习与本部门业务有关的法律常识，各地区还可以根据需要选学其他有关的法律常识。

"二五"以后的普法决议的题目相继用了"深入开展""继续开展""进一步开展"法制宣传教育，"加强""进一步加强"法制宣传教育的提法，明确传达了全国人大常委会通过关于普法教育决议的目标与重点，与我国民主法治建设的进程相辅相成，相互配合，普法教育活动在逐步强化。

2. 从普法决议的内容上看普法教育活动的不断深化

从第七届全国人大以来，全国人大及其常委会的立法速度加快，立法数量增加，形成了一个时期的立法“高峰”。七届人大期间立法87部，八届人大期间立法117部，九届人大期间立法111部（包括制定和修改法律）。这就使普法教育活动的必要性与重要性大为增强，普法教育的内容就不再仅仅局限在法律的常识上，需要不断深化。

“二五”普法决议提出：要进一步提高广大干部群众的法制观念，保障宪法和法律的实施，坚持依法办事，促进依法治国，促进国家的政治稳定、经济振兴和社会发展。核心词是：提高法制观念，保障宪法和法律实施。

“三五”普法决议提出：继续深入进行以宪法、基本法律和社会主义市场经济法律知识为主要内容的法制宣传教育，进一步增强全体公民的法制观念和法律意识，不断提高各级干部依法办事、依法管理的水平和能力，坚持有法必依、执法必严、违法必究，推进依法治国、建设社会主义法制国家的进程。核心词是：提高各级干部依法办事、依法管理的水平和能力。

“四五”普法决议提出：通过深入开展法制宣传教育，进一步提高全体公民的法律素质和全社会的依法管理水平，以保障和促进经济建设和社会各项事业顺利健康地发展。核心词是：提高全体公民的法律素质和全社会的依法管理水平。

“五五”普法决议提出：学习宣传与经济社会发展相关，与群众生产生活密切相关，与整顿和规范市场经济秩序、维护社会和谐稳定和促进社会公平正义的相关法律法规，增强全体公民的社会主义法治理念和爱国意识、责任意识以及权利义务观念，培养全体公民自觉遵法守法的行为习惯，保障和促进政治、经济、文化和社会建设。核心词是：增强全体公民的社会主义法治理念和爱国意识、责任意识以及权利义务观念。

可以看出，二十五年的普法教育活动是伴随着我国社会主义法律体系的形成过程，伴随着依法治国、民主法治建设进程，伴随着我国经济社会的迅速发展而不断深化。

3. 从民主法治建设的进展看普法教育活动的常态化

按照历次普法决议的要求，普法教育日益常态化。干部培训、媒体宣传、学校法制教育、文艺演出与文学创作、依法行政与司法审判实践等灵活多样、贴近生活的多方式、多层次的普法教育活动正在广泛开展。

普法统计，“一五”普法期间：从1986年开始到1990年底，全国各地基本完成了第一个五年规划所确定的任务。截至1990年底，全国7.5亿多普法对象中，有7亿多人参加了普法学习，占普法对象总数的93%。

“二五”普法期间：在党中央两次举办法制讲座之后，在全国范围内掀起了领导干部学习法制理论和社会主义市场经济法律法规的热潮。全国30个省、自治区、直辖市举办了省级领导干部法制讲座。地、市、县也普遍采取各种形式学习法律知识。全国共有96个行业（系统）制定了详细的专业法学习规划，五年来共组织学习了200多部专业法律法规。全国45%的地（市）、49%的县（市、区）正式开展了依法治理工作，近50%的行政村开展了依法治村活动。

“三五”普法期间：全国共举办省部级领导干部专题法制讲座约280次，有1.22万余人次参加。经过各种正规法律培训的厅局级领导干部达到18.4万人次。一支具备较高法律素质的专、兼职相结合的法制宣传员队伍已经形成，全国总人数达到700余万。全国25个省、自治区、直辖市成立了省级普法讲师团，成员700余人，地、县级成立的普法讲师团成员达6.1万人。

“四五”普法期间：各级人大常委会加大了对拟任命干部法律知识的考查力度。各地区普遍成立了领导干部学法讲师团；95%以上的党校、行政学院把法制课列为领导干部培训的必修课程。98%以上的公务员参加了学习培训。95%以上的城镇中小学校、81%以上的农村中小学校配备了兼职法制副校长协助学校开展法制教育，建立了近3.5万个青少年法制教育基地，广泛开展适合青少年特点的法制教育实践活动。全国共举办企业经营管理人员培训班近6万期，240多万人次接受了培训。91%以上的国有大中型企业成立了法律顾问机构或聘请律师担任法律顾问。

“五五”普法期间：2.46万人次省部级领导干部、41.53万人次厅局级领导干部参加法制讲座，4200多万人次公务员接受岗位职能法律知识培训；1.56亿人次农民工接受到多种形式的法制宣传教育；5年来，法律走进机关、乡村、社区、学校、企业、单位，走进了千家万户，普法教育活动已经常态化。

各级人大常委会每次会议都举行法律讲座；中央政治局与各级政府、部门也定期举行；各级人大常委会在闭会期间，都要根据当地实际和社会热点问题进行执法检查；每次换届，各级人大常委会也要对当选的人大代表进行法律培训；每部法律草案提请全国人大审议时，都要公布向社会征求意见，涉及公众切身利益的法律草案收到的意见也最多：劳动合同法19万多条意见，社会保险法7万多条意见，车船税法9万多条意见，个人所得税法修正案半个月时间收到20万多条意见。

法律越来越与人民的切身利益息息相关，法律越来越深入人心。25年的五个普法教育决议的实施，广泛普及了宪法和法律知识，深入推进各项事业的依法治理，取得了明显成效。

二、六五普法教育决议的主要内容

中国特色社会主义法律体系已经形成，法律的生命力在于实施。中国特色社会主义法律体系形成后，有法必依、执法必严、违法必究的任务更为突出、更加紧迫，对加强法制宣传教育提出了新的更高的要求。回顾和总结25年来我们普法教育活动的历程、效果和经验，对于加快建设社会主义法治国家进程，进一步增强全社会法治观念，推动第六个五年普法教育决议的有效实施，有着十分重要的意义和作用。

1. “六五”普法教育的重点

“六五”普法的重点就是中国特色社会主义法律体系。1997年党的十五大报告提出，在2010年形成中国特色社会主义法律体系的战略目标，第一次正式提出中国特色社会主义法律体系的概念。1999 年 4 月 28 日，全国人大法律委员会主任委员王维澄向全国人大常委会作法律讲座，报告阐述了中国特色社会主义法律体系的组成及其形成过程。在这个报告里提出我国的法律体系有七个法律部门，包括宪法及宪法相关法、民法商法、行政法、经济法、社会法、刑法、诉讼与非诉讼程序法。2001 年 3 月，九届全国人大四次会议上，李鹏委员长在作常委会工作报告时提出，中国特色社会主义法律体系基本形成。2011 年 3 月，十一届全国人大四次会议上，吴邦国委员长在常委会工作报告中郑重宣布中国特色社会主义法律体系如期形成。

“六五”普法教育决议规定下一个五年普法教育的重点，一是深入学习宣传以宪法为统帅的中国特色社会主义法律体系。要突出抓好宪法的学习宣传，进一步增强公民的宪法意识和社会主义民主法治观念，形成崇尚宪法、遵守宪法、维护宪法权威的良好氛围。

二是深入学习宣传形成中国特色社会主义法律体系的重大意义、基本经验、基本特征，深入学习宣传中国特色社会主义法律体系的基本法律和促进经济发展、保障和改善民生、加强社会治理、反腐倡廉相关法律法规。

三是深入开展社会主义法治理念教育，推进社会主义法治文化建设，弘扬社会主义法治精神，形成人人自觉学法守法用法和依法行政、公正司法的社会环境。

2. “六五”普法教育的要求

广大公务员尤其是各级领导干部要带头学习宪法和法律，系统学习和熟练掌握与履行职责相关的法律法规，不断提高自身法律素质和法治观念，增强科学执政、民主执政、依法执政的自觉性。

国家机关要增强依法决策、依法行政、公正司法的能力，不断改善领导方式和执政方式，做全社会学法守法用法的表率。

法制宣传教育的对象是一切有接受教育能力的公民，但重点应是广大公务员特别是各级领导干部。政府部门的依法行政、司法机关的公正司法是法治国家建设的具体体现。当前社会上许多问题是执法工作不到位或者是行政、司法上的乱作为造成的，有法不依、执法不严、违法不究的情况比较严重。行政执法队伍和司法队伍参差不齐，有的执法公务人员对自己工作范围内的相关法律知之甚少，法律意识淡薄，甚至知法犯法。因此，公务员特别是执法类的公务员不仅自己要认真学法、懂法，而且还要以身作则遵守宪法和法律，奉公守法、公正执法，正确行使国家赋予的权力，才是最有说服力的法制宣传教育。

要努力培养青少年遵纪守法的行为习惯；企业、事业单位人员应当掌握经营管理的相关法律法规，增强诚信守法、依法管理、依法经营的观念。

要在城乡基层群众中重点宣传与生产生活密切相关的法律法规，引导群众依法维护权益、表达诉求、化解纠纷，提高群众参与基层自治和其他社会治理活动的意识和能力。

要进一步丰富法制宣传教育的形式和方法。深入群众、深入基层；各类新闻媒体要继续履行好社会责任，充分发挥互联网、移动通信等新兴媒体的特点和优势，广泛开展公益性法制宣传教育；要完善、落实公务员法律学习培训制度；学校要把法制宣传教育纳入教学课程；充分运用“12·4”全国法制宣传日集中开展法制宣传教育活动，不断扩大法制宣传教育的覆盖面和渗透力。

全国人大常委会每年都会通过十几部法律，新的法律通过后，全社会和相关的政府部门应当采取培训、讲座等形式进行集中学习宣传。党和国家中心工作需要法制保障，法制宣传教育就要把法律知识、法治理念传播给亿万公众。全国人大通过的法律，国务院和地方人大通过的行政法规与地方性法规都是围绕党和国家中心工作，都是在完善中国特色社会主义法律体系，在北京奥运会、新中国成立60周年、上海世博会、建党90周年等大事中，在积极应对国际金融危机、抗震救灾、食品安全等突发事件中，都可以见到一系列“法治先行”主题的法制宣传教育活动，为服务党和国家工作大局保驾护航，又在全社会营造了良好的法治氛围。

3. “六五”普法教育要注重效果

法制宣传教育切忌形式主义、脱离实际、脱离老百姓的利益。我们普法已经25年了，应该很好地总结经验。在今后，特别是中国特色社会主义法律体系已经形成，应当在普法教育活动中，更加注重普法的效果。

法制宣传教育要深入群众、深入基层，生动活泼、通俗易懂，为群众所喜闻乐见，力戒形式主义。要坚持法制宣传教育与法治实践相结合，善于运用典型案例剖析和群众关心的热点问题开展法制宣传教育，深入推进多形式、多途径、多层次、多角度的法治实践活动，用法治实践推动法制宣传教育、检验法制宣传教育的实效。

我们都记得，二十世纪八十年代社会上曾有过“党大还是法大”的大讨论，到1982年制定宪法时，就明确规定了各政党、国家机关、全社会必须遵守宪法和法律，要在宪法和法律规定的范围内活动；党中央提出了加强社会主义民主和法制建设，后来发展为实现依法治国、建设法治国家方略；先是提出了依法行政、依法执法，现在又提出依法执政、依法决策。目前我国经济社会发展世界瞩目，已成为世界第二大经济体，却面临经济结构调整、体制转型、社会贫富差距扩大、社会矛盾趋于显露等问题。解决这些问题，就会涉及如何处理好公权力与私权利的关系。行使好公权力，保障公民、法人和其他组织的合法权益，是我们目前立法中特别关注的问题，也是执法中应当特别注意的问题，同时又是普法教育的重要内容。

保障和改善民生是法制宣传教育的一项重要任务。要坚持以人为本，以解决人民群众最关心、最直接、最现实的利益问题为重点，深入开展劳动就业、社会保障、社会救助、房屋征收与补偿、国企改制、食品药品安全等与民生密切相关的法律法规的宣传教育，促进依法解决各种民生保障问题。这方面的法律属于社会法，这些法律承担着很大的政治分量。我国是社会主义国家，一定要处理好社会现实问题，回答好发展与稳定的课题。

因此，法制宣传教育要与时俱进，努力创新，注重针对性、实效性。宣传教育的形式和内容一定要贴近实际、贴近群众，让宣传教育的对象乐于接受，在不知不觉中受到教育，形成观念，付诸行动，才能收到法制宣传教育的实效，要做到潜移默化，细雨润无声。这是普法教育的根本所在。

4. 理论与实际相结合

普法教育学习宣传的“法”，是以法学理论作为基础的。全国人大常委会法工委主编了一部高等院校法律专业统编教材——《法理学》，就是我国社会主义法律体系形成过程中总结形成的中国社会主义法学理论。普法教育活动离不开法学理论的学习普及，应当在普法教育活动中坚持理论与实际相结合，专家学者解读法律与普通百姓现身说法相结合，将普法教育活动进一步引向深入。

在25年的普法教育期间，我国已经形成一支具备较高法律素质的专、兼职专家学者组成的法制宣传队伍，各地区普遍成立了领导干部学法讲师团；上至中央，下至地方政府、各级人大常委会定期请专家学者讲授法律专业知识；聘请法律专家、律师做人大、政府法律顾问，就当地经济社会发展的重大决策问题提供咨询意见与建议。这些做法都取得了很好的效果，今后还应当继续做下去。

在发挥专家学者普法优势的同时，应当紧密联系实际，来解决我们普法工作中还存在的不十分普遍、不甚深入的问题。很多人不懂法、不知法，也就做不到不违法。法制宣传教育要减少一点形式主义，多做一点扎扎实实的事情。建议多注重让老百姓现身说法，用寻常百姓家常事来普法。

“六五”普法决议是五年期的普法教育工作，在五年普法决议的实施中，应当每年确定一两个重点法律的普及，这也是结合实际的一种好做法。北京市实施普法教育决议有一个经验，就是结合一两件重大事件，配合普法，效果极佳，比如结合奥运、国庆60周年、治理交通拥堵等重大事件，对食品安全法、环境保护法、道路交通安全法、消防法等法律法规进行重点普法。2007年，全国人大常委会集中通过了劳动合同法、就业促进法、劳动争议调解仲裁法等劳动方面的法律，既引起社会强烈关注，又引发社会上不少误读误解。全国人大常委会针对这些社会现象，一方面加强对劳动合同法的学习宣传；另一方面进行了执法检查，督促地方和部门加强对劳动者权益的保护工作，落实法律的执行，促进和维护了和谐稳定的劳动关系。这也是普法教育活动中联系实际的一个实例。

“六五”普法决议明年开始就要实施了，我们期望在总结过去25年普法教育活动的基础上，“六五”普法能够取得更加有效的成果。

执行好立法法　努力做好立法工作*

全国人大常委会法工委国家法行政法室主任　李　援

2000 年 3 月 15 日，九届全国人大第三次会议以 2560 票赞成、89 票反对、129 票弃权的表决结果通过了《中华人民共和国立法法》，标志着中国立法从此进入科学规范的时代。立法法是关于国家立法制度的重要法律，立法法的制定，对于规范立法活动、维护社会主义法制的统一、推进依法治国具有重要意义。

1978 年党的十一届三中全会以来，我国的立法工作从无到有，取得了很大成绩，截至 1999 年底，全国人大及其常委会制定了 438 件法律、法律解释和有关法律问题的决定；国务院制定行政法规 876 件；地方人大及其常委会制定和批准 8708 件地方性法规，还制定了部门和政府规章 3 万多件，基本结束了无法可依的局面。与此同时，我国的宪法、全国人大组织法、地方组织法以及全国人大和人大常委会议事规则等法律对立法权限、立法程序、立法监督等问题也作了一些基本规定，使立法工作有所遵循。20 年来，一方面我国立法工作在实践中积累了经验，形成了一些制度化的做法；另一方面我国 20 年立法的跨度相当于美国的 200 年，日本的 150 年，法律的稳定性受到极大的挑战，维护国家法制统一的任务也更为繁重。

当前，立法活动中还存在许多问题，主要是：（1）立法活动中存

---

* 部分报告时间地点：2000 年 5 月 11 日至 2013 年 4 月 26 日，全国人大常委会法工委立法法三期培训班，上海市、湖北省、吉林省、广东省、贵州省、安徽省、河北省人大立法培训班，吉林长春市、辽宁营口市、江苏徐州市、辽宁沈阳市、河南郑州市、辽宁大连市人大立法培训班，国家体育总局。

在“乱立法”，越权制定法规、规章；（2）有些法规、规章同法律相抵触，法规之间、规章之间、法规与规章之间相互“打架”；（3）有些法规、规章为部门、地方争局部利益。这些问题在一定程度上损害了国家法制的统一和尊严，也给执法造成了一定程度的混乱。因此，需要根据宪法和有关法律的规定，总结20年来的实践经验，制定立法法。

我国是实行人民代表大会制度和单一制的国家，必须维护法制的统一。从政体的特点上讲，我国实行的是民主集中制的权力结构，即代表民意的立法权高于行政权和司法权的权力结构。关于我国的政权结构问题，全国人大常委会曾举办法律讲座，请吉林大学王惠岩教授讲了一课：马克思主义政权理论的几个重大问题。其中讲到政权结构问题，他说，在人类政治发展史上，任何国家的政治权力都包括立法权、行政权、司法权，三种权力的关系称为权力结构。在人类政治发展史上，大体有过三种权力结构，其表现形式是：

1. 专制权力结构：行政权高于立法、司法两权，或者把立法权、司法权融于行政权之中的权力结构。其特点是权力高度集中，三种权力集中于一个人或者几个人手中，集中于行政权力，立法权、司法权极度弱化，服从于行政权。专制的权力结构代表形式是君主专制，国家的权力完全属于君主，君主的意志就是法律。

2. 三权分立的权力结构：立法权、行政权、司法权三种权力平行制衡的权力结构。它对于封建专制是历史进步，表现形式是资产阶级的民主制。它的主要问题是由于三权的平行制衡，国家力量不能完全集中，很大一部分力量互相牵制和抵消。

3. 民主集中制权力结构：代表民意的立法权高于行政权和司法权的权力结构。这是在总结巴黎公社政权组织原则的基础上提出来的。其涵义是制定国家意志和执行国家意志的一致性，行政权、司法权必须服从立法权，不能与立法权相抗衡。最大优势在于国家意志可以直接执行，具有高效、迅速、直接的特点，用小平同志的话说，没那么多牵扯，效率高。

可以说立法法解决了立法权与行政权、司法权的关系。依照宪法规定，我国的立法体制是一个统一的、分层级的体制。即以宪法为基础，以法律为主干，包括行政法规、地方性法规、自治条例和单行条例、规章等组成中国特色社会主义法律体系。立法法从1993年开始起草，研究了国外立法经验，包括英美法系和大陆法系国家的立法制度，我们发现一个特殊现象，就是国外并没有类似立法法这样的法律。这就说明我们需要根据中国国情，制定立法法，确立我国的立法体制，以保障国家的法制统一。

在立法法起草过程中，我们多次召开中央有关部门和地方人大、政府以及法学专家学者参加的座谈会。在此基础上，根据各方面的意见，于1996年6月形成立法法（征求意见稿），印发各地各部门征求意见。之后，全国人大常委会法工委先后在广东、上海、辽宁、青海、甘肃、宁夏等地进行调研，并就某些专题召开座谈会征求意见，1999年7月形成立法法（草案），并于8月、9月两次印发中央有关机关，各省、自治区、直辖市人大常委会及各方面广泛征求意见。1999年10月，九届全国人大常委会第十二次会议对立法法（草案）进行了初审。1999年12月初，中共中央政治局常委会讨论了立法法（草案）修改稿，并就草案中的重大问题作出决策。1999年12月，九届全国人大常委会第十三次会议对立法法草案进行了二审，会议作出决定，将立法法（草案）提请九届全国人民代表大会第三次会议审议。2000年3月9日，法工委主任顾昂然向大会作了关于立法法（草案）的说明，各代表团对草案进行了审议，根据代表们的审议意见，法律委员会对草案再次作出修改。2000年3月15日，大会表决通过了《中华人民共和国立法法》。

在立法法的起草到审议通过的过程中，一直作为重大专题研究的问题主要有：1. 权力机关与行政机关的关系，表现为法律与行政法规的权限划分。2. 中央与地方的关系，表现为法律、行政法规与地方性法规的权限划分。3. 省与省会市、较大的市的关系，表现为较大市立法还要不要省人大常委会批准的问题。4. 经济特区立法问题，涉及整个授权立法的规范问题。5. 关于法律解释，需要研究如何发挥法律解释的作用，连带的问题是要不要规定司法解释。6. 关于立法程序，主要是规定法律审议制度和统一审议机制，以及如何处理好统一审议与充分发挥其他专门委员会作用的问题。重点是写好全国人大及其常委会制定法律的程序，至于国务院和地方的立法程序，重大的环节在法律中作出规定，具体的由国务院和地方作出规定。7. 关于立法监督，建立纠错制度，保障法制统一的问题。下面我概括介绍一下立法法：

一、关于立法法的立法宗旨

立法法开宗明义规定了本法的立法宗旨："为了规范立法活动，健全国家立法制度，提高立法质量，完善中国特色社会主义法律体系，发挥立法的引领和推动作用，保障和发展社会主义民主，全面推进依法治国，建设社会主义法治国家，根据宪法，制定本法。"立法法是一部宪法性法律，它是由全国人民代表大会通过的一部基本法律，它坚持以宪法为依据，从我国基本政治制度出发，规范我国的立法活动，健全国家的立法制度。

所谓宪法性法律，就是两句话：一是立法法中的一些重要内容应当是由宪法规定的，也就是说这些内容具有宪法属性，从法律分类角度看，是相当重大的事项。如军事法规、部门规章、较大的市的立法权、自治条例和单行条例作出变通规定的权限等重大事项。二是立法法可以对宪法作出补充性、解释性的规定，使其制度更加完善。这些补充性、解释性的内容，应当是实践中总结出的经验教训，契合当前立法工作的实际需要。

立法法科学规范了我国立法体制，鲜明地体现了我们党的执政意识。执政党应当善于运用制度和执政方式巩固自己的执政地位，发挥总揽全局，协调各方的作用。立法体制是国家基本制度的组成部分，通过这种制度的运行，体现我们党的执政意识和方式，确保我们党长期实践所形成的路线、方针、政策，用法律形式固定为国家的意志和公民的行为规范，以实现依法治国的方略。中国共产党的领导，必须通过法律制度的建设，运用国际通行的执政手段予以推行，要搞法治，不能只靠某个人的权威。立法法所规定的立法制度，使党的领导、党的主张，能够通过立法权限的划分、立法程序的运行、立法监督的有效行使得以实现。

二、关于立法法的适用范围

立法法第二条规定了本法的调整范围，即："法律、行政法规、地方性法规、自治条例和单行条例的制定、修改和废止，适用本法。""国务院部门规章和地方政府规章的制定、修改和废止，依照本法的有关规定执行。"

关于本法的调整范围，主要有以下几种意见：（1）宪法规定，全国人大及其常委会行使国家立法权，对其他立法主体都没有规定其有立法权，因此，本法调整范围应是法律；（2）我国实行全国人民代表大会制度，是通过人民选举出来的人民代表，由全国人大和地方人大行使人民赋予的权力，因此，调整范围应是法律和地方性法规；（3）宪法规定，地方性法规不得和法律、行政法规相抵触，行政法规成为地方性法规的渊源，本法的调整范围应是法律、行政法规和地方性法规；（4）通过一定程序制定的规范性文件，都是行为规范，违反了都不行，因此，规章也应和法律、法规一样，纳入本法调整范围；（5）按照国防法的规定，军事法规也应纳入本法调整范围；（6）国际条约的缔结活动也是一种立法活动，民法通则规定，没有法律规定的，适用国际条约和国际惯例，所以，国际条约也要纳入立法法调整范围。如果分别孤立地看，各种意见都有道理，但立法法要从本法需要解决什么问题的角度来分析研究。

立法法第二条第一款规定，法律、法规、自治条例和单行条例适用本法，纳入本法的调整范围，是依据宪法规定的，有直接的宪法依据。

第二款规定，规章依照本法有关规定执行。一是调整范围纳入了规章，二是表述上有所区别。这种处理，照顾了各方面的意见。主要考虑是：（1）根据宪法和地方组织法的规定，国务院各部、委员会和省、自治区、直辖市以及省自治区人民政府所在地的市和经国务院批准的较大的市的人民政府可以根据法律和法规，制定规章。（2）行政诉讼法说明中讲，规章符合宪法、法律规定的，行政诉讼活动中要适用。（3）规章数量大，覆盖了大部分领域，许多还是法律、行政法规的空白。（4）规章的问题多，放在立法法中规范，更有利于法制建设。

关于部委规章和地方政府规章纳不纳入立法法的问题，争论的焦点是：规章是不是法？一种意见认为，规章是行政机关制定的，属于行政行为，不是立法。规章只是一种规范性文件，严格说不属于法的范畴，因此不宜纳入立法法，应当由国务院制定行政法规将其予以规范。另一种意见认为，行政机关在具体行政管理工作中，根据法律、行政法规和实际需要制定规章是宪法赋予的职责，在有中国特色的社会主义法律体系中占有重要地位，并在行政管理中发挥重要作用。一些尚未制定法律、行政法规的事项，还需要先制定规章进行规范，因此，规章是法的一种形式，立法法应当调整。一种意见认为，规章量大问题多，特别是和地方性法规的矛盾冲突多，立法法如果治不了乱，反而会引出更多问题，还不如不纳入。另一种意见认为，制定立法法就是为了规范立法活动，正因为规章问题多，才不能回避，一定要纳入立法法，加以规范。我们综合各方面的意见考虑，一是将规章纳入了立法法的调整范围，但不解决它是不是法的问题，这个问题要由法学专家继续探讨；二是在条文中的表述上作出区别，规章不和法律、法规并列，单款另行规定，目的还是要对规章予以规范。

与此相关联的问题是军队同志提出，立法法应当对中央军委制定的军事法规和各总部、军兵种、大军区制定的军事规章的权限范围、制定程序以及公布、备案和监督等作出明确规定。理由是，军事法规与军事规章是党和国家领导武装力量的成功实践，是由我国国防建设和武装力量领导体制所决定的，是中央军委行使领导全国武装力量职权的必然要求，是依法治军的需要。而另一种意见认为，军事法规没有宪法依据。如果要赋予军事法规法律地位，应当修改宪法或者解释宪法。从各国的立法体制看，军队享有立法权的很少见。立法法中规定的立法程序，如公开、民主程序，立法监督中的审查、撤销等，军事法规都不能适用。军队是高度集中统一领导的组织，军事法规只能在军队内部适用，如果涉及地方或者老百姓的事情，都要制定法律、行政法规来解决适用问题。因此立法法不应对军事法规予以调整。研究了这个问题后，立法法在附则里对军事法规问题写了一条，对军事法规没有作具体规定。这样既照顾了军队同志的意见，又与法律、法规和规章作了区别。

关于国际条约问题，考虑到我国有了缔结条约程序法，对条约和重要协定的缔结已经作了法律规定。同时，更主要的问题是国际条约如何在国内适用的问题，目前尚无成熟的做法，没有明确解决。民法通则中对国际条约所规定的适用原则，只是适用的一种情况。从国外对国际条约在国内适用的情况看，大体有三种情况：一是直接适用，如德国；二是转化为国内法适用，如美国；三是两者相结合，如英国。这三种情况都需要根据国情和具体情况来掌握。我国实践中，也有过好几种做法，有的直接适用，有的制定法律适用，还有的采取对条约保留的方式。总之，目前还不能作出具体明确的法律规范。

三、立法法确立的基本原则

立法是在矛盾的焦点上“砍一刀”，这一刀怎么砍，要砍得准，就需要依据一定的原则，要遵循基本原则。

（一）立法应当遵循宪法的基本原则

立法法规定：“立法应当遵循宪法的基本原则，以经济建设为中心，坚持社会主义道路、坚持人民民主专政、坚持中国共产党的领导、坚持马克思列宁主义毛泽东思想邓小平理论，坚持改革开放。”宪法是国家的根本大法，是社会主义法制建设的基础。这里规定的遵循宪法的基本原则，是指以经济建设为中心，坚持四项基本原则，坚持改革开放，就是“一个中心，两个基本点”，也就是党和国家在社会主义初级阶段的基本路线。

立法工作和其他一切工作一样，必须坚持党的基本路线，为经济建设这个中心服务，贯彻和体现改革的方针、决策，坚持四项基本原则，这是立法工作坚持正确的政治方向，维护人民利益的根本保证。

立法一定要坚持党的领导，体现和贯彻党的路线、方针和政策。如何加强党对立法工作的领导？一是要把党的主张变成人人遵守的行为规范，上升为法律，体现人民的意志，以法律的形式统领国家和民族走上富强与振兴之路。立法法所规定的立法体制、立法原则、立法权限、立法程序和立法监督，无一不是为了有利于党对立法工作的领导而规定的。

二是在立法工作中坚持党的优良作风，听取和集中各方面的意见，充分发扬民主，使制定的法律更符合实际，真正反映全国各族人民的根本利益，使党的路线、方针为广大人民所接受、所理解、所实行。

三是把党的领导融汇和体现在具体的立法过程中，重大问题都要向党委报告；重要法律的主要问题都要及时作出请示报告，报中央或者党委讨论决定。九届以来，全国人大党组已经十几次就立法的重大问题向中央政治局请示报告，中共政治局十几次讨论研究有关立法的重大问题，作出决策。

四是人大代表和常委会组成人员中的党员同志，一方面要发扬民主，在会议期间履行自己的职责，充分发表自己的意见；另一方面也要发挥党员的作用，自觉地贯彻执行党委的决策，用实际立法行动，将党的主张变为法律规范，体现党的领导。

（二）从国家整体利益出发，维护社会主义法制的统一和尊严

立法法规定：“立法应当依照法定的权限和程序，从国家的整体利益出发，维护社会主义法制的统一和尊严。”坚持社会主义法制的统一是法制建设的一条根本原则，是维护国家统一和党中央的领导以及国内市场统一的重要保证。宪法第五条规定，国家维护社会主义法制的统一和尊严。法律是在党的领导下制定的，体现着党的方针、政策，各地方、各部门都必须遵行，行政法规、地方性法规和规章都不得与法律相抵触。

如何维护法制的统一？一是立法者要坚持立法法所规定的基本原则，在立法活动中，特别注意克服部门和地方利益倾向。20 年的立法实践表明，部门利益倾向是干扰和影响法制统一的主要问题与主要原因。

二是从政府开始起草法律草案时就把好关，及时加以协调和解决，不要把部门利益倾向的问题带到人大常委会审议时才纠正。

三是人大常委会审议时，委员在审议与自己原工作部门有关的法律时，要有意识地注意维护法制的统一。不要因为对这方面的工作比较熟悉，自觉不自觉地起到维护该部门利益的作用。

四是在机制上要有保障，常委会审议时需要一个统一把关的机构，由法律委员会进行统一审议，有利于维护法制的统一。为了维护社会主义法制的统一，不论是中央立法，还是地方立法，不论是权力机关，还是行政机关，都必须从国家的整体利益出发，从人民长远和根本的利益出发，维护社会主义法制的统一。

（三）立法应当体现人民的意志，发扬社会主义民主，保障人民通过多种途径参与立法活动

立法法规定："立法应当体现人民的意志，发扬社会主义民主，坚持立法公开，保障人民通过多种途径参与立法活动。"我国是社会主义国家，人民是国家的主人。因此，立法一定要体现人民的意志，代表和反映全国人民长远的、整体的、根本的利益，这是我国法律与西方国家法律的一个根本区别。为了更好地体现人民的意志，充分发扬民主，做法上应把握三个环节：

（1）在起草制定过程中，保障人民群众通过多种途径参与立法活动，起草和制定部门要听取和吸收各方面的意见。

（2）在提请人大常委会审议中要坚持集体讨论问题的原则，畅所欲言，不搞一言堂。人大实行合议制，与行政机关不同。彭真委员长最常说的三句话是：我的话又算又不算；对的算不对的就不算；我作为委员长也只有一票。审议中如果不让讲话，那么就会在表决器上见分晓。

(3) 在工作机构内部的工作方式、方法上，要有民主讨论研究问题的风气，平等对待每位发表意见的同志，对重大问题可以争论，可以深入讨论研究。不打棍子，不扣帽子。

另外，立法法规定全国人大常委会对法律案实行三审制等，也是从发扬民主考虑，使常委会审议法律案时，能够有更充分的时间，深入地研究问题，使立法体现人民的意志，更好地维护人民的利益。

(四) 立法应当坚持从实际出发的指导思想，科学、合理地规范社会关系

立法法规定，立法应当从实际出发，科学合理地规定公民、法人和其他组织的权利与义务、国家机关的权力与责任。从实际出发，实事求是，是我们的思想路线，立法应当从我国的国情出发，符合我国的实际。注意不能盲目地照抄照搬国外的做法。我国正处于改革开放的过程中，从实际出发绝不是简单地对现状予以肯定，立法要为改革留有余地，要根据中央的改革决策与部署，立法应有一定的前瞻性，体现改革精神。

有的地方和部门在立法中对公民的义务强调多，对保护公民的合法权益注意不够；对部门的权力强调多，而对其应当负有的责任则往往不作规定。针对这种情况，立法法规定，立法要科学、合理地规范公民的权利与义务、国家机关的权力与责任，坚持公民权利和义务、国家机关权力与责任相统一的原则。

(五) 立法应当依照法定的权限和程序，即法定原则

这项原则，要求我们依法办事。立法法对立法权限和立法程序等作出具体规定，规范了立法活动，立法时必须严格依照法定权限和程序进行。这是对立法工作的基本要求，是社会主义法制的基本特征。如何维护法制的统一，就是严格依法办事。注意不要越权立法，该制定法律的制定法律，该制定行政法规、地方性法规的制定行政法规、地方性法规。立法要遵循法定的程序，立法机构及其工作人员应当提高对立法程序重要意义的认识，因越权和违反程序的立法是无效的，将按照法定的权限与程序予以撤销。

四、关于立法权限的划分

这个问题是立法法的重头戏，也是各方面关注的重点问题。

我国是实行人民代表大会制度和单一制的国家。一是人民代表大会制度是国家的根本政治制度，全国人大是最高权力机关，行使国家立法权。国务院是全国人大的执行机关，是最高行政机关。这是解决两者立法权限划分的基本指导原则。

二是我国是统一的单一制国家，不是联邦制国家。单一制是指全国划分若干不同层级的行政区，各行政区都由中央统一领导，实行中央统一规定的制度。这是解决中央与地方立法权限划分的基本指导原则。

因此，国家基本的政治制度、经济制度和法律制度，要由全国人民代表大会及其常务委员会以法律规定。行政法规和地方性法规不得同全国人大及其常委会制定的法律相抵触。在这个前提下，从我国的实际情况出发，按照宪法规定的“中央和地方的国家职权的划分，遵循在中央的统一领导下，充分发挥地方的主动性、积极性的原则”，调动地方的积极性，合理地分配权力，解决国家管理事务中的分级管理与属地管理的矛盾，由此确立了我国统一而又分层次的立法体制。

由于我国的立法体制是分层次的，有中央和省级两级立法，需要划清中央与地方的立法权限，同时，又有中央立法事项由全国人大制定法律和由国务院制定行政法规，所以，立法法解决权限划分的方法是：第一，具体规定全国人大及其常委会的专属立法事项，这些事项相当于国外大陆法系国家的“法律保留”。第二，在中央一级，划清全国人大及其常委会与国务院的立法权限。第三，在此基础上，对中央与地方之间在立法事项方面进行划分，同时，对地方性法规和规章的权限范围，分别作出界定。

（一）关于法律的权限

（1）全国人大及其常委会行使国家立法权，制定法律。它们之间的权限划分是：全国人大制定和修改刑事、民事、国家机构的基本法律和其他基本法律；全国人大常委会制定和修改除由全国人大制定的基本法律以外的其他法律，在全国人大闭会期间，可以对全国人大制定的法律进行部分补充和修改，但是不得同该法律的基本原则相抵触。这也是宪法的规定。从法律的效力上讲，基本法律与法律在适用上的效力是相等的。但是当两者发生冲突时，基本法律的效力大于法律，也就是说，法律的规定不得违反基本法律的规定。

（2）明确全国人大及其常委会的专属立法事项。立法法规定，只能由全国人大及其常委会制定法律的事项是：国家主权方面的事项；各级人民代表大会、人民政府、人民法院和人民检察院的产生、组织和职权；民族区域自治制度、特别行政区制度、基层群众自治制度；犯罪和刑罚；对公民政治权利的剥夺、限制人身自由的强制措施和处罚；对非国有财产的征收；民事基本制度；基本经济制度以及财政、税收、海关、金融和外贸的基本制度；诉讼和仲裁制度，以及必须由全国人大及其常委会制定法律的其他事项。这些事项都属于国家基本政治制度、经济制度和法律制度的重大事项，应当由法律规定。

（3）规范授权立法。立法法规定，属于全国人大及其常委会专属立法权的事项，如果制定法律的条件还不成熟，根据实际需要，全国人大及其常委会可以授权国务院先制定行政法规。但是有关犯罪和刑罚、对公民政治权利的剥夺和限制人身自由的强制措施和处罚、司法制度等事项除外。这是绝对保留的法律专属事项，全国人大常委会也不得授权。立法法还规定，授权立法事项经过实践检验，制定法律的条件成熟时，应当及时由全国人大及其常委会制定法律。法律制定后，相应立法事项的授权终止。1981 年以来，全国人大及其常委会八次作出授权决定，为加快我国的立法步伐起到了积极作用。1984 年和 1985 年全国人大常委会两次授权国务院在工商税制改革和经济体制改革、对外开放方面可以制定暂行规定或者条例，至今这些授权仍然有效，继续发挥着重要作用。

（二）关于行政法规的权限

宪法规定，国务院可以根据宪法和法律，制定行政法规。这是

1982年制定宪法时在立法体制方面的重要改革，以前国务院只能制定行政措施，发布行政决定和命令。国务院可以制定行政法规，有利于贯彻和执行法律，有利于更好地依法进行行政管理，有利于健全我国的社会主义法制。对于行政法规可以规定什么事项，有不同意见：一种意见认为，宪法规定，国务院根据宪法和法律制定行政法规，明确了行政法规应当根据宪法和法律的规定制定，是为执行法律作出的规定，是对法律的具体化；另一种意见认为，国务院可以根据宪法第八十九条规定的国务院职权所涉及的事项，来制定行政法规。这就是“根据说”与“职权说”之争。立法法第六十五条对行政法规可以规定的事项范围，作出了进一步明确规定：行政法规可以就下列事项作出规定：（一）为执行法律的规定需要制定行政法规的事项；（二）宪法第八十九条规定的国务院行政管理职权的事项。

对这一规定，掌握的尺度有三：（1）属于行政管理事项。无论是为执行法律，还是履行宪法第八十九条所规定的职权，制定行政法规的，应当是行政管理事项，以和立法法规定的全国人大及其常委会专属立法权事项区分开来。

（2）不能侵犯全国人大及其常委会的专属立法权。要掌握好“基本制度”与“具体制度”的界限，掌握好行政立法与行使行政管理职权的关系。需要说明，宪法第八十九条规定的行政管理事项并非都可以制定行政法规，如国务院有权决定省、自治区、直辖市范围内部分地区的戒严，不等于行政法规可以制定戒严条例，还是要制定戒严法，对戒严问题作出法律规定。

（3）全国人大及其常委会授权立法事项，条件成熟时，应及时制定法律。尽管有了全国人大的授权，国务院在考虑授权立法事项制定行政法规时，应当权衡，如果可以制定法律的，应当制定法律；条件成熟后，行政法规可以上升为法律的，应当及时制定法律；已经有了法律的，不应再利用授权决定，对法律作变通规定。

（三）关于地方性法规的权限

我国自1979年制定地方组织法，就开始地方立法。为什么要搞地方立法？一是各地发展不平衡，许多事情又不好“一刀切”；二是有一些纯属地方事务，中央不立法；三是当时法制不健全，制定的法律太少，需要地方先制定法规取得经验。因此规定地方可以制定地方性法规，但不得与法律、行政法规相抵触。据调查，地方立法创设性的规定，从二十世纪八十年代的70%，下降到现在的40%，结构趋向合理。

哪一级地方人大可以制定地方性法规？宪法规定，省、自治区、直辖市的人大及其常委会在不同宪法、法律、行政法规相抵触的前提下，可以制定地方性法规。1986年地方组织法修改时增加规定，省会市和较大的市的人大及其常委会根据本市的具体情况和实际需要，在不同宪法、法律、行政法规和本省、自治区的地方性法规相抵触的前提下，可以制定地方性法规，报省、自治区的人大常委会批准后施行。这次立法法又增加规定，经济特区所在的市的人大及其常委会也可以制定地方性法规。

立法法第七十三条规定，地方性法规可以就下列事项作出规定：（一）为执行法律、行政法规的规定，需要根据本行政区域的实际情况作具体规定的事项；（二）属于地方性事务需要制定地方性法规的事项。除本法第七条规定的事项外，其他事项国家尚未制定法律或者行政法规的，省、自治区、直辖市和设区的市、自治州根据本地方的具体情况和实际需要，可以先制定地方性法规。在国家制定的法律或者行政法规生效后，地方性法规同法律或者行政法规相抵触的规定无效，制定机关应当及时予以修改或者废止。

立法法还对地方人大会议与其常委会之间制定地方性法规的事项作了原则划分，规定地方性法规一般由常务委员会通过。但是，规定本行政区域特别重大事项的地方性法规，应当由人民代表大会通过。这一规定是从程序的角度规定了地方人大与其常委会的立法权限问题。立法的本意是地方立法也要考虑由代表大会制定地方性法规的问题，目前，各地代表大会制定法规比较少。

根据以上规定，地方性法规的权限主要有三个：（1）具体化，地方可以根据本行政区域的具体情况和实际需要，对法律、行政法规进一步作出具体规定。这里要注意，有需要作出具体规定的事项，才制定地方性法规，不要求全。不是对法律、行政法规的所有规定都要具体化，不能像有的地方提出要构筑地方立法体系。这样可以避免全面照抄，也有利于维护国家法制的统一。

（2）地方性事务，属于地方性事务需要制定地方性法规的事项，也就是中央立法不涉及或者无暇涉及的事项。它包括两层意思：一是只有本地方才制定的，即只有本地才需要规定，其他地方都不制定地方性法规的事项，如南京市制定的南京长江大桥管理条例；二是只有针对本地方才能施行的，如各地禁放或者限放烟花爆竹条例，哪里可以放，哪里禁止放，只有当地才能规定，如长春市、吉林市可以作出规定，吉林省就不好作统一规定，更不用讲中央会对此立法了。

（3）地方先行，即法律、行政法规尚未制定的，地方根据本地方的具体情况和实际需要先制定法规。地方性法规的这一权限是在我国法制建设刚起步，有些事项制定法律还不成熟的情况下赋予地方的。但它要受到两个限制：一是在没有法律授权的情况下，不得涉足全国人大及其常委会专属立法权的事项；二是先制定的地方性法规，在法律、行政法规制定后，应当服从法律、行政法规，其规定不一致的，应当予以修改或废止。

关于省会市、较大的市制定地方性法规的问题，这里有一个历史演变过程。1982 年五届全国人大五次会议制定宪法时，宪法规定省一级人大及其常委会可以制定地方性法规。就是在同一次会议上，对地方组织法进行修改，增加规定了省会市和较大的市可以拟定法规草案，由省制定省会市和较大的市的地方性法规。1986 年再次修改地方组织法时，改为现在的做法，即省会市和较大的市可以制定地方性法规，报省人大常委会批准。经反复研究，征求多方意见，立法法仍维持了现行做法，较大的市制定地方性法规仍需经省、自治区人大常委会批准后施行。

这次立法法制定过程中曾提出过批准改备案，赋予较大的市完整的立法权的方案，可以说是这个演变过程的继续。这个方案也是从较大的市的改革开放和社会政治经济发展需要考虑的。赋予较大的市立法权，是中国一个独特的现象，中国特色。我国有226个设区的市和30个自治州，改革开放20年，地方经济发展很快，设区的市人口一般达到50万到100万以上。这样规模的城市，仅仅靠政府发文件管理是不够的。1982年制定宪法时，就有向地方分权的考虑。宪法规定，中央和地方的国家机构职权的划分，遵循在中央统一领导下，充分发挥地方的主动性、积极性的原则。从国家整体考虑，立法权可以考虑扩大到设区的市。虽然立法法维持了现行做法，较大的市制定地方性法规仍需经省、自治区人大常委会批准后施行，但保留了较大的市符合条件的，报请国务院批准后可以制定地方性法规的制度，较大的市的范围就会逐步扩大。较大的市的人大有了地方性法规制定权，其政府也就有了政府规章制定权，改变了较大的市只靠发红头文件进行管理的状况，市人大也可以对政府规章行使监督权。

立法法明确了较大的市的范围，规定较大的市是省、自治区的人民政府所在地的市，经济特区所在地的市和其他符合条件经国务院批准的享有地方性法规制定权的设区的市。由原来的45个，增加到49个，增加了4个经济特区所在的市。

关于特区立法问题。根据全国人大的授权，经济特区享有特区立法权。全国人大授权经济特区立法，是为了在实行经济体制改革和对外开放方面的特殊政策先行一步。立法法规定，经济特区所在地的省、市的人民代表大会及其常务委员会根据全国人民代表大会的授权决定，制定法规，在经济特区范围内实施。现在经济特区发展很快，已达到较大的市的规模，同时，考虑到经济特区与特区所在的市的行政区划的范围不一致，适用法律上有所不同，因此，可以赋予经济特区较大市的立法权。立法法赋予经济特区的市为较大的市之后，经济特区所在的市就具有地方性法规的立法职能。经济特区的人大应当研究，什么事项制定经济特区法规，什么事项制定地方性法规，而且两者立法程序也有不同，如何处理好两者的关系，是需要根据实际情况，进一步研究解决的问题。

关于自治条例和单行条例的权限。宪法规定，民族自治地方的人民代表大会有权依照当地民族的政治、经济和文化的特点，制定自治条例和单行条例。立法法进一步明确，自治条例和单行条例可以根据当地民族的特点，对法律和行政法规的规定作出变通规定。同时，对不得变通的范围作了界定，即不得违背法律或行政法规的基本原则，不得对宪法和民族区域自治法的规定以及其他有关法律、行政法规专门就民族自治地方所作的规定作出变通规定。全国5个自治区、30个自治州、119个自治县、旗，至2003年5月，制定了134件自治条例和438件单行条例。

应当明确，地方性法规是规范地方性事务，自治条例和单行条例是解决有关民族特点的特殊性问题。自治州、自治县不能把自治条例和单行条例混同为地方性法规。所谓民族特点，是指民族风俗方面的特点，如婚姻、继承、计划生育等。民族地区不是什么都是民族特点，如林业，就不能对森林采伐作出变通规定。有些政治方面的事项，法律会作出专门规定，如选举法就对少数民族代表的选举作出规定。

（四）关于规章的权限

根据宪法和地方组织法的规定，国务院各部、委员会和省、自治区、直辖市以及省、自治区人民政府所在地的市、较大的市的人民政府可以根据法律、法规，制定规章。立法法进一步规定，国务院各部、委员会、中国人民银行、审计署和具有行政管理职能的直属机构，可以根据法律和国务院的行政法规、决定、命令，在本部门的权限范围内，制定规章。部门规章规定的事项应当属于执行法律或者国务院的行政法规、决定、命令的事项。省、自治区、直辖市的人民政府，可以根据法律、行政法规和本省、自治区的地方性法规，制定规章。较大的市的人民政府，还要根据较大的市的地方性法规，制定规章。地方政府规章规定的事项，应当是为执行法律、行政法规、地方性法规的规定需要制定规章的事项和属于本行政区域的具体行政管理事项。

应当把握的要点是：一是规章原则上只能是执行性的和属于行政

机关自身建设的事项。

二是根据实际需要，允许地方政府规章对属于本地方的具体行政管理事务的事项作出规定。

三是对国务院各部门之间制定的规章交叉、冲突现象时有发生的问题，规定凡涉及两个以上部门职权范围的事项，应当提请国务院制定行政法规或者由有关部门联合制定规章。

五、关于立法程序

讲到立法程序，需要强调三点：1. 立法程序是立法质量的保证。程序对保证立法质量具有重要意义，应当提高对程序重要意义的认识。通过执行立法程序，真正体现法律的科学性、民主性。民主的实质，要通过民主的形式予以实现。按照程序一步一步走完了，也就符合了民主的要求，就是民主的，否则就是不民主的。科学、合理的法律，必须按照法定的程序制定，才能取得法律效力。违背法定的程序制定的法律无效，应当予以改变或者撤销。

2. 立法程序是立法公正的保障。法律的核心是公正，依照法定程序立法，可以防止任何个人或者主观意志的干扰和影响，是实现公正的最重要的保障。从这个意义上说，立法程序是对我们立法者行为的约束和规范。

3. 立法程序是实现立法目的的途径与方式。按照立法程序进行立法活动，将我们党长期实践所形成的路线、方针、政策，用法律形式固定为国家的意志和公民的行为规范，以实现依法治国的方略。因此，立法程序的制定，成为立法法中的重要内容。

（一）关于法律案的审议程序

立法法主要具体规定了全国人大及其常委会的立法程序，着重把多年来实践证明体现民主集中制原则，并行之有效的一些基本经验和做法，加以制度化、规范化。同时，对法规、规章的制定程序作出原则规定，重大环节写上，具体程序由国务院和地方人大规定。

全国人大常委会审议法律案远远超过大会，1979 年以来通过的

438 部法律和有关法律的决定，有 398 部是在常委会审议通过的。

立法程序一般包括法律案的提出、审议、通过和公布四个环节。

关于法律案的提出，立法法规定，国务院、中央军委、最高人民法院、最高人民检察院、全国人大各专门委员会以及全国人大各代表团和 30 名以上代表联名或者常委会组成人员 10 人以上联名可以向全国人大及其常委会提出法律案，由大会主席团或者委员长会议决定列入会议议程。向常委会提出的法律案有重大问题需要进一步研究的，可以建议提案人进行修改完善后再提出。提出的法律案在会议议程前，提案人有权撤回。提出法律案应当同时提出法律草案文本及其说明。实践中，国务院提出的法律案占 60% 多，委员长会议和各专门委员会提出的法律案占 30%，中央军委和最高人民法院、最高人民检察院提出的法律案不到 10%。

关于法律案的内容，全国人大组织法从两个方面作出规定，一是，规定提案人可以提出属于全国人大及其常委会职权范围内的议案。每次人大会议代表都提出不少议案，因为是具体工作问题而转请有关部门处理。二是，规定各专门委员会提出与本委员会有关的议案。同理，国务院、中央军委、最高人民法院和最高人民检察院提出的法律案也应当属于与本机关职权有关的事项，对不属于本机关职权范围内的事项，可以提出立法建议。实际上也是这么做的。

关于全国人民代表大会各代表团、人大代表 30 人联名可以提出法律案。至今还没有法律案提出过，但有四件议案由代表团或代表联名提出，列入了大会议程。1993 年八届全国人大一次会议代表联名提出了宪法补充修正案，与常委会的宪法修正案合一，列入大会议程；1993 年八届全国人大一次会议广东代表团提出成立香港特别行政区筹备委员会的预备工作委员会的议案，大会授权常委会作出决定；1994 年 3 月八届全国人大二次会议郑耀棠等 32 名代表联名提出依法组建香港特别行政区第一届立法会的议案，大会主席团决定交法律委员会审议，同年 8 月全国人大常委会根据法律委员会的审议意见，作出相应决定；1993 年八届全国人大一次会议袁启彤等 36 名代表联名提出授权厦门市人大制定经济特区法规的议案，1994 年八届全国人大二次会议作出了授权决定。

关于法律案的提出，还应注意以下几个问题：1. 地方组织法没有规定各代表团可以提出法规案或议案，主要是地方组织法规定的是各级人大组织，包括乡级人大，有地方性法规制定权的是省级和较大的市的人大，地方组织法就不好作统一的规定。地方人大在制定立法程序时，可以根据具体情况规定代表团可否提出法规案。

2. 对有权提出法律案的国家机关提出的法律案，一般都要列入会议议程。但是，向常委会提出的法律案，委员长会议认为有重大问题需要进一步研究的，可以建议提案人进行修改完善后再提出。如，全国人大教科文卫委员会于 2000 年 2 月提出了语言文字法（草案），经委员长会议研究，认为有关少数民族语言文字等重大问题需要进一步研究，在当时没有列入常委会议程。后教科文卫委员会于 2000 年 5 月向委员长会议提出了国家通用语言文字法（草案），委员长会议决定列入 2000 年 7 月的会议审议。

3. 对大会各代表团、人大代表向大会提出的法律案，和向常委会提出的法律案以及常委会组成人员联名提出的法律案，大会主席团、委员长会议可以先交有关专门委员会审议，提出是否列入会议议程的意见，再决定是否列入会议议程。这样的做法有助于提高审议的质量。如上海就规定，法规草案在列入议程提交常委会审议前 35 天，先交由专门委员会审议提出是否列入常委会会议议程的意见。

4. 立法法规定，向全国人民代表大会及其常务委员会提出的法律案，在列入会议议程之前，提案人有权撤回。法律案列入议程经审议修改后，提案人如果要撤回，需说明理由，经委员长会议同意，并向常委会报告，方能终止审议。列入会议议程前的法律案的撤回，与已列入会议议程并经审议后的撤回程序是不同的。如著作权法修正案的撤回，国务院曾于 1998 年 11 月提请全国人大常委会审议著作权法修正案（草案），该草案经同年 12 月常委会会议初步审议后，由于尚有一些重要的不同意见，需要进一步研究、论证，国务院于 1999 年 6 月提出并经委员长会议同意，撤回了原议案。原议案撤回后，国务院法制办、国家版权局经研究修改形成新的草案，国务院于 2000 年 11 月向全国人大常委会提请审议新的著作权法修正案（草案）。

5. 立法法规定，提出法律案应当同时提出法律草案文本及其说明，并提供必要的资料。法律草案的说明应当包括制定该法律的必要性和主要内容。还规定，法律草案应当在大会会议举行前一个月发给代表。除特殊情况外，应当在常委会会议举行的七日前将法律草案发给常委会组成人员。这是两条硬性新规定，是给立法工作机构提出的严格要求。

6. 立法法规定，向大会提出的法律案可以先向常委会提出。实践中，几乎所有的法律案，除一些有关法律问题的决定外，都是经常委会审议后才提请大会审议的。这是考虑到，由于大会会期短，法律案中的主要问题，需要在常委会审议中予以解决。同时，由常委会先进行审议，甚至两审、三审后才提交大会审议，可以最大限度地保证立法质量。因此可以说，提请大会审议的法律案，前期在常委会的审议程序，也是大会审议程序的一部分，因为无论常委会审几次，法律委员会提交的审议结果的报告要到大会才作出。

还有一个问题说明一下，大会的议程草案是由常委会通过的，其中就包括列入议程的法律案，这些法律案已经过常委会审议。大会议程由大会预备会议通过，并非由主席团决定列入议程。主席团决定列入会议议程的法律案，是指当次会议期间提出的。除了前面所讲的四个例子外，尚未有主席团决定列入议程的法律案。

关于法律案的审议程序。审议程序通常是指常委会审议法律案时，实行几审制。全国人大常委会审议法律案实行三审制，所谓三审是指经过三次常委会会议审议，三次会议可以是连续的，也可以是相隔的。三审制的形成有个过程。六届全国人大常委会以前，提请常委会审议的法律案大都是在当次会议上就交付表决。1983 年 3 月，五届全国人大常委会第二十六次会议审议海上交通安全法（草案），由于有重大的不同意见，主要是是否规定行政诉讼程序有意见分歧。委员长会议决定不交付当次会议表决，而交有关专门委员会进一步审议修改，后来该法律案于1983年9月六届全国人大常委会第二次会议审议通过。此后，全国人大常委会开始对法律案实行二审制。1987年11月制定的全国人大常委会议事规则，明确规定常委会审议法律案实行二审制。1998年4月，九届全国人大常委会第二次会议上执业医师法（草案）提请会议二审，而对于新一届常委会组成人员来说，这部法律草案仅仅是一审。李鹏委员长在这次会议上对常委会的审议制度作了重要讲话，提出了常委会审议法律案实行三审制的意见，以提高常委会审议水平，保证立法质量。委员长会议讨论决定，对法律案的审议，今后一般实行三审制。这次立法法将这一制度以法律的形式固定下来。

立法法规定，列入常委会会议议程的法律案，一般应当经三次会议审议后再交付表决。常委会会议第一次审议法律案，在全体会议上听取提案人的说明，由分组会议对法律草案进行初步审议。常委会会议第二次审议法律案，在全体会议上听取法律委员会关于法律草案修改情况和主要问题的报告，由分组会议进一步审议。常委会会议第三次审议法律案，在全体会议上听取法律委员会关于法律草案审议结果的报告，由分组会议对法律草案修改稿进行审议。列入常委会会议议程的法律案，各方面意见比较一致的，可以经两次会议审议后交付表决；部分修改的法律案，各方面意见比较一致的，也可以经一次会议审议即交付表决。

关于表决程序。表决程序是立法机关组成人员对法律案表示赞成、反对或者弃权的表态活动。法律案的表决程序是决定法律案命运的一个至关重要的程序，各国都对表决的方式作了严格规定。以表决者的立场是否为他人所知，分为公开表决和秘密表决，一般各国对法律案的表决大都采取公开表决的方式，只是在选举中用秘密表决的方式；以表决的对象是否完整，分为整体表决和部分表决，我国对法律案的表决采用整体表决的办法。此外，还有全民公决的方式，由公民直接投票表示对法律案的态度。公开表决的方式还分为：口头表决、起立表决、走过通道表决、举手表决、点名表决、发牌表决、电子仪器表决等。我国人大及其常委会自1986年3月六届全国人大常委会第十五次会议起，对法律案的表决采用按表决器方式表决。

关于表决的原则，采用少数服从多数的原则，对法律案的表决，由有权表决者多数赞成为通过。多数赞成分为绝对多数和比较多数，或称相对多数和简单多数。我国宪法需全体人大代表的三分之二以上多数通过，就是绝对多数的原则。比较多数分为，一是赞成票超过反对票为通过，如最近联合国人权会议表决中国提出的不将美国谴责中国人权的议案列入议程的动议时，53个与会国，以赞成票22票、反对票18票、弃权票12票，还有1国未投票的结果通过。二是赞成票超过法定全体人员的一半为通过。我国对法律案的表决实行后一种情况，即由全体人大代表或者常委会组成人员的过半数通过。立法法规定，提请大会的法律案“由主席团提请大会全体会议表决，由全体代表的过半数通过”。提请常委会的法律案“由委员长会议提请常委会全体会议表决，由常委会全体组成人员的过半数通过”。

关于暂不付表决。立法法规定，法律案经常委会三次会议审议后，仍有重大问题需要进一步研究的，由委员长会议提出，经联组会议或者全体会议同意，可以暂不付表决，交法律委员会和有关专门委员会进一步审议。

关于终止审议。立法法规定，法律案因各方面对制定该法律的必要性、可行性等重大问题存在较大意见分歧而搁置审议满两年的，或者因暂不付表决经过两年没有再次列入议程审议的，由委员长会议向常委会报告，该法律案终止审议。另外，法律案交付表决前，提案人撤回的，经委员长会议同意，并向常委会报告，对该法律案的审议即行终止。例如，国家勋章和荣誉称号法（草案）曾因提请全国人大常委会审议后搁置满两年未再提请审议而终止审议。

关于被否决的法律案。立法法规定，交付全国人大及其常委会全体会议表决未获通过的法律案，如果提案人认为必须制定该法律，可以按照法律规定的程序重新提出，由主席团、委员长会议决定是否列入议程。其中，未获得全国人民代表大会通过的法律案，应当提请全国人民代表大会审议决定。1999 年 4 月，九届全国人大常委会第九次会议到会 125 人，以赞成 77 票、反对 6 票、弃权 42 票的表决结果否决了公路法修正案（草案）。同年 10 月，国务院再次提请全国人大常委会审议公路法修正案（草案），九届全国人大常委会第十二次会议到会 125 人，以 97 票赞成、28 票弃权的表决结果，通过了全国人大常委会关于修改《中华人民共和国公路法》的决定。

关于法律的公布。立法机关表决通过了法律案，法律的生效还应当经过法律的公布程序。若未按法定形式予以公布，该法律不具有法律效力。依照宪法规定，由国家主席签署主席令公布法律，才算完成了所有的立法程序。立法法规定主席令应当具备三项内容：1. 要有制定机关，即全国人大或者全国人大常委会；2. 要有通过日期，是指全国人大及其常委会表决通过法律案的日期；3. 要有法律施行的时间，即指法律生效的时间。

立法法规定法律经主席签署公布后，及时在全国范围内发行的报纸上刊登，向全社会公开。同时，全国人大常委会公报也要全文刊登法律文本。立法法规定，刊登在全国人大常委会公报上的法律文本为标准文本。立法法对法律的法定标准文本作出规定，对于维护国家法制的统一，保证法律的贯彻实施，具有重要意义。

（二）关于法律案的统一审议

关于全国人大常委会对法律案审议的工作程序，立法法作了两方面的规定，即法律委员会的统一审议和各专门委员会的审议。

1. 法律委员会的统一审议。对法律的统一审议，在 1982 年制定宪法时就作了考虑，因为我国是实行单一制的国家，必须保证法制的统一，立法时，需要一个专门的机构予以统一审议，把好关。所以宪法规定，全国人大及其常委会的组织和工作程序由法律规定。在通过宪法的 1982 年 12 月的五届全国人大五次会议上，同时通过的全国人大组织法就规定："法律委员会统一审议向全国人民代表大会或者全国人民代表大会常务委员会提出的法律草案，其他专门委员会就有关的法律草案向法律委员会提出意见。" 1987 年全国人大常委会议事规则又对统一审议作出了具体规定。通俗点讲，统一审议就是“一个出口，统一把关，逐条审议，保证质量”。就是所有的法律案都由法律委员会提交常委会审议，由常委会表决通过。统一审议实行近二十年，积累了不少实践经验，同时证明这一制度对于保障国家法制的统一起到了十分重要的作用。

法律委员会审议法律案时，邀请有关专门委员会的成员和专门委员会工作机构的同志参加会议，发表意见。邀请国务院法制办、法律草案起草单位以及有利害关系的部门列席会议，介绍情况，发表意见。法律委员会对有关专门委员会的审议意见能采纳的都予以采纳，不采纳的，在会上也充分讨论，发表意见，按多数委员的意见办。对没有采纳的意见，要说明理由，向有关的专门委员会反馈。各专门委员会之间对法律草案的重要问题意见不一致时，应当向委员长会议报告。委员长会议根据实际情况作出处理，或交由有关专门委员会进一步研究，或作出决定与裁决。

2. 有关专门委员会的审议。全国人大常委会的做法是：一是常委会初审法律案后，有关的专门委员会根据常委会组成人员的审议意见和各方面的意见，召开全体会议进行审议，提出专门委员会的审议意见，送委员长会议和法律委员会，并印发常委会会议。二是专门委员会审议法律案时，可以邀请其他有关专门委员会的成员列席会议，发表意见。根据需要，可以要求有关机关、组织派有关负责人说明情况。三是在常委会三审中的任何阶段有关专门委员会都可以召开会议对法律案进行审议，召开委员会全体会议进行审议的次数也没有限制，还可以对任何一次法律修改稿提出审议意见，印发常委会会议。也就是说，有关专门委员会可以完全自主地提出审议意见，参与法律的制定工作。四是专门委员会的审议与法律委员会的统一审议是从不同角度对法律案的审议，共同对法律的质量负责。这有利于保证立法质量。

（三）关于地方人大及其常委会的立法程序

关于地方性法规、自治条例和单行条例的制定程序，立法法则规定得比较原则，原则上根据地方组织法，参照全国人大及其常委会的立法程序执行。根据地方组织法，是指应当依照地方组织法的规定制定地方性法规的立法程序。参照全国人大及其常委会的立法程序执行，是指可以根据地方的具体情况作出不同于全国人大及其常委会的具体立法程序。如全国人大常委会实行三审制，地方可以规定自己实行两审制。这里要特别强调，立法法对地方立法程序作出的明文规定，地方必须执行。立法法对地方性法规的制定程序规定了两个问题：

1. 明确规定地方立法必须有统一审议环节。立法法规定地方性法规草案由负责统一审议的机构提出审议结果的报告和草案修改稿，就是要求地方人大在制定地方性法规时，必须实行统一审议制度。地方立法要克服地方保护主义和部门利益倾向问题，需要有统一审议。立法法实施后，各地方人大做了两件事：一是没有负责法制的专门委员会的，设立了负责法制的专门委员会，实行统一审议；二是各地人大都制定了地方立法条例，参照立法法有关全国人大常委会的立法程序，根据地方组织法，对地方人大立法程序作出了具体规定。实践表明，没有统一审议，不利于保持法制的统一，不利于提高立法质量。地方立法经过了二十年的实践，绝大多数地方的意见都赞成地方立法要进行统一审议，认为这是立法日趋成熟的表现。在立法法实施后，全国人大常委会法工委先后在云南和深圳召开地方立法工作会议，总结地方立法统一审议的工作经验。地方上刚实行统一审议，工作中有这样那样的问题是正常的，持之以恒，必将有利于地方立法工作。

2. 规定了较大的市的立法程序。立法法规定，省、自治区的人民代表大会常务委员会对报请批准的较大的市的地方性法规，应当对其合法性进行审查，同宪法、法律、行政法规和本省、自治区地方性法规不抵触的，应当在四个月内予以批准。发现其同本省、自治区的人民政府的规章相抵触的，应当作出处理决定。这一规定明确了：一是省人大常委会在批准时，只对较大的市报请批准的地方性法规合法性进行审查；二是与上位法不抵触的，四个月内应当批准。对这一规定，应当把握以下几点：

（1）批准时，省人大常委会只对其合法性进行审查。这是长期争论和存在的问题，这次立法法作出了明确的程序性的规定，是从较大的市的改革开放和社会政治经济发展需要考虑的。制定地方性法规权是实体性权力，作为一级地方权力机关应当独立行使。省人大常委会对其批准，是程序性权力，与备案这种事后监督的方式相比，批准是一种事前监督。因此，法律规定批准时只进行合法性审查，看较大的市制定的地方性法规是否与宪法、法律、行政法规和省的地方性法规相抵触，不抵触的就批准，否则就不批准。换句话说，省人大常委会只作出批准或不批准的决定，对较大的市的地方性法规不作修改。这是国家立法机关的一贯思想。全国人大常委会在批准广东省经济特区条例时，一个字也没有改，为今后省、自治区人大常委会批准较大的市的地方性法规提供了参考。

批准的标准就是看其是否与宪法、法律等相抵触。何谓抵触，在制定立法法的过程中，一直有不少意见要求予以明确规定。总的来说，是否构成抵触，应当由省人大常委会在行使制定和批准地方性法规的权限时，根据宪法和法律的规定，自己掌握、衡量，这里有个自由裁量权。宪法提出不抵触原则，是有其背景的。当时我们的法律还不多，需要国务院和地方先制定行政法规和地方性法规，以适应改革开放和社会发展的需要，待取得经验，条件成熟了，再上升为法律。所以宪法规定，在不与宪法、法律相抵触的前提下，可以先制定行政法规和地方性法规。现在国家仍处于改革开放不断深化的过程中，还不具备条件在立法法中对不抵触原则作出明文规定。对此，谈点个人的理解：所谓不抵触，第一，有法律、行政法规的，不违背其明文规定，可以具体化，如对老年人的优待、罚款数额等具体规定；第二，没有法律、行政法规依据的，不违背宪法和法律的原则精神，可以先行作出规定；第三，法律、行政法规没有禁止的，可以作出补充性、解释性的规定，特别是可以作出对公民权利保障性的规定，而对公民义务性的设定要极为慎重；第四，国家专属立法权的事项，未经授权不得涉足。这里还要考虑，在专属立法权外，还有一块由中央统一规定，即由法律和行政法规规定，地方不能规定的行政管理事项，地方立法也不能涉足。

这是几个大的杠杠，在实际掌握中，还有比较复杂的情况，需要地方人大常委会根据实际情况予以权衡。

（2）立法法规定了批准的期限是四个月，以保证较大的市制定地方性法规的效率。一般情况下，省批准较大的市的地方性法规的时间大都在一次和两次常委会之间，但也有不少时间很长，甚至有的几年不批准，使较大的市制定的地方性法规流产。在批准问题上，省与市的矛盾比较突出，集中反映了分级管理与属地管理的矛盾。其间再掺杂部门利益和地方保护主义，矛盾就更难协调，所以批准时间长。由于批准难，较大的市就会回避矛盾，不再制定地方性法规，转而只制定政府规章，也能解决市里的问题。据了解，较大的市多数一年制定地方性法规四五个，主要原因是周期太长。这种做法，不利于国家的民主法制建设。因此，立法法规定四个月批准期限，以解决这个问题。

（3）对报批的法规与省政府规章抵触的，如何处理。也就是较大的市的地方性法规与省政府规章的效力高低的问题。对这一问题不宜简单用谁大谁小、谁服从谁的适用原则来解决它们之间的矛盾与冲突。因为从法的层级看，法规要高于规章，而从适用范围讲省政府规章要大于较大的市的地方性法规。据了解，较大的市的地方性法规与上位法相抵触的很少，大部分产生矛盾与冲突的地方，是因为分级管理的权限在具体工作中的规定不一致，如省里规定出租汽车由城建管，到市里规定由交通部门管；或者是对同一问题的看法不一致而作出不同的规定，如山东对铁路房产的不同认识，对事权的规定不一致。这些并不是严格意义上的相抵触。我们实行的分级管理的行政体制，与地方属地管理之间的矛盾和问题，在立法中反映比较大。因此，地方性法规与部门规章、较大的市的地方性法规与省政府规章的冲突和矛盾就很大。立法法是通过适用原则与冲突的裁决这两种办法来解决这一矛盾与问题。立法法规定，由省、自治区人大常委会作出处理决定。所谓处理决定，就是裁决，用裁决的办法来决定适用哪个规定。处理决定可以决定不批准较大的市的地方性法规，也可以决定撤销省政府规章，还可以责成各自作出修改，以取得一致。

（四）关于行政立法程序

行政法规、部委规章和政府规章的制定程序同法律制定程序一样，也包括起草、审查、通过和公布四个环节。由于行政立法属于抽象行政行为，行政机关实行首长负责制，不实行合议制，因此需要在法的规范上更加强调民主性。同时，又不能像立法机关的立法程序那样规定得很具体，有些规定需要由行政机关根据行政管理的特点自己规定。立法法根据实践经验，对行政立法程序中的关键环节作出具体规定，这些规定是国务院在制定行政法规与规章的具体制定程序时，必须予以遵循。

1. 行政立法程序的民主化。立法法对行政立法程序作出的具体规定，着重点就在于立法程序的民主化。

（1）立法法规定，行政法规由国务院组织起草。国务院有关部门认为需要制定行政法规的，应当向国务院报请立项，经国务院同意，由国务院组织有关部门起草。行政法规从起草工作一开始，就由国务院统一牵头，保证政令统一，防止部门从自己本部门利益出发，造成多头立法。

（2）立法法规定，行政法规和规章在起草过程中，应当广泛听取有关机关、组织和公民的意见。听取意见可以采取座谈会、论证会、听证会多种形式。

（3）立法法规定，涉及两个以上部门范围的事项，应当提请国务院制定行政法规，或者由有关部门联合制定规章。这是针对性的规定，实践中部门职权交叉的事项，各部门自己制定规章，往往出现规章之间矛盾与冲突的现象，使老百姓无所适从。

2. 对行政法规草案的统一审查。立法法规定，行政法规起草工作完成后，起草单位应当将草案及其说明、各方面对草案主要问题的不同意见和其他有关材料送国务院法制机构进行审查。国务院法制机构应当向国务院提出审查报告和草案修改稿，审查报告应当对草案中的主要问题的不同意见作出说明。由国务院法制部门统一审查，相当于全国人大立法程序中的统一审议，其重要性不言自明，这一规定具有重要意义。

3. 行政法规的决定程序。立法法规定，行政法规的决定程序依照《中华人民共和国国务院组织法》的有关规定办理。国务院组织法规定，重大事项应当经国务院常务会议或者全体会议讨论通过。行政法规需要全国人民遵守执行，属于重大事项，应当经国务院常务会议或者全体会议讨论通过。立法法作这样的规定，不影响国务院在紧急、特殊以及非常必要的情况下，采取其他方式决定行政法规。如采用由总理决定的方式，以充分利用时机，提高行政效率。当然，由于国务院实行常务会议例会制，每周固定时间召开，一般情况下，行政法规都可以由国务院常务会议决定。

立法法规定，规章的制定程序由国务院制定。同时立法法明确规定，部门规章应当经部务会议或者委员会会议决定。地方政府规章应当经政府常务会议或者全体会议决定。这是对规章的决定程序作出的规定，国务院在制定规章的立法程序时，应当按照立法法的规定办。

六、关于法律解释

法律制定以后，在实施中往往会产生对法律某些条文规定如何理解的问题，这就需要法律解释。法律解释是十分重要的立法工作，对正确理解法律和实施法律具有重要意义。

宪法规定，解释法律属于全国人大常委会的职权。1955 年 6 月全国人大常委会通过《关于法律解释问题的决议》，1981 年 6 月全国人大常委会通过《关于加强法律解释工作的决议》。根据这两个决议，法律解释权属于全国人大常委会，其他国家机关对法律的解释，属于应用法律问题的解释。如司法解释、国务院及其主管部门对不属于审判和检察工作中的其他法律、法规如何具体应用问题的解释和地方人大、政府对地方性法规如何具体应用问题的解释等。另外，还有对法律的常识性解释、学术性解释等，虽然对法制建设工作也具有很重要的作用，但它与上述所说的法律解释和对应用法律问题的解释，在内容、性质、程序以及效力上是不同的。

立法法对法律解释的主要规定是：1. 什么情况下需要全国人大常委会作出法律解释？立法法规定，第一，法律规定需要进一步明确具体含义的；第二，法律制定后出现新的情况需要明确适用法律依据的。这两种情况实际上属于立法的延伸，因此，法律解释权只能由全国人大常委会行使。全国人大常委会作出的法律解释与法律具有同等效力。

2. 法律解释的程序。这一程序与法律的制定程序有所不同，比较简化，如没有三审制。立法法规定，第一，有权提出法律解释要求的机关，即国务院、中央军委、最高人民法院和最高人民检察院、全国人大各专门委员会以及省、自治区、直辖市人大常委会可以向全国人大常委会提出法律解释的要求。第二，由全国人大常委会工作机构研究拟定法律解释草案。第三，法律解释草案由委员长会议提交常委会审议，常委会审议后，由法律委员会根据常委会审议意见进行审议，提出法律解释草案修改稿。第四，法律解释以常委会全体成员表决过半数通过，由常委会发布公告予以公布。

法律解释是非常重要的立法工作，它对于法律的正确实施，保证国家法制的统一具有重大作用，但我们一直未能有效地运用这一手段，发挥其应有的作用。主要原因在于我国二十年立法跨度之大，发展之快，都是前所未有的，法律的稳定性受到挑战。前面讲了，法律解释是立法的延伸，我们在立法时无法作具体规定的，到需要法律解释时，仍然难以具体明确；当正在研究如何作出法律解释时，法律的修正案已经提交常委会审议了。因此，全国人大常委会对各地各部门在工作中提出的大量的有关法律的具体问题，采用了法律询问答复的办法解决。可以说，这是介于法律解释和具体应用问题解释之间的一种处理方法。

立法法对法律询问问题也作出了规定，规定全国人大常委会工作机构可以对有关具体问题的法律询问进行研究予以答复，并报常委会备案。应当明确，法律询问的内容是不需要作法律解释的法律问题。关于法律询问的效力问题，主要有三：一是立法法对法律询问作出规定，使其具备了法律地位，法律询问答复应该说是有权威的；二是法律询问对答复的个案具有法律效力，其他类似问题可以参照；三是对询问答复如果有不同意见和看法，可以依照法定程序要求法律解释。

七、关于法律监督

立法法第五章规定了法律适用及法之间冲突的裁决，主要解决立法监督问题。当前，立法监督的主要问题在于纠错机制不能发挥其有效的作用，严重影响了社会主义法制的统一。有冲突和矛盾是正常现象，而不能及时纠错，立法秩序则永远处于混乱之中，原因在于人大的监督权未能很好行使。

立法法首先规定了法的适用规则及冲突的裁决。其次对备案审查程序作出具体规定，以加强对法规、规章的监督。再次为了启动审查机制，从操作层面，将立法监督的职能下放到专门委员会。

立法法规定，国务院、中央军委、最高人民法院、最高人民检察院和省级人大常委会以及其他国家机关、社会团体、企业事业组织和公民认为法规、自治条例和单行条例同宪法或者法律相抵触的，可以向全国人大常委会书面提出审查的要求或者建议，由常委会工作机构分送有关专门委员会进行审查。经审查法规同宪法、法律相抵触的，可以向制定机关提出书面审查意见；也可以由有关专门委员会召开联合审查会议，要求制定机关到会说明情况。制定机关应当在两个月内研究提出是否修改的意见。也就是说由制定机关先修改，给个“改过自新”的机会。如果法规同宪法、法律相抵触而制定机关不予修改的，全国人大专门委员会可以向委员长会议提出书面审查意见和予以撤销的议案，提请常委会审议决定。

目前，立法方面的问题主要是越权立法。一是总想突破法律的专属立法权，如行政法规规定行政强制权、地方性法规规定司法制度、特区立法为自己设定行政权限等。有的意见提出地方立法空间是不是越来越小的问题。应当说，这是一种发展趋势，随着中国特色社会主义法律体系的建立，法制趋于健全，地方创制性立法将越来越少。法律的制定也是这样，目前，全国人大常委会修改法律的数量已经超过了制定法律的数量。

二是总想突破行政处罚法的规定，处罚的种类、行为、幅度、范围都有，强调行政效率、解决问题，忘了依法行政、不得与上位法相抵触的原则。这里面有个处理好法制统一与地方特点的关系问题。应当重申，行政处罚法关于行政处罚设定权的规定是适当的，不能突破。这些规定，涉及各立法机关的立法权限，一定要按照立法法规定的立法权限，做好立法工作，不能越权。特别是权力机关，不能违宪、违法。要研究哪些事行政机关要管，要形成行政管理秩序，违反了，就违法，要处罚；哪些事不用行政机关去管，由老百姓自己作主，即便做错了，也不能给予行政处罚。还要研究那些给予行政处罚的违法行为，应当给予什么样的行政处罚，应当给多重的行政处罚。

三是我们行政机关管理手段单一，许可、收费、罚款，行政管理老三着。有利争着干，无利不作为，下指标，搞创收。1998 年朱镕基总理就说过，收费罚款太滥，民怨沸腾。还有，执法人员执法行为不规范，素质不高，有的随意侵犯公民、法人和其他组织的合法权益，人民群众反映很大，败坏了党和政府的威信与形象。

四是以自己的立法解释法律。我们强调地方不要照抄上位法，需要几条就立几条，难道没抄的法律条文能够变成可以不执行的吗？另外，司法解释中的问题也不少，不是对具体应用的解释，而是作创制性的规定；不是对法律条文的本意作出解释，而是把立法时未接受的意见用司法解释规定出来；不是对审判事项作出解释，而是对自己的职权作扩大解释。

立法法规定，对越权立法的，有监督权的机关可以予以改变或者撤销。目前立法法规定的立法监督程序尚未启动过，但是问题已经提出，如对收容遣送办法、拆迁条例等已有意见提出给予立法监督审查。随着法治建设进程，立法监督迟早会成为正常的立法现象，而一旦出现制定的条例被撤销的情形，就有个责任承担的问题。立法者要对这种改变或者撤销的法律后果有足够的认识，给予足够的重视。

最后，总结一句话：立法法确立了我国的立法制度，它是国家基本制度的组成部分。通过这一制度的运行，体现中国共产党的执政意识和领导方式，将我们党在实践中形成的政策和主张，用法律的形式固定为国家的意志和公民的行为规范，以实现建设社会主义法治国家的历史使命。

行政法篇

关于我国的行政法律制度建设*

全国人大常委会法工委行政法室主任　李　援

1978年党的十一届三中全会以来，我国的立法工作从无到有，取得了很大成绩。在行政法律制度建设方面，我们取得了很大的进展，行政法的制定为依法行政，转变政府职能，维护行政管理秩序，保障行政相对人的合法权益，建设法治政府发挥了强有力的推动作用。

依法行政是对行政机关提出的要求，要求行政机关行使行政权力，必须有法律的授权，权力来源于法律，我们要塑造法律在中国的尊严与权威，使人人对法律存有敬畏之心，严格依照法律办事。因此，我们完善行政法律制度，就是要加强行政法律的制定，使行政机关做到有法可依。

一、关于行政法律制度

总的来说，规定行政法律制度的法律规范，统称行政法。这个概念在理解上有两层意思：从性质上说，行政法是关于行政权的法，是关于行政权的授予、行政权的行使和运作，以及对行政权的监督的法律规范的总和。从制度上说，行政法是调整国家行政管理活动的法律规范的总和，是中国特色社会主义法律体系的重要组成部分。

从依法治国建设社会主义法治国家的基本方略出发，全国人大常

---

* 部分报告时间地点：2001年4月29日至2013年12月23日，中央党校法制班、国家行政学院，北京市、安徽省、河南郑州市、湖南常德市人大，劳动与社会保障部、国家食品药品管理局、国家体育总局，司法部行政学院、司法部公职律师培训班、河北省司法厅、内蒙古自治区锡林浩特市政府、河南省登封市体委、包头市地方立法培训班、江苏省工商系统培训班、法官学院培训班、深圳市工商行政学院培训班等。

委会对行政法的制定非常重视。但是从我国立法总的过程来看，专门的行政法成文却比较晚，到二十世纪八十年代后期才开始。虽然1979年党的十一届三中全会后就开始立法，但成文的第一部行政法律是1989年制定的行政诉讼法。这是我国行政法律制度建设起步的主要标志。现在，行政诉讼法、行政复议法、行政处罚法、行政许可法以及一大批部门的行政法都有了，可以说，行政法律制度的基本框架已经初步形成。行政法律的制定，为各级行政机关及其工作人员依法行政提供了坚实的法律依据。

行政法大致调整三个方面的法律关系，由三个部分组成。第一部分是关于行政权的授予和组织行政机关的法律。一般由一些行政组织法、行政编制法以及公务员法等组成。这部分法律从我们行政法的体系上来讲比较弱。如国务院组织法只有12条，是我国条文最少的法律之一。1998年国务院机构改革，精简机构，部委数量从42个减为29个，当时想修改国务院组织法，将这29个部委用法律固定下来，以后不再轻易增减。这个想法没有实现，2008年进行大部制改革，涉及了8个部门的组合，变动很大，无法实现国务院机构法定化。又如现在的地方组织法是地方人大组织法和地方政府组织法写在一起的。如果要改地方组织法，我们的意见是改成两个法，即地方人大组织法和地方政府组织法，就可以把政府组织机构和编制规定得更完善一些。这部分行政法律还远远不能满足我们的实际需要。另外，政府部门编制法也没有，国务院也没有自己的行政法规。各部门的编制方案由中央编制办公室批准，称“三定方案”，由国务院办公厅发布实行。一到立法时，各部门都要求将“三定方案”在法律上予以确定，各部门以此为“尚方宝剑”到立法机关这里来吵。防沙治沙法有“八龙”治沙、《水法》有“九龙”治水，食品安全法五大监管部门争得不可开交。立法时花费时间最多的就是各职能部门权力的协调。

第二部分是行政权的行使和运作的法律，称为行政行为法。这部分法律数量最多，它又分为两部分。一是按行政管理事项划分的行政管理权具体运作的法律规范。行政管理事项有多少种，这类法律就有多少部，如公安、环保、教育、卫生等领域，一般称其为部门行政法。二是各级政府和工作部门都必须遵守与各级政府及其工作部门有关的法律，包括行政立法、行政执法等行政行为的法律，如《行政处罚法》《行政许可法》《行政强制法》以及以后要制定的《行政程序法》。我们一般把它们归为行政法中的基本法类，因为它们规范所有行政机关的行为，是所有行政机关行使行政权都必须一体遵循的法律。

第三部分是对行政机关的组织、行政权的行使和运作进行监督的法律，统称为行政监督法，也叫行政行为侵权救济法。如《行政监察法》《行政复议法》《行政诉讼法》《国家赔偿法》等。这类法律，从中国的行政法制建设过程来讲，在社会对行政权的控制和制约观念刚刚开始树立的时候，我们就下功夫来搞这类法律，所以《行政诉讼法》比较早，于1989年出台，1990年出台《国家赔偿法》，1991年制定了《行政复议法》，都先于《行政处罚法》（1996年）和《行政许可法》（2003年）。2005年《行政强制法》提请全国人大常委会审议，现在尚未出台。这一部分法律从一开始制定就遇到很大阻力。最早涉及行政诉讼的是1983年3月，五届全国人大常委会第二十六次会议审议《海上交通安全法（草案）》的时候，草案规定“如果当事人对海上安全事故处理不服的，可以到人民法院提起诉讼”。当时还没有规定“行政诉讼”。草案的这一条遭到交通部坚决反对，为此，彭真等四位副委员长和当时的交通部部长谈了一下午，没谈成，交通部坚持说，我头顶国徽执法，怎么能当被告？结果导致这次常委会会议没能通过这个法，到下次常委会写上这一条才通过。就是因为这件事，全国人大常委会审议法律由“一审制”，即当次会议提请审议，当次会议表决通过，改为“两审制”，即当次会议提请审议，下次会议表决通过。《海上交通安全法》因为涉外，所以要和国际相衔接，不可能让交通部门的行政裁决作为最终的裁决，要有司法救济途径，否则在国际上行不通，所以最后还是得写上。可见当时的观念与法治观念差距非常大，写上对行政决定不服的，可以上法院去告，非常难。现在我们回过头来看，行政诉讼法的制定在国内、国际上的作用和影响非常大。

行政法律制度这个题目比较大，三部分行政法律，每一部分都可以作为专题讲几课，我想从行政法律制度建设的角度，就第二部分法律中的第二类法律讲一讲。因为这一部分法律在依法治国和依法行政中起着特别重要的作用，对于我们贯彻党的十六大以及十六届四中全会的精神，有着重要的现实意义。

这类法律已经制定了行政处罚法和行政许可法。这两部法律，行政处罚法是1996年制定的，行政许可法是2003年通过的。正在制定中的是行政强制法。这三部法律是我们国家的行政立法三部曲，已经完成两部，还剩下行政强制法。我想把这三部法律联系起来讲，因为从法理上、从行政法的观念上讲它们是一种承上启下、一脉相承的关系。

二、关于行政处罚法

行政处罚是行政机关对违反行政管理秩序的公民、法人和其他组织依法予以制裁的法律制度。属于国家三大法律责任，即刑事责任、民事责任和行政责任中的行政法律责任。八届全国人大第四次会议于1996年3月17日审议通过了《中华人民共和国行政处罚法》，自1996年10月1日起施行。这个法已为大家所熟悉，之所以作为第一部行政法律来讲，是因为这部法律的制定与实施，开创了我国行政法律制度建设的一个新阶段，具有里程碑的意义。行政处罚法的制定，是我国民主法治建设的重大进展，对于规范行政行为，保证行政机关依法行政，改进行政管理工作，提高执法水平，更好地维护社会秩序和公共利益，保护公民、法人和其他组织的合法权益，都起到十分重要的作用。

行政处罚法有三点突破。

第一，这是我国第一部专门对一类行政行为即行政处罚行为进行规范的法律。1996年以前，总体上说，我国的行政法对行政行为缺乏统一的法律规范，对行政行为的规定散见于各个单行法律中。对行政权的监督，国外除了通过立法进行规范外，主要通过司法权对行政权予以制约，以防止行政权的滥用。而我国主要体现在立法监督上，即通过建立行政法律制度对行政权进行规范和制约，立法成为我国监督行政权行使的主要形式。大家注意，这是中国行政立法的一个重要特点。

法律的发展是与社会进步相联系的，行政法的出现更是与现代社会的发展密切相关，它适应民主政治的发展而生，体现了一种社会进步。在封建专制社会，国家统治建立在君主个人意志之上，国家统治完全是一种任性与专横的状态。资产阶级革命以后，形成了新的关于国家、社会、公民和法律思维的变革，行政法随之产生，使法律调整范围扩展至国家活动的领域。行政法的特点决定了行政法的核心是依法行政。政府的活动必须有法律依据，并要严格依照法律规定行事，行政机关的活动对公民的权益造成损害时，必须承担法律后果。依法行政的实质，是使国家不再凌驾于社会之上，使行政机关的权力不再是官吏的特权，而是依据法律行使的职权。行政处罚法的进步性和民主性也就体现在这里。

行政处罚法确立了具有普遍意义的三项行政法原则：1. 处罚法定原则。行政机关实施行政处罚，必须有明确的法律依据。法无明文规定不得处罚，它与刑法规定的罪刑法定原则一起，为社会主义法治国家作出了基础性的贡献。公民只有在实施为法律所明文禁止，并规定要给予惩罚的违法行为的情况下，才有可能受到处罚。所以，我们说“法无明文规定不为罪”，这是对公民个人而言的。而对于行政权，对于行政机关而言则是“法无明文规定不可为”。这就是法定原则。

2. 处罚适当原则。行政处罚应与公民违法的事实、情节和社会危害相适应，不能过重过轻。这也是在处罚领域里的公正原则，这一原则在行政机关作出不利于行政相对人的决定时，应该普遍适用。

3. 听取意见原则。行政处罚法规定，在作出行政处罚决定前，必须听取行政相对人的陈述与申辩，否则，行政处罚无效。同时，还规定行政机关作出严重的行政处罚时，行政相对人可以要求听证，行政机关应当听证。这是一项重要的法律原则：当行政机关作出影响公民权利的决定前，必须充分听取行政相对人的意见。陈述意见是相对人的权利，听取行政相对人的意见是行政机关的义务，绝不允许行政机关因行政相对人的陈述与申辩而加重对他的处罚。

制定行政处罚法，其意义是进一步规范行政处罚的行政行为，既解决实际中存在的乱设处罚、滥施处罚、随意处罚的现象，也是我国行政法治建设取得的重要进展。

第二，是在行政程序立法上迈出的第一步。以前我们重实体轻程序，重结果轻过程，重实质而不注重形式。行政行为要纳入法制化，很重要的是程序，没有民主程序就没有民主实质；遵守程序并不削弱行政权力，而是更好地行使行政权力；行政权的行使没有行政程序的规范与制约，必然会造成行政权的滥用。这种重视实体法、轻视程序法的情形，近几年来虽有改观，但与现代行政法治建设的要求仍有很大距离。行政权的行使有很强的自由裁量性，必须通过具体可行的行政程序予以限制，既要防止政府官员个人专断，防止行政机关滥用职权，又要保障行政机关能够有效地实施行政管理，维护公共利益，最大限度地保证行政权的正当行使。

从行政执法方面来说，行政处罚是作出的处罚最多、行政管理运用频率最高、处罚适用范围最广，同时是最有可能侵犯当事人的合法权益的行政管理手段。当事人在行政处罚过程中处于十分弱小、与行政机关完全不平等的地位。因此容易产生行政机关对当事人随意惩治的现象，导致滥施处罚或者专横处罚的情况发生。利用程序加强对当事人权益的保护，是行政处罚法的一个特点。在制定行政处罚法以前，当事人对行政处罚不服的，可以通过行政复议或者行政诉讼的法律救济途径来主张自己的权利，但这只是在行政行为之后才能获得救济。而在行政处罚过程中，当事人如何行使权利、保护权益方面，却一直缺少法律的规定，使行政机关及其工作人员在办理行政管理事项时有很大的随意性，使其具有没有限制的自由裁量权，如何办理和办理多长时间，都由行政机关说了算，因而，时有侵犯公民、法人以及其他组织合法权益的事情发生。现在有了行政处罚法，行政机关及其工作人员在行政处罚过程中侵害行政相对人的合法权益，当事人就可以依法向法院提起诉讼，寻求法律救济。这样就可避免一些侵犯公民、法人以及其他组织合法权益的事情发生，甚至可以减少腐败现象。因此，进行行政程序的立法，对于限制与制约行政权的滥用能够起到切实有效的重要作用。

第三，第一次确立了听证制度，民主政治建设取得突破。听证是世界各国通行的一种行政程序。最早在法律上确立听证制度的是美国1946 年的《联邦行政程序法》。由于行政处罚法的制定，使得听证制度在我国得以确立，具有很重要的意义。行政处罚法规定的听证制度赋予了当事人进行申辩和提出意见的机会，提出自己主张的场合，行使公平权利的时刻，对于行政处罚当事人来说，是一项十分重要的权利。这里我还想说，许多行政机关和一些领导同志认为听证和座谈会、讨论会没有什么区别，不就是大家发表意见，我们听取意见吗？听取意见在我国的法律中早有规定，但是听证制度法定化这还是第一次。这里面有一个重要的行政法原则，叫案卷排他性原则，即经过听证所作的记录、笔录，要作为档案存档，作为以后作出行政决定的依据，作出行政决定的依据不能超出记录中的证据和事实。不能听证会开完了就算完事儿了，作出行政决定还是只按领导的话去办。对于这一点，一直没有法定化或制度化，认为听证会就是征求意见会。行政处罚法把听证会法律制度化了。现在我们常委会审议法律时常委委员的发言记录，虽然已经有速记员在每字必录，但存档的不是当场记录的原话，而是加以整理出来的简报。这方面缺乏具有法律效力的原始记录，将来重现历史的时候，就容易出现问题。

三、关于行政许可法

行政许可，是指行政机关根据行政相对人的申请，经依法审查，准予其从事特定活动的行政行为。它具有控制与灵活性相结合的特点，便于国家对经济和社会事务的适度干预，因此，为世界上许多国家所普遍采用，成为现代国家行政管理的一个重要手段。

关于行政许可法强调三点。第一，行政许可法的指导思想，就是减少行政许可，这是十分重要的一点。党的十六大报告提出：减少和规范行政审批。这九个字是有划时代意义的，做到非常难。当时中央有4000多项行政审批，现在减到1000多项，几乎减了三分之二。我们国家正在进行深刻的经济体制改革，行政管理体制也要随之改革，主要是解决政府管什么不管什么，要管的怎么管好。政府的职能转换是深化政府体制改革的首要问题。所以行政许可法在设定权上下了很大功夫。按照行政许可法的规定，现在有行政许可设定权的只有全国人大、国务院、有地方立法权的地方人大和省级人民政府。这里没有部委规章的设定权。这是国务院提出草案时主动去掉的。行政许可法（草案）提到国务院常务会议讨论时，朱镕基总理讲："我们行政机关不能自己给自己本部门、本系统设定和扩大权力，行政职权要法定，不能让行政机关自己给自己授权。"当时中央4000多项许可，部委规章没有上位法依据的许可占到50%—60%，约1500项到1800项，这么多许可一下子都砍掉需要有多大的魄力啊。行政许可法没有赋予部委规章行政许可设定权，具有非常重大的意义，就在于今后部委不能再设定行政许可了。实践证明这样规定很必要，行政许可法实施后，就出现了一些灰色的打擦边球的现象，出现了"核准、备案、开证明"等替代行政许可的做法，反正都要经过行政机关这一关。把这些不是行政许可的事项，当作行政许可办。这恰恰证明了行政许可法对行政机关的制约作用。

第二，是在行政程序上建立一系列的法律制度。比如说建立许可的标准和条件的公示制度；时限制度；听证制度；不得单方接触制度；许可结果公开、查询制度；许可后续监督制度等。我认为把行政程序法定化直接产生三种法律后果：一是违反法定程序可能导致行政决定无效，违反法定程序行政许可决定就可能被撤销。行政许可法规定，行政机关"滥用职权、玩忽职守""超越法定职权""违反法定程序""对不具备申请资格或者不符合法定条件的申请人"准予行政许可的，作出行政许可决定的行政机关或者上级行政机关，根据利害关系人的请求或者依据职权，可以撤销行政许可。“被许可人以欺骗、贿赂等不正当手段取得行政许可的，应当予以撤销”。二是违反法定程序将引起当事人的复议或诉讼。老百姓可以告。行政许可法规定：“公民、法人或者其他组织对行政机关实施行政许可，享有陈述权、申辩权；有权依法申请行政复议或者提起行政诉讼；其合法权益因行政机关违法实施行政许可受到损害的，有权依法要求赔偿。”三是行政机关及其工作人员要按法律规定承担法律责任，受到行政处分、行政赔偿甚至刑事处罚。行政许可法在法律责任一章中作了具体的规定。这样通过行政程序，大大加大了对行政机关及其工作人员的约束。

第三，行政许可法第二十七条、第六十三条规定了两个纪律条款，就是反腐败条款，规定实施行政许可不得收受贿赂，不得获取其他利益。把反腐败要求变成了行政程序，违反这两条的规定，就是违反了实施行政许可的程序，就具备了之前讲的三个法律后果。这样反腐败就不仅仅是纪委管了，如果老百姓发现行政许可法规定的违法现象，就可以以违反法定行政程序为由去告，要求赔偿，行政许可决定就可能被撤销。真正要想把这个预期目标实现，就是寄希望于将大量的涉及违反行政许可法的行为通过行政诉讼加以解决，通过司法途径来达到规范行政许可行为的目的。但这个预期没出现，主要原因是存在利益关系。一个比较成功的房地产开发商老板说，一个房地产项目行政许可少的盖60个章，多的盖120个章，要花费三十多万。在中央党校讲课，刚说到这儿，一位学习班里的国企老总就插话说，这点儿钱远远不够。现在的腐败现象很严重，如果有这个法条，发现问题去举报，去告，通过行政诉讼就能遏制解决。行政许可法就这三点：设定权，从源头上卡住；程序上，法定程序把行政机关约束住；反腐败条款，对腐败多了条治理的途径。这是行政许可法三个比较凸显的特点。

四、关于行政强制法

行政强制法是一部重要法律。从我国的实际情况看，在建立和完善社会主义市场经济的过程中，行政机关为了实行有效的行政管理、制止违法行为，除了应当具有必要的行政审批许可、行政检查、行政处罚等手段外，有的还应当具备必要的、适当的强制手段。我们通常讲的行政强制行为有三种情况：

一种是行政强制措施，是指行政机关为了预防、制止或者控制危害社会的违法行为的发生，对特定的人、物或者行为依法采取暂时性控制，迫使其保持一定状态的行政行为。如对人身自由的限制，对财产的查封、扣押、冻结等。有三十多部法律规定了行政强制措施。

一种是即时强制，是指行政机关遇有重大灾害或者事故，以及在发生严重影响国家和公民利益的紧急情况下，为制止损害和事态的扩大，当即采取的直接强制控制的行政行为。《防洪法》《消防法》《防震减灾法》《传染病防治法》等法律作了规定。

一种是行政强制执行，是指人民法院或者行政机关对不履行行政决定义务的公民、法人和其他组织，依法采取强制执行措施使其履行义务的行政行为。如将银行的存款划拨、将扣押的财产拍卖以抵交罚款等。目前，行政强制执行制度已基本建立，形成以行政机关申请人民法院执行为主，行政机关执行为辅的行政强制执行制度。有三十多部法律明确规定行政机关需要申请人民法院强制执行。

行政强制措施和行政强制执行带有强制性，既涉及行政效率，更涉及对公民的人身权和财产权的限制，因此，对行政强制行为进行规范，既是依法行政的需要，也是保护公民合法权益的需要，制定行政强制法十分必要。

根据九届全国人大常委会立法规划，法制工作委员会从 1999 年 3 月起着手行政强制法的调研起草工作。2002 年 4 月起草完成行政强制法草稿，经反复征求中央有关部门、地方人大和政府以及法律专家的意见，多次修改，形成了现在的行政强制法（草案），已在一定范围内征求意见。起草工作总的指导思想是，对行政强制行为进行规范，既保证行政机关依法履行职责，维护公共利益和公共秩序，又避免和防止权力的滥用，保护公民、法人和其他组织的合法权益。

首先，我们碰到一个法理问题，即行政机关的行政强制权从何而来？是法律授权还是行政权自有的？为什么行政机关不能直接行使行政强制权？我们了解到，国外在这个问题上是明确的，即非经法律授权，行政机关无权对行政相对人实施强制，或者非经司法程序，行政机关无权强制执行。还有的从宪法权利上讲，非经授权，行政机关无权对公民实施强制。

我们在研讨中，有的意见提出，宪法规定了行政机关的行政管理职权，既然赋予了行政机关管理职权，就应当相应地赋予其管理手段，法律不应加以限制。也有的意见提出，宪法规定，行政机关是法律的执行者，就应当根据法律的规定行使职权。这两种意见就是在制定立法法时发生的“职权说”与“根据说”的争论。我们研究，应当针对中国国情，既从法律上对行政行为加以规范与制约，又要给予行政机关必要的手段，以达到行政管理目的。

第二，还有一个法治观念问题，即强制权相对于公民权益而言是第二位的。德国专家说，德国行政执行法的特点是前提条件和程序十分严格，但又具有灵活性，即明智地作出例外规定。与其他一些国家相比，德国的行政执行法更注重对公民的法律保护。德国对此的指导思想是，行政机关首先要贯彻宪法和法律对公民的保护的规定，而不是首先要达到使行政措施得以实现的目的。

第三，在起草论证过程中，对行政强制设定权问题争论很大，有几种意见：一是认为行政强制对公民权益影响太大，行政强制措施必须由法律设定；二是认为行政机关为达到管理目标需要有设定权，可以规定行政强制措施由法律、行政法规设定，权力集中在中央；三是认为对财产方面的强制可以放权给地方性法规设定；四是认为为适应政府行政管理的需要，除法律、法规可以设定行政强制外，可以给地方政府一定的设定权。

基于三点理由行政强制的设定权应当收归法律，由法律设定。（1）行政强制措施对公民权益影响太大，且实施不规范，必须严格控制；（2）我国现有法律规定的行政强制措施已经大体涵盖了我国政府实行行政管理中对于行政强制的需要；（3）中国制定行政强制法的初衷是规范行政强制，减少行政强制。我们历来的做法是，对行政强制控制很严，基本上看作是法律的权力，从来没有下放。因此，在行政强制的设定权上应作出更为严格的限制。我们感到，行政强制立法的重点并不在于规范本身，而是重在改变观念。应当转换观念，即不能靠行政强制提高行政效率。这是第一个问题。

第二个问题，目前行政强制措施和行政强制执行在实践中存在一些问题。

关于行政强制措施，主要问题是：1. 设定权不明确。由于对哪些机关可以设定行政强制措施，没有法律的明确规定，因此，除法律设定外，法规和规章中都有设定行政强制措施的现象，甚至一些规章以下规范性文件也设定了强制措施。浙江大学行政强制法课题组以《中华人民共和国法律行政法规部门规章司法解释分卷》为统计依据，新中国成立到1999年，现行有效的法律、行政法规与部门规章共10369件，其中法律314件、行政法规1584件、部门规章8469件。314件法律中有33件规定了行政强制措施，占10.5%；1584件行政法规中，有71件规定了行政强制措施，占4.5%；在8469件部门规章中，有145件规定了行政强制措施，占1.7%。

据法工委向十个省、自治区、直辖市发函调查，地方性法规和地方政府规章中也规定了一些行政强制措施。如河南省制定和批准329件地方性法规，有65件地方性法规规定有行政强制措施，占19.8%；四川省制定和批准地方性法规155件，有32件规定有行政强制措施，占20.6%；上海市政府的500多件政府规章中，有26件规定了行政强制措施，占5.2%。

2. 形式过多。行政强制措施的具体形式繁多，各种表述五花八门，据不完全统计，多达近300种。这些行政强制方式大多没有明确界定，有的还是为了规避行政处罚法的规定设置的，如扣押车辆叫“中止驾驶”，或者叫“责令停放在指定地点”，这就必然给实施行政强制带来许多随意性和混乱。

3. 主体过乱。没有强制权的行政机关自己采取强制措施，或者由行政机关授权、委托其他组织实施行政强制措施的现象时有发生。各种名目的执法队伍，常常在既无法定行政强制权，又无法律授权的情况下，却可以任意实施行政强制，由此常常激化矛盾。有的地方政府以党委办名义下发文件，禁止摩托车上街行驶，违反了就扣车、罚款、没收。老百姓不服上法院去告，法院不受理，说主体不适格。

4. 缺少程序规范，违法情形严重。由于对行政强制措施没有统一的法律规定，特别是缺乏程序性规定，属于行政机关自己强制的，基本上由各部门自行规定，有些连最基本的程序规定都没有，行政机关在实施行政强制时随意性较大，对公民、法人和其他组织的合法权益造成侵害，严重影响了政府的形象。

关于行政强制执行，主要问题是：（1）行政机关申请法院执行，程序繁琐，时间长，影响行政效率；（2）行政机关自己强制执行，至今尚无统一的法律规范。执行难的问题，不仅在法院执行中存在，在行政机关执行中也严重存在。如何既保证行政效率，又能保护公民的合法权益，还需要从制度上作出必要的规定。

第三个问题，行政强制应遵循以下法律基本原则：

1. 法定原则，即行政强制必须有法律依据，且必须依照法定的程序实施。行政强制权是一种单独的权力，必须由法律授权，它不是行政管理权的自然延伸，没有法律授权行政机关无权强制。可以说，这是行政机关依法行政的硬指标，不能含糊，因为行政强制直接涉及公民的人身权、财产权。

2. 权衡裁量原则，要对实施行政强制的适用条件作出明确界定，使行政机关在采取行政强制之前，有权衡与裁量的标准。具体讲，实施行政强制的适用条件是，只有行政机关履行行政管理职责时，在制止违法行为、防止证据损毁、避免危害发生、控制危险扩大的紧急情况下，才能实施行政强制措施。使行政机关对要不要采取行政强制，采取何种行政强制，能够作出比较清醒的判断。

3. 适当、比例原则，其含义是：（1）行政目的是适当的；（2）采取的措施适当；（3）先轻后重，先间接强制后直接强制；（4）以造成最小损失为限度，或者说以达到行政目的为限度。行政机关实施行政强制，必须兼顾公共利益与公民权益，符合法律规定的目的，不得超过合理的、必要的限度，采取必要方式，最小程度地损害当事人的权益。行政强制法要规定执法人员应当遵守的纪律，坚持文明执法，坚决禁止任意而为，甚至是欺压百姓的行为。

4. 适时执行原则，其含义是：（1）能不强制则不强制；（2）主体、程序合法；（3）同时符合适当原则。行政机关在实施行政强制之前，只要情况允许，都应当先采取一般管理手段解决，然后才考虑行政强制，做到行政强制不滥用。应当解决行政管理手段单一的问题，拓宽行政管理方式，多采取行政管理措施，少动用强制手段；强调和鼓励当事人自觉履行行政义务，包括在行政指导和督促下的自动履行，减少行政机关的直接强制行为。

5. 救济原则。由于行政强制容易给公民、法人及其他组织的合法权益造成损害，必须有法律途径予以救济。

五、关于行政程序法

与我国制定了行政许可法而未制定行政程序法不同，世界很多国家制定了行政程序法。美国早在1946年就制定了联邦行政程序法，这个法律的制定改变了传统行政法上的以行政效率优先的行政法原则，而代之以保障公民基本权利和对行政权的行使加以控制的行政法原则。行政诉讼法规定，合法的行政行为必须同时具备三项条件，即证据确凿、适用法律法规正确和符合法定程序。将符合法定程序作为衡量行政行为是否合法的条件之一，这就使立法机关将行政程序法的制定纳入立法日程。行政程序法是规范行政机关为达到行政目的而采取的行政行为必须经历的步骤、采用的方式，以及实现这些步骤和方式的时间和顺序的法律规范的总称。

所谓程序，就是行为从起始到终结的长短不等的过程。行政程序，就是行政机关作出的行政行为的步骤、方式、顺序和时间构成的行为过程。法定行政程序，是指上升为法律制度的行政程序，其特点是，行政程序法律制度是由国家制定和认可，并由国家强制力保证其实施的行政程序规则，行政机关一旦违反了法定程序，就构成行政行为违法，要依法承担一定的法律责任，甚至可以导致行政决定被撤销，公民、法人或者其他组织也有权依法寻求法律救济，可以申请行政复议、提起行政诉讼以及要求行政赔偿等。行政程序是行政机关正确作出和实施行政决定，提高行政效率，保护公民合法权益的最基本的保障。

1989 年行政诉讼法颁布以后，全国人大常委会法工委曾组织专家研究行政程序立法问题。当时由于对行政程序的理论研究和实践情况的了解还不够深入，人们对行政程序的重要性的认识也不足，制定一部统一的行政程序法的条件还不成熟。实际上，程序就是操作规程。没有程序保障，实体就是空的、无意义的。实践中常反映有的法律难以操作，其主要原因之一，就是缺乏具体的程序规定。因此，决定采取先零售、后批发的方式，先就市场条件下行政机关普遍常用的管理手段，如行政处罚、行政许可、行政强制和行政收费等行政行为单独立法，制定实施这些行政行为的法定行政程序，以保证行政机关依法行政。待条件成熟时，再制定统一的行政程序法。现在行政处罚法、行政许可法已经制定，行政强制法正在制定，这三部法律都是有五分之三以上的篇幅规定行政程序。行政程序法是对行政行为从总体上规定一个正当程序，起到一种方向性、指导性、规范性的作用，在某种意义上讲，要比一些单行的行政法作用大。随着依法治国方略的提出，随着依法行政、建设法治国家的观念日益深入人心，随着行政法治建设的进程发展，制定行政程序法的条件趋于成熟。

行政程序法应当明确和遵循的基本原则是：

第一，公开原则。是指行政机关应当向行政相对人和社会公众公开其行政行为的原则，就是我们讲的行政公开。行政公开是对行政机关及其工作人员进行监督的有效方式，它能够有效地防止行政机关和行政工作人员滥用权力，有效地维护公民的合法权益，并且是公民的民主权利的重要体现。这一原则的主要内容是：一是公开行政法规和规范性文件；二是公开行政决定，包括行政机关所作的行政处理、行政处罚、行政许可、行政强制以及行政复议、行政裁决等各种决定；三是公开行政过程，包括行政机关的办事程序、各类办事手续等；四是公开档案资料，包括行政机关设置情况以及一切行政机关掌握的不涉及国家秘密、商业秘密和个人隐私的情况。

第二，公正原则。是指行政机关应当排除可能造成偏见的因素，在行政活动中公平地对待行政相对人的原则。要求行政机关公平对待，是行政相对人的一项程序权利。行政活动中会有这样的情况，单独来看，行政活动并没有侵害某一行政相对人的权益，可是如果两个以上行政相对人作比较，其所得到的待遇却有差别，对其中受到相对不利待遇的行政相对人来讲，就不是公平对待。

第三，参与原则。是指行政相对人有权对行政行为表达自己的意见，并且这种意见能得到应有重视的原则。行政相对人对行政活动有切身的利害关系，允许他在行政活动中表达自己的意见，无疑是保障其权益的最有力的措施。这个原则是行政程序法的核心原则，应当在可能的条件下扩大行政相对人对行政行为的参与权，这是行政程序法律制度建设的发展方向。实现参与原则的主要制度是以听证为核心的调查制度。

第四，复审原则。是指对行政行为复核、复查的原则。这是行政程序法律确立最早的原则。主要理由有二，一是行政工作人员主观认识有限和客观条件的局限，行政失误难免；二是行政相对人有权利怀疑行政决定有错误，有权利要求行政机关再查一查。因而有了行政复议，有了司法审查。

第五，效率原则。是指行政行为应当尽量用最短的时间，最少的人力、财力和物力取得最理想结果的原则。行政效率不仅会影响行政相对人的权益，也会影响其他公民和国家的利益。在实践中，由于行政机关在行政程序中居主导地位，往往是行政机关以提高行政效率为由，减少或者免除自己的程序义务，增加自己在程序上的自由裁量权，限制或者剥夺行政相对人的程序权利。这一点应当特别加以注意。

第六，诚实信用、信赖保护原则。诚实信用原则原本是民法中最重要的原则，现在也已成为行政领域中的一项普遍性原则。行政机关应当信守自己的诺言，要求行政活动具有真实性、稳定性和善良性。行政机关制定的规范应当具有稳定性，不能变化无常，不能出尔反尔。在诚信原则的基础上产生信赖保护原则，即公民基于对行政机关的信赖所作的行为和取得的利益，应得到行政机关的保护。

以上基本原则需要在行政程序法中通过一些基本的法律制度加以规定。当然，有些法律制度在一些单独的行政法律中已经作出了规定，行政程序法将作出统一的、涵盖所有行政行为的行政程序规范。

1. 规范抽象行政行为，即行政立法立规行为的程序制度：（1）听取意见制度；（2）起草审查制度；（3）公布制度；（4）效力制度。

2. 规范具体行政行为的程序制度：（1）表明身份制度；（2）告知制度；（3）说明理由制度；（4）回避制度；（5）合议制度；（6）听证制度；（7）审执分离制度；（8）复议制度；（9）司法审查制度；（10）顺序制度；（11）时限制度；（12）公示制度；（13）行政执法程序制度；等等。

值得讨论的一些问题：（1）规定不规定实体规范，如行政决定、规划行为等；（2）如何规定决策程序、政务公开程序等；（3）搞成什么样的法，如何处理行政程序法与行政处罚法、行政许可法等法律的关系。

党的十六大报告提出“深化行政管理体制改革。进一步转变政府职能”，“形成行为规范、运转协调、公正透明、廉洁高效的行政管理体制”。强调“加强对权力的制约和监督，建立结构合理、配置科学、程序严密、制约有效的权力运行机制，从决策和执行等环节加强对权力的监督，保证把人民赋予的权力真正用来为人民谋利益”。明确了行政法律制度建设的方向和任务。加强行政立法，进一步以行政法促进、保障社会主义市场经济的健康发展，在当前越来越显示出它的迫切性和必要性。行政立法关系到政治体制改革，关系到行政管理体制改革，关系到提高行政管理效率和树立良好的政府形象，关系到从制度上解决腐败等重大问题。行政立法又是依法行政的基础，必须高度重视，我们要加快立法进度，加强和完善行政法律制度建设，出色完成党中央赋予的行政立法任务。

行政复议法的重大意义与作用*

全国人大常委会法工委国家法行政法室主任　李　援

1999 年 4 月 29 日，九届全国人大常委会第九次会议以 125 票赞成的表决结果通过了《中华人民共和国行政复议法》，于 1999 年 10 月 1 日起施行。行政复议法在行政法制建设上具有重大意义。

一、制定行政复议法的重大意义

从行政法制建设的进程来讲，行政诉讼法、行政处罚法与行政复议法构成了三个重要的发展阶段。

1989 年 4 月制定的行政诉讼法将我国的行政法制建设提上日程。其重大意义在于法制观念的转变，它确立了“民可以告官”的观念，也就是确立了行政相对人的诉权。当时在社会上引起极大的震撼。我们知道，行政权在行使的时候，行政机关与行政相对人处于不平等的地位，是管理与被管理的关系。只有在法庭上，原告与被告才处于平等的地位。行政法理论中有句名言，“有权利必有救济”，“无救济的权利是无保障的权利”。诉权在形式上成为公民的平等权利，任何人和任何机关均不得对其加以剥夺和限制。随着诉权的范围从刑事诉讼、民事诉讼扩大到行政诉讼领域，诉权的地位逐步提高，成为公民抗衡行政权、保护自身实体权益的最重要的法律手段。

1996 年 3 月我们制定了行政处罚法，行政法制建设进入新的重要

---

* 部分报告时间地点：1999 年 5 月 18 日至 2009 年 3 月 7 日，国家医药局、国家法官学院、河北省工商系统、北京市地税局、央视《今日说法》专题节目、浙江省义乌市政府培训班等。

阶段。从法制观念上，提出了要规范和制约行政权的观念。行政处罚法第一次划分了中央与地方、权力机关与行政机关关于设定行政处罚的权限，规定了统一的行政处罚程序，对行政机关行政处罚行为的自由裁量权予以限制和规范。

行政机关作出的行政行为，除了有法律明确具体规定的羁束行政行为外，还有相当一部分是属于在法定职权范围内，可以由行政机关自由裁量的行政行为，法律有的地方规定得比较原则，就是为执法机关留出自由裁量的空间。如在数量控制、范围确定、时限长短、处罚幅度等方面，行政机关享有一定的“自由度”。既然行政机关具有自由活动的空间和权力，必然会因此产生在这个空间范围内作出的决定是否适当、合理，是否公正的问题。如果行政机关没有自由裁量权，则不能保障其有效实施行政管理和应有的行政效率。反之，如果对行政机关的自由裁量权不加限制，则极易发生滥用权力，随意侵害公民、法人或者其他组织合法权益的现象。行政权的行使有很强的自由裁量性，缺乏法定程序，行政机关行使行政权时就有很大的随意性。因此，必须通过具体可行的行政程序给予限制，既要防止政府官员个人专断和行政机关滥用职权，又要保障行政机关能够有效地实施行政管理，最大限度地保证行政权的正当行使。

1999 年 4 月我们制定了行政复议法，它建立和完善了两个重要的法律制度，使我国的行政法制建设又进入一个新的阶段。行政复议法在法制观念上的一个显著标志就是树立了行政机关自我监督的观念。这部法律的主要成就在于：一是建立了行政机关内部自我纠错制度，国务院成为法定复议机关；二是完善了行政救济制度，扩大受案范围，公民可以选择复议机关，贯彻了公正公开与便民原则；三是从行政机关外部启动对抽象行政行为的审查；四是完善了保障政令畅通，维护行政纪律的行政监察制度。党的十五大提出依法治国，建设社会主义法治国家，其核心是依法行政。今年许多行政机关都把依法行政作为工作的“第一号工程”，行政机关能够做到自我监督，自我纠错，行政法制建设的步伐必将大大加快。

从以上发展轨迹可看出，经历了从确立“民可以告官”的观念，确立行政相对人的诉权，到对行政权必须加以规范、制约，加强行政程序的作用，再到行政机关自我监督、依法行政，完善行政法律救济制度这样一个过程，充分表明了我国行政法制建设所取得的重要进展。

党的十五大报告指出，逐步实现社会主义民主的制度化、法律化，这种制度和法律不因领导人的改变而改变，不因领导人的看法和注意力的改变而改变。这段话是小平同志 1978 年说的，二十年后写入党的十五大报告，充分说明这一重要思想已经成为我们全党的共识。

立法，重要的在于建立制度。行政复议法以法律的形式建立行政机关内部自我纠错的监督制度和消除行政行为对公民、法人或者其他组织合法权益造成侵害的法律救济制度。同时，通过行政复议的环节，启动两个监督制度，即对规范性文件进行审查的备案审查制度和保障政令畅通的行政监察制度，对于促进行政机关依法行政，保护公民、法人的其他组织的合法权益，树立良好的政府形象具有十分重要的意义。

行政机关进行行政管理活动，应当坚持依法行政。依法行政的一个最基本的原则就是职权法定。行政机关的权力从哪里来的？是人民赋予的，是人民通过人民代表大会制度制定法律所规定的。人民政府是人民代表大会产生的，人民政府要对人民代表大会负责，受人民代表大会监督。政府的权力由宪法和人民代表大会及其常务委员会制定的法律所规定，行政机关必须按照法律的规定行使职权，坚持依法行政。因此，对行政权的行使，应当加强监督与制约。行政机关超越权限、滥用权力、个人专断、玩忽职守等行为造成公民、法人或者其他组织合法权益的侵害，应当予以纠正和补救。行政复议制度加大了上级行政机关对下级行政机关的监督，加大了人民政府对政府工作部门的监督。行政复议制度的作用之一，就是人民群众对有问题的具体行政行为，向行政复议机关申请复议的途径，使行政机关能够通过上下级行政机关之间的领导关系所形成的监督作用，改正自身违法的和不当的具体行政行为。

二、行政复议的特征与合法性、合理性原则

行政复议的特征：第一，行政复议是解决行政争议的一种行政方法。行政争议是行政活动实施中的一种障碍、阻塞和不畅，在一定时期内还使行政关系处于一种不确定的状态。这种争议解决不好，或者会影响行政效率，影响对国家事务的行政管理活动；或者会使公民、法人或者其他组织的合法权益受到侵害。行政复议原则上只限于解决行政争议，民事纠纷和其他争议只有在法律有明文规定的情况下才可以被纳入处理对象。

第二，行政复议是以具体行政行为为审查对象的行政审查制度。从行政复议机关与原作出具体行政行为的行政机关的关系上考察，行政复议实际上是一种行政审查制度。但行政复议机关审查有关行政行为并非不受限制。按照行政复议法的规定，行政复议只以具体行政行为为审查对象，抽象行政行为不属行政复议的审查对象。但是，通过行政复议制度可以启动对抽象行政行为的审查。

第三，行政复议是一种依申请的行政行为。行政复议是一种行政机关的行政行为，这种行为的特点是以解决行政争议的形式进行的，它基于行政相对人的申请而开始，以行政主体为被申请人。一般说来，无行政相对人的申请，便无行政复议活动的进行。虽然行政机关也可以复查自己的行政决定，但这与由行政相对人提出申请形式的复议请求是有区别的。所以，行政复议是依申请而非依职权主动为之的行政行为。

第四，行政复议主体是作出有争议行政决定的行政机关，或其上级机关，并以后者居多。如果没有法律规定，作为行政争议一方当事人的行政机关无权审理复议案件，因此，行政复议主要由上级行政机关进行。行政复议法规定，除法律另有规定外，行政复议由县级以上人民政府或者由作出具体行政行为的行政机关的上一级行政机关管辖。从行政复议机关的设置上看，行政复议机关有本级人民政府，也有上级行政主管部门，还有设立的派出机关，但必须是行政机关，才能作

出行政复议决定。

第五，行政复议以合法性与合理性为审查标准。在行政复议中，行政复议机关依据合法性和合理性标准审查具体行政行为，就是审查具体行政行为的行政主体是否履行法定职责；是否事实清楚、证据确凿；适用法律、法规与规章以及具有普遍约束力的行政决定、命令是否正确；是否违反法定程序；是否超越职权、滥用职权以及行政侵权；依据法律、法规和规章等法律规范的规定作出的具体行政行为是否明显不当。按照这样的标准审查后，依法作出行政复议决定。

我国法学界认为，行政法的行政合法性原则的基本内容主要有五点：一是行政机关的行政职权由法律设定并依法授予。一切行政行为以行政职权为基础，无职权便无行政。然而行政职权必须合法产生，或由法律、法规设定，或由国务院或者其他上级行政机关依法授予。二是行政机关实施行政行为必须依照和遵守法律、法规等法律规范。它要求每一个行政机关既要依法管理行政相对人，又应在其他行政机关的管理中遵守法律、法规和规章。行政机关不得享有法律以外的特权。三是行政机关的行政行为违法无效。行政机关的行政行为必须合法，违法的行政行为不具有法律效力，无论是实体上的违法，还是程序上的违法，都将使行政行为归于无效。四是行政机关必须对违法的行政行为承担相应的法律责任。五是行政机关的一切行政行为必须接受监督，包括人大监督、行政监督和司法监督。无救济便无权利，无监督便无行政权力。

我国法学界关于行政合理性原则的内容主要有三项：一是正当性，行政机关作出行政行为，在主观上必须出于正当的动机，在客观上必须符合正当的目的；二是平衡性，行政机关在选择作出某种行政行为时，必须注意权利与义务、个人所受损害与社会所获利益、个人利益与国家集体利益之间的平衡；三是情理性，行政机关作出行政行为，必须符合客观规律，合乎情理，不能要求行政相对人承担其无法履行或者违背情理的义务。如行政机关改变了审批标准后，就去处罚以前经过批准、仍按照原标准执行的行政相对人，这就不合情理。通俗点讲是：行政行为必须符合法律目的、必须具有合理的动机、必须考虑相关因素、必须符合公正原则。

第六，行政复议以书面审查为主要方式。这是从提高行政效率、简化行政程序的角度考虑的，行政复议以书面审查为主，但是当申请人提出要求或者行政复议机关认为有必要时，也可以听取申请人、第三人和被申请人的意见，包括采取听证的方式，并向有关组织和个人进行调查和了解情况。

第七，行政复议必须是针对原行政决定而作出的新的决定。复议机关受理复议申请后，应结合行政相对人的请求内容，对原行政决定作全面的复查核实，并针对原行政决定作出维持、撤销或者变更的复议决定，并答复申请人。复议决定为最终裁决的，或者复议申请人在法定期限内未提起行政诉讼的，或者人民法院判决维持行政复议决定的，行政复议决定经送达后，即产生约束有关当事人的法律效力。

三、行政复议法建立的法律制度

1. 行政机关内部自我纠错的监督制度

行政复议是解决行政争议的一种广泛运用的行政方法，是指行政相对人，即公民、法人或者其他组织不服行政机关作出的具体行政行为，依据行政复议法的规定，向行政复议机关提出申请，请求重新审查并纠正原具体行政行为，行政复议机关据此对行政机关的具体行政行为是否合法、适当进行审查并作出决定的法律制度。

行政复议机关的行政复议权力源于《地方各级人民代表大会和地方各级人民政府组织法》第五十九条的规定，即县级以上各级人民政府可以“改变或者撤销所属各工作部门的不适当的命令、指示和下级人民政府的不适当的决定、命令”。通过上级机关对下级机关不适当的决定的撤销或者改变，可以促进上级机关对下级机关的监督，增强行政机关工作人员的法制观念，促进他们依法办事，减少侵害公民、法人或者其他组织违法的或者不当的行政行为。

2. 行政法律救济制度

行政复议和行政诉讼一样，是一项法律救济制度，是行政相对人面对处于明显不对等法律地位的行政机关所作出的行政行为，寻求法律保护的一条渠道，是保障公民、法人及其他组织合法权益的重要途径。行政机关的行政行为如果超越法定职权，或者滥用权力，或者不遵循正当程序，或者行政机关工作人员徇私舞弊，渎职、失职，必然对公民、法人及其他组织的合法权益造成侵害。对这种侵害，从法律制度上就要建立消除侵害、加以救济的机制。

行政复议与行政诉讼一样，目的都是补救行政活动所引起的消极的后果，恢复行政行为侵害的权益，所以两者合称为行政救济制度。但是两者又有明显区别，其一，行政复议是在行政系统内部的行政活动，行政诉讼是司法诉讼活动；其二，行政复议适用行政程序，行政诉讼则适用独立的由行政诉讼法规定的行政诉讼程序；其三，由于行政复议决定本身是行政机关的具体行政行为，因此，除了有法律规定以外，它不能成为最终的裁决，还要以行政诉讼制度作为行政复议的行政救济渠道。

行政复议与行政诉讼两个法律制度相衔接，由以下两项法律原则所决定，一是司法最终裁决原则，即行政复议并非终局裁决，行政相对人对行政复议决定不服的，除法律规定复议决定为终局裁决的外，仍然可以提起行政诉讼，由司法机关作出裁决。二是行政复议并非必经阶段原则，即建立行政复议制度，更多考虑的是行政效率，而行政诉讼解决行政争议，使其更具有公正性。对行政争议，行政相对人可以选择行政复议，也可以直接向人民法院起诉，还可以先行政复议，对行政复议决定不服时，再向人民法院起诉。

相对于行政诉讼来讲，行政复议具有如下意义：（1）在行政复议决定为最终裁决，当事人不提起行政诉讼的情况下，行政争议由行政系统通过行政复议得到解决，就使能够在行政系统内解决的问题不推到法院去，从而减轻人民法院的负担。此时，行政复议起到减少诉讼、息讼止争的重要作用。（2）在经过行政复议而引起行政诉讼的情况下，行政复议成为行政诉讼的前置阶段，行政复议有利于人民法院明确诉讼标的，对于人民法院迅速查清事实，作出正确判决起到重要作用。

3. 通过行政复议启动备案审查制度

法律规定下级政府作出的规范性文件应当报上级政府备案，以备审查。但实际上往往备而不查，出现问题不能及时解决。按照行政复议法规定，人民群众可以在申请行政复议的同时，提出对有关的规范性文件进行审查的要求，这就使备案审查制度启动起来，可以及时纠正政府决定中的错误。

4. 通过行政复议启动行政监察制度

为了维护行政纪律、保障政令畅通，行政监察法确立了行政监察制度，但由于违反行政复议法的行政机关及其工作人员的行为并不由行政监察机关直接掌握，而了解其违法行为的行政复议机构对他们又没有行政监察权，无法进行处理。因此，行政复议法作出规定，赋予行政复议机构一种“处理建议权”，当发现行政机关违反行政复议法的行为时，可以向有关监察机关提出处理建议，由有关监察机关按照规定对其给予处分。这就使我们的各项监督制度能够有效地发挥作用。

四、行政复议存在的问题与法律作出的针对性规定

1990年实施行政复议条例以来，广大行政复议工作人员认真贯彻行政复议条例的规定，做好行政复议工作，使行政复议基本上起到了纠正违法或者不当的具体行政行为，保护公民、法人和其他组织的合法权益的作用。经过多年实践，行政复议工作积累了不少成功经验。同时，在实践中还存在不少问题，主要是：（1）行政复议申请范围较窄。按照现行做法，行政复议申请范围仅限于法律、法规明确规定涉及人身权和财产权的具体行政行为，与行政诉讼的受案范围大体相同，没有体现行政复议的特点。（2）申请行政复议的条条框框较多，公民、法人和其他组织申请行政复议还不方便。例如，目前实行的是以“条条”管辖为主的复议管辖体制，老百姓申请复议，往往要到在异

地的上级行政机关，很不方便；又如，现行的复议申请期限较短，一般为十五天，还有的单行法律规定只有五天，申请人很容易耽误申请期限；再如，申请复议必须采取书面形式，也限制了人民群众进行复议；等等。(3) 有的行政机关怕当被告，或者怕麻烦，对复议申请应当受理而不受理，或者受理后久拖不决。(4) 有的行政机关在复议活动中“官官相护”，甚至徇私舞弊，对违法的具体行政行为该撤销的不撤销，对不当的具体行政行为该变更的不变更。这些问题影响了行政复议工作的权威性，也不同程度地损害了政府的形象。

行政复议法针对实施中的上述问题作出了一系列规定：第一，扩大了行政复议范围，对行政相对人的法律救济更为充分。行政机关实施具体行政行为，都会对公民、法人及其他组织的权益产生影响，因为具体行政行为都是针对特定的人或物而作出的，都是由行政机关的工作人员直接具体操作，因此，就有可能出现违法现象，也有可能作出不适当的行政行为，从而损害公民、法人及其他组织的合法权益。行政复议法使行政相对人的法律救济更为充分，扩大了行政复议范围，不仅仅限制在人身权和财产权范围内，又增加了受教育权可以行政复议；不仅仅局限于列举的事项且必须有法律、法规规定才可以行政复议，而是扩大到只要行政相对人认为损害其合法权益的所有具体行政行为，都可以提出行政复议申请。同时，由于对行政复议决定不服可以提起行政诉讼，行政诉讼的范围也就相应扩大了，使原本不能行政诉讼的事项通过行政复议而获得了诉权。

第二，规范行政复议机关。行政复议机关是指依照法律的规定，有权受理行政复议申请，依法对具体行政行为进行审查并作出裁决的行政机关。这种组织的特征：一是，行政复议机关是行政机关；二是，行政复议机关是有权行使行政复议权的行政机关；三是，行政复议机关是能以自己的名义行使行政复议权，并对行为后果独立承担法律责任的行政机关。

行政复议机关的功能：一是具有行政功能，行政复议机关与行政机关是两位一体的国家机关。行政复议机关作为行政机关，它担任组织、指挥、协调、监督等多种行政管理职能；作为行政复议机关时，它以第三者的身份出现，对复议纠纷双方的行政争议进行审查并作出裁判。二是具有准司法功能，行政复议这一行政行为的特殊性在于行政复议机关运用类似司法程序的法定的行政复议程序解决行政争议，使行政复议机关处于第三者地位，对申请复议双方的争议进行审查并裁决，达到行政救济和行政监督的目的。

行政复议法规定，国务院作为行政复议机关。行政复议法（草案）曾规定，对国务院部门的具体行政行为不服的，向作出该具体行政行为的部门申请行政复议；对省、自治区、直辖市人民政府的具体行政行为不服的，向作出该具体行政行为的省、自治区、直辖市人民政府申请行政复议。其理由是：(1) 国务院部门、省级人民政府作为一级的行政机关，实行复议已经是第二次研究自己的行为了，应当予以信任。(2) 行政复议之后还有救济，不服可以行政诉讼。(3) 我国的政治体制是人民代表大会制，行政权和司法权的关系不同于西方国家的三权分立，国务院总理是否当被告要研究。(4) 国外也有省、部级行政机关是由本级复议的法律规定。

在审议中，不少常委委员提出了不同意见，认为国务院也可以作为行政复议机关。理由是：(1) 由本机关复议自己作出的具体行政行为，从法律制度上说不够合理，难以保障行政复议的公正性，也不利于充分保护公民、法人和其他组织的合法权益。(2) 国务院总理可以当被告。按照本法的规定，应诉事项由国务院法制办主任承担。(3) 在实际工作中，对国务院部门和省级政府的复议案件很少，国务院作为一级复议机关，并不增加太多的工作量，不应用工作繁忙作借口。(4) 行政复议的主要问题是对行政机关的信任问题，老百姓担心行政复议是在行政机关内部运作，易官官相护，所以更不应由本级复议本级。因此，行政复议法最后规定国务院为行政复议机关，受理对国务院部门和省级人民政府的行政复议案件。

行政复议制度作为重要的法律制度，是行政机关依法行政的重要措施和具体体现，行政复议机关及其办理行政复议具体事务的机构和工作人员承担着重大的责任。因此，应当明确行政复议机关及其行政复议机构的职责，并规定相应的法律责任。一定要建立稳定的高素质的行政复议队伍。有行政复议任务的行政机关应当设立独立的行政复议机构，确保人员编制、办案经费和改善办案条件，并加强对复议人员的培训，以保证行政复议工作的开展和落实。

第三，贯彻便民原则，从程序上进一步方便了复议申请人。主要规定有：(1) 管辖上除实行垂直领导的部门外，由申请人选择复议机关。(2) 在申请的形式上，规定了可以口头申请。(3) 延长了申请复议的期限，由一般十五天延长至六十天，就使得一部分因超过期限而丧失的诉权，如行政诉讼的诉权，因为法律规定行政诉讼提起的期限一般十五天，而通过行政复议又得以恢复。(4) 行政复议不得收取任何费用。

第四，将抽象行政行为纳入了行政复议程序中予以审查。行政复议法规定了对抽象行政行为提出审查申请的范围和申请与处理的程序。与此同时，规定行政复议机构在审查复议申请的具体行政行为时，对有关的抽象行政行为的合法性有权予以审查。

具体行政行为是指行政主体在国家行政管理活动中行使职权，针对特定的行政相对人，就特定的事项，作出有关该行政相对人权利义务的单方行为。行政诉讼法首次使用了具体行政行为这一概念，最高人民法院在《关于贯彻执行行政诉讼法若干问题的意见（试行）》中对“具体行政行为”作出了司法解释：“具体行政行为是指国家行政机关和行政机关工作人员、法律法规授权的组织、行政机关委托的组织或者个人在行政管理活动中行使行政职权，针对特定的公民、法人或者其他组织，就特定的具体事项，作出的有关该公民、法人或者其他组织权利义务的单方行为。”按照这一司法解释，具体行政行为体现了国家行政权的运作，其目的在于实现国家的行政目标，因而与立法行为和司法行为相区别。具体行政行为的法律特征是：(1) 具体行政行为只对特定对象有效，不具有普遍约束力，所谓特定对象可以是某一相对人，也可以是特定的物，还可以是特定的行为。(2) 具体行政行为能直接产生有关权利义务的法律效果，使行政相对人的权利义务发生变化、增加或者减少。但是，这种法律效果只对业已发生的特定的人和事件有拘束力，对以后发生的同类事件没有效力，只是一次性处理。（3）具体行政行为是一种单方行为。它由行政主体单方作出，其行政行为的成立不以行政相对人的合意为前提。

抽象行政行为是指行政主体非针对特定人、事与物所作出的具有普遍约束力的行政行为。它包括有关政府组织和机构制定的行政法规、行政规章、行政措施、作出具有普遍约束力的决定和命令。其法律特征是：（1）抽象行政行为具有普遍约束力。它是针对一类事或一类人，而不是针对特定人或特定事作出的，因而具有普遍约束力。抽象行政行为是约束相对公民和组织的行为。（2）抽象行政行为具有间接的法律效果，它不能对行政相对人发生直接的权利义务的变化，而是使有关行政相对人拥有产生权利义务变化的依据。（3）抽象行政行为具有往后效力。它针对往后的事件作出，并只适用行政规则制定以后的行为和事件。它不仅对所有的公民和组织有效，而且在公布以后的所有时间内有效，直到被废止。这种往后效力，还表现在对同类行为在制定行政规则以后的时空里可以反复适用。

第五，强化了对行政复议活动的监督，严格规定了行政复议机关的法律责任。主要表现在：（1）将法律责任分解、细化，具体到每个行政行为，更具有操作性和执行性。（2）赋予行政复议机构行政处理建议权，作为启动行政监察制度的环节，实行有效的监督。

行政复议法的实施，将发挥以下重要作用：一是行政复议可以促进上下级之间的监督。行政复议虽然是一种事后的补救，但同时也能起到预防行政机关作出违法和不当的行政行为的作用，起到保证政令畅通，维护行政纪律，改善行政管理的重要作用。

二是用行政复议方法解决行政争议，简便迅速，节省金钱。因为行政机关对本部门的业务熟悉，上下级之间具有领导服从关系，当下级机关与行政相对人发生争议后，上级机关有可能利用自身的这些优势，迅速查清事实、解决争议，纠正违法或者不当的行政行为，并可以直接查处有违法失职的直接责任人员。同时，行政复议法规定，行政复议机关履行行政复议职责，不得收取任何费用。公民、法人或者其他组织采取行政复议方法得到救济，比通过行政诉讼获得救济更节省金钱和时间。

三是具有重要的社会作用。行政复议工作对化解大量的社会矛盾，促进社会的稳定发挥着巨大的作用。我国是社会主义国家，社会中存在人民内部矛盾，人民政府通过对社会事务的行政管理，不断解决社会上不断发生着的社会矛盾和行政争议。这是人民政府行政职能的体现。涉及老百姓自身利益的事务，大大小小，方方面面，事无巨细，只要发生矛盾，都需要有人给予引导、舒缓和解决，才不致发展到激化的程度，引起社会的不稳定。解决人民内部矛盾，我们有许多好的经验。对于这些好的经验和做法，需要很好地总结，用法律的形式将其加以规范化和制度化。行政复议是行政机关自己再审查一下自己的行为是否正确，发现不正确时，自己来纠正，具有主动性，容易使人民群众认可这个解决矛盾的方式。通过制定行政复议法，进一步完善和规范行政复议制度，应当让行政复议制度所起的这种社会作用，切实加以发挥。

行政复议法于 1999 年 10 月 1 日起施行。行政复议法贯彻了党的十五大关于加强社会主义民主法制建设的基本要求，把行政复议制度作为行政机关内部自我纠正错误的一种监督制度，加以法律化、制度化和规范化。完善行政复议制度，对于社会主义民主政治建设，加强行政机关内部监督，促进行政机关合法、正确地行使职权，维护公民、法人和其他组织的合法权益，维护社会经济秩序和社会稳定，从制度上遏制和清除腐败，必将发挥其巨大而重要的作用。

行政处罚法：我国第一部对一类行政行为作出规范的法律*

全国人大常委会法工委国家法行政法室主任　李　援

1996年3月17日，八届全国人大第四次会议审议通过了《中华人民共和国行政处罚法》，国家主席江泽民于同日签署主席令予以公布，自1996年10月1日起施行。行政处罚法的制定，是我国民主法制建设的重大进展，对于规范行政行为，保证行政机关依法行政，改进行政管理工作，提高执法水平，更好地维护社会秩序和公共利益，保护公民、法人和其他组织的合法权益，都将起到十分重要的作用。下面就行政处罚法的重要意义、立法宗旨和主要内容作一概括的介绍。

一、行政处罚法的重要意义

第一，行政处罚法是我国第一部专门对一类行政行为，即行政处罚行为作出的法律规范。总体上说，我国的行政法对行政行为缺乏统一的法律规范，对行政行为的规范散见在各个单行法律中。从对行政权的监督角度讲，国外大都采取由司法权予以制约，以防止行政权的滥用。而我国的司法权对行政行为的监督，则主要是通过事后的法律救济途径进行。通过立法，建立法律制度对行政权进行规范和制约，在我国就尤为重要，可以说立法监督是对行政行为进行监督、制约的主要形式。制定行政处罚法，对行政处罚的设定权限和实施程序作出

---

* 部分报告时间地点：1996年8月22日至2000年4月1日，福建省、河北省人大培训班，国家烟草专卖局、司法部宣教中心等。

明确的法律规定来规范行政机关，既解决实际存在的乱设处罚、滥施处罚、随意处罚等问题，又是行政法制建设和社会主义民主政治建设的进一步完善。

法律的发展是与社会进步相联系的，行政法的出现更是与现代社会的发展相联系，它适应民主政治发展而生，体现了一种社会进步。在封建专制社会，国家统治建立在君主个人意志之上，国家统治完全是一种任性、专横的状态。资产阶级革命以后，形成了新的关于国家、社会、公民和法律思维的变革，行政法随之产生，使法律调整范围扩展至国家活动的领域。行政法的特点决定了行政法的核心是依法行政，政府的活动必须有法律依据，并要严格依照法律规定行事，行政机关的活动对公民的权益造成损害时，必须承担法律后果。依法行政的实质，是使国家不再凌驾于社会之上，使行政机关的权力不再是官吏的特权，而是依据法律行使的职权。法律成为行政领域的准则，它有效地促进和保障着社会的发展与进步。行政处罚法的进步性和民主性也就体现在这里。

第二，行政处罚法在行政程序立法方面迈出了第一步。行政处罚法从某种意义上讲是一部行政程序法。过去我们重实体轻程序，重实质不注重形式，行政行为要纳入法制化，很重要的是程序。行政权的行使没有行政程序的规范与制约，必然造成行政权的滥用。这种重视实体法、轻视程序法的情形，近几年来虽有改观，但与现代行政法制建设的要求仍有很大距离。在行政处罚法之前，只在治安管理处罚条例中有一章规定了行政程序。行政权的行使有很强的自由裁量性，因此，必须通过具体可行的行政程序予以限制。既要防止政府官员个人专断，防止行政机关滥用职权，又要保障行政机关能够有效地实施行政管理，维护公共利益，最大限度地保证行政权的正当行使。

行政处罚是行政机关为加强对经济生活和社会秩序的行政管理而采取的一个重要法律手段。从行政执法方面来说，行政处罚是作出的罚则最多、行政管理运用频率最高、处罚适用范围最广，同时是最有可能侵犯当事人的合法权益的行政执法手段。当事人在行政处罚过程中处于十分弱小、与行政机关完全不平等的地位，因此容易产生行政机关对当事人随意惩治的现象，导致滥施处罚或者专横处罚的情况发生。利用程序加强对当事人权益的保护，是行政处罚法的一个特点。在制定行政处罚法以前，当事人对行政处罚不服的，可以通过行政复议或者行政诉讼的法律救济途径来主张自己的权利。而在行政处罚过程中，当事人如何行使权利、保护权益方面，却一直缺乏法律的规定。行政行为执行上缺乏法定程序，使行政机关及其工作人员在办理行政事项时有很大的随意性，使其具有没有限制的自由裁量权，如何办理和办理多长时间，都由行政机关说了算。因而，时有侵犯公民、法人以及其他组织合法权益的事情发生，甚至不可避免地出现腐败现象。对此，引起中国立法者越来越多的关注，更加重视行政程序在限制与制约行政权的滥用方面所起的作用。

行政处罚法实施后，我们关注到两种现象，一是人民法院行政诉讼的案件增加了，这些增加的案件中大部分是诉行政机关违反行政程序的。如有的地方 1997 年行政诉讼案件的 70% 是诉行政机关行政程序违法的，这些案件使行政机关 100% 败诉。二是一些行政机关反映，行政处罚法的实施，降低了行政效率，打击了执法人员的积极性，纵容、姑息了违法行为。还有的行政机关规避法律，想方设法钻法律空子，突破行政处罚法规定的“框子”，在设定处罚种类和处罚幅度上扩大自己的行政处罚权限。这是实施行政处罚法需要引起注意的一种倾向性的问题。上述现象说明，行政处罚法确实发挥了作用。行政程序立法当然要着眼于提高行政效率，同时更要注重防止行政权力的滥用，这对发展市场经济更为重要。现在行政机关应当具备的权力和手段都已经有了，问题是行使行政权力缺少制约，以至侵犯公民合法权益的现象时有发生。因此，应当认真实施行政处罚法，从行政执法程序上加强对行政权的控制，确定越权无效、不合程序无效的原则，对任何违法行政的行为都不能保护。

第三，第一次确立了听证制度，民主政治建设取得突破。行政处罚法将听证制度作为行政处罚程序的一部分加以规定，由此表明我国确立了听证这一民主制度。听证是世界各国通行的行政程序，听证制度作为重要的民主制度在我国确立，具有很重大的意义。行政处罚法规定的听证制度赋予当事人进行申辩和提出意见的机会，提出自己主张的场合，行使公平权利的时刻，对于行政处罚当事人来说，是一项十分重要的权利。行政处罚法所建立的听证制度，是我国行政法制建设的一个里程碑。

行政处罚法的立法宗旨概括地说主要包括两个方面：一是规范政府行政处罚行为，完善国家的法律责任制度。行政处罚是行政机关进行行政管理的手段之一，我国有关行政管理的法律、法规、规章大多规定了对违法行为的行政处罚。在实践中的主要问题是：（1）行政处罚的设定权不明确，有些行政机关随意设定行政处罚；（2）执罚主体混乱，不少没有行政处罚权的组织和人员实施行政处罚；（3）行政处罚程序缺乏统一明确的规定，缺少必要的监督、制约机制，随意性较大，致使一些行政处罚不当。因此，行政处罚法的制定，对行政处罚的设定权、实施行政处罚的主体、行政处罚的程序等主要问题作了规范，使行政处罚行为制度化、法律化。

二是保障和监督行政机关有效实施行政管理与保护公民、法人和其他组织的合法权益并重。也就是说，既要保障行政机关有效实施行政管理，又要监督行政机关正确实施行政处罚，保护公民、法人或者其他组织的合法权益，二者不可偏废。行政机关在行政管理工作中，需要有一定的处罚手段，对违法行为给予行政处罚，对于贯彻实施法律、法规，纠正违法行为，维护公共利益和社会秩序都是必要的。但由于行政处罚是一种制裁手段，对当事人的权益造成一定的影响，如果滥施处罚，当事人的合法权益就要受到侵害。因此，在调整行政管理与公民、组织间的关系中，加强对行政权的监督和对公民、组织合法权益的保护，始终是立法中着重考虑之处，行政处罚法也是如此。行政处罚法对行政机关实施行政处罚作了必要的限定和规范，以保障当事人的合法权益。

二、行政处罚的适用范围和基本原则

（一）行政处罚的适用范围

行政处罚法明确规定了其适用范围，包括两个方面，即设定行政处罚与实施行政处罚，必须遵守本法。

行政处罚的设定，通俗地说，就是谁有权规定什么行为是违法行为，并应当给予什么行政处罚。从我国的立法体制上讲，这里是指哪一级立法机关、哪一级行政机关规定什么行为是违法行为，并能给予什么行政处罚。行政处罚的设定是实施行政处罚的基础与前提，它规范的是行政机关的抽象行政行为。

行政处罚的实施，是指哪些国家机关或者组织可以给予公民、法人或者其他组织行政处罚，以及怎样给予行政处罚才是合法的。它规范的是行政机关的具体行政行为。

行政处罚的概念从学理上有不同的解释。行政处罚法没有明确、直接地给行政处罚下定义。行政处罚法规定："公民、法人或者其他组织违反行政管理秩序的行为，应当给予行政处罚的，依照本法由法律、法规或者规章规定，并由行政机关依照本法规定的程序实施。"这一规定有四层意思：

第一，行为违反了行政管理的法律、法规，客体是侵犯了行政管理法律秩序，应当承担的是行政责任。

第二，从主观方面说，不区分是否具有故意或过失的主观因素。只要有违法行为，并有法定依据给予行政处罚的，就要依法给予行政处罚。

第三，要区分违法与犯罪的界限。给予行政处罚的，必须是尚不构成犯罪的违法行为，如果构成犯罪，应当追究刑事责任，不能以罚代刑。对于违法行为轻微，没有造成危害后果的，应当予以纠正，给予批评教育，可以不给予行政处罚。是否给予行政处罚，应当依照本法规定，由法律、法规、规章在权限范围内规定。

第四，实施行政处罚的主体是行政机关。国家权力机关、司法机关、社会团体、未经依法授权和委托的组织以及公民个人都不能实施行政处罚。

（二）行政处罚的基本原则

一是处罚法定原则。对公民和组织实施行政处罚必须有法定依据，法无明文规定不处罚。行政处罚必须由有权设定行政处罚的国家机关在本法规定的职权范围内设定，并以法定的程序制定、公布。否则，违法规定的行政处罚规定都是无效的。实施行政处罚应当由有行政处罚权的行政机关在法定职权范围内实施，其他机关和组织无权实施。

二是违反法定程序处罚无效原则。实施行政处罚必须遵守法律、法规规定的程序，既包括行政处罚法规定的行政程序，也包括其他法律、法规关于行政程序的规定。一定要改变一个观念，即认为在执法上，只要是抓准了、进行处罚达到了行政目的，怎么做都行，违反程序也没关系。行政处罚法从程序上对行政机关行使行政处罚权作了必要的规范，如有违反，则行政处罚无效，上法院就要败诉。

三是公正、公开原则。行政处罚必须以事实为根据，以法律为准绳。要查明违法事实，没有违法事实的，不得给予处罚。同时，行政处罚的规定必须公开，要让全体人民周知，无论是法律、行政法规、地方性法规，还是规章，凡是要公民遵守的，都要公布。未经公布的，不得作为行政处罚的依据。

四是过罚相当原则。行政处罚法规定："设定与实施行政处罚必须以事实为依据，与违法行为的事实、性质、情节以及社会危害程度相当。"这一规定有两个意思，一是行政处罚应当与违法行为的事实性质、情节以及社会危害程度相当，不能够对轻微的违法行为给予很重的行政处罚，也不能对社会危害相当大的违法行为只警告了事，或者只罚款了事，"花钱买合法"。二是设定行政处罚时也要"过罚相当"，要求有权设定行政处罚的机关，在设定行政处罚时就全面、客观地分析违法行为的性质、社会危害程度，准确地规定行政处罚。

五是处罚与教育相结合的原则。行政处罚的目的，是纠正违法行为，对违法者和人民群众进行教育，提高法制观念，使每个公民都自觉地遵守法律、维护法律。因此，应当坚持行政处罚与教育相结合，教育公民、法人或者其他组织自觉守法，克服只强调处罚，不教而诛的倾向。

（三）在行政处罚中当事人应当享有的权利

一是陈述权和申辩权。任何权力必须公正行使，对当事人不利的决定必须听取他的意见，这是现代法制的一个重要原则。行政处罚法规定了对被处罚的当事人享有陈述权和申辩权就是这一原则的体现。具体到行政处罚上，陈述权和申辩权是行政处罚法规定的当事人的权利之一，贯穿于实施行政处罚整个过程的始终。

陈述权是指当事人对行政机关给予行政处罚所认定的事实及适用法律是否准确、适当，陈述自己对事实的认定以及主观的看法、意见，同时也可以提出自己主张、要求的权利。申辩权是指当事人对行政机关的指控、证据，可以提出不同的意见，进行申辩，以正当手段包括要求召开听证会，驳斥行政机关的指控以及驳斥行政机关提出的不利证据的权利。实际工作中，有的行政机关工作人员素质不高，在行使职权时随意性大，把当事人的申辩看作是“态度不好”，加重给予处罚。行政处罚法规定不听取当事人的陈述和申辩的，行政处罚无效。

二是了解权和确认权。这是当事人行政处罚中的程序性权利。了解权是指在行政处罚过程中，当事人有了解行政机关给予行政处罚的违法事实、证据以及法律依据等情况的权利。按照行政处罚法规定，执法人员进行当场行政处罚时，必须告知当事人作出行政处罚决定的事实和依据以及当事人依法享有的申辩、申请复议和提起诉讼的权利。在一般程序中，行政机关在作出行政处罚决定之前，也必须告知当事人即将作出的行政处罚决定，以及违法事实和处罚依据，并告知当事人依法享有的权利。确认权是指当事人享有辨认执法人员身份的权利，以确认对自己进行行政处罚的人员是否具备法定资格。这都是保护当事人合法权益不受侵害的重要法律保障。

三是申请行政复议和提起行政诉讼寻求法律救济的权利。行政处罚法规定了公民、法人或者其他组织对行政处罚不服的法律救济形式，即有申请行政复议和提起行政诉讼的权利。

四是因违法行政处罚受到损害有获得赔偿的权利。行政处罚法规定，公民、法人或者其他组织认为行政机关违法给予行政处罚受到损害的，有依法要求取得赔偿的权利。

陈述权和申辩权、了解权和确认权赋予当事人在行政处罚事前、事中救济的权利。申请行政复议、提起行政诉讼权以及必然而来的行政赔偿权，赋予当事人行政处罚事后救济的权利。目的就是要使公民、法人和其他组织被行政机关或者行政机关工作人员侵犯的合法权益得到补救。

三、行政处罚的种类与设定

1. 行政处罚的种类。行政处罚法规定，行政处罚的种类有：警告；罚款；没收违法所得、没收非法财物；责令停产停业；暂扣或者吊销许可证、暂扣或者吊销执照；行政拘留；法律、行政法规规定的其他行政处罚。

今后，我国的行政处罚的种类就是行政处罚法规定的这七类行政处罚，也就是说地方性法规和规章在制定有关行政管理的规定中只能规定警告、罚款、责令停产停业、暂扣或者吊销许可证、暂扣或者吊销执照、没收违法所得、没收非法财物等行政处罚，不可以另行规定行政处罚法中没有规定的行政处罚种类。

关于法律、行政法规规定的其他行政处罚，一是要解决一些个别、特殊情况下使用的行政处罚手段，如外国人入境出境管理法规定的驱逐出境。二是为今后可能由法律、行政法规规定的其他行政处罚种类留有一定的余地。

2. 行政处罚设定权。行政处罚法对设定权问题，作了如下规定：第一，行政处罚基本上由法律和行政法规规定。其中，涉及限制公民的人身自由权的，只能由法律规定。行政法规可以设定除限制人身自由以外的行政处罚。

第二，地方性法规可以设定除限制人身自由、吊销企业营业执照以外的行政处罚。已经有法律、行政法规对行政处罚作出规定的，地方性法规可以根据本地具体情况和实际需要，在法律、行政法规规定的行政处罚行为、种类和幅度的范围内作出具体规定。

地方性法规可以设定哪些行政处罚？这个问题是和地方性法规的立法权限相联系的。1996 年制定行政处罚法时还没有立法法，所以在行政处罚法里面规定了设定权的内容。后来，立法法对地方性法规的立法权限作了明确规定，即为执行法律、行政法规的规定根据本地的实际情况作具体规定的事项，以及属于地方性事务的事项。简单说，一是具体化；二是地方性事务。行政处罚的具体化，就是行政处罚法规定的已经有法律、行政法规的，地方性法规可以结合本地具体情况，根据法律、行政法规关于行政处罚的规定，予以具体化，但是，不得超越法律、行政法规规定的行政处罚行为、种类和幅度的范围。所谓地方性事务，第一是纯属本地方才有的事项，如河北省有白洋淀，制定白洋淀管理条例，只有河北省才有权制定。第二是只针对本地方具体的行政管理事项，如限放烟花爆竹，河北省就不能替代石家庄市制定该地方性法规。因此，在这些方面，地方性法规可以设定行政处罚。但是，行政处罚法也作了必要的限制，即限制人身自由和吊销企业营业执照的行政处罚，地方不得设定。对行政处罚法的这些规定，各地都有些意见，大都认为对地方限制死了、约束多了。特别是对第十一条第二款中对行政处罚行为、种类和幅度的限制规定有意见。经过几年的实践表明，行政处罚法的规定还是适当的。执行中出现一些地方越权设定的情况，这是违反法律规定的。如果当事人提起行政诉讼，这些地方规定的依据是无效的，行政机关就要败诉。

第三，规章规定行政处罚应有必要的限制。首先，规章只能在法律、行政法规或者地方性法规规定的处罚行为、种类和幅度内作具体规定，不能“越界”；其次，在尚未制定法律、行政法规或者地方性法规的情况下，规章可以对其职责范围内的行政管理工作，规定一些较轻的行政处罚。

第四，明确其他任何规范性文件不得设定行政处罚。

四、实施行政处罚的主体

行政处罚权是一项重要的国家行政权，应当由行政机关来行使。这是行政处罚与刑事处罚不同的一个重要特点。行政处罚法规定，行政处罚由具有行政处罚权的行政机关在法定职权范围内实施。其含义是：第一，行政处罚必须由行政机关实施；第二，并不是所有的行政机关都有行政处罚权，哪些行政机关有行政处罚权，由法律和行政法规规定；第三，行政机关只能在主管业务范围内，对违反行政管理秩序的行为给予行政处罚；第四，每个行政机关有权给予什么种类的行政处罚，依法律、法规规定；第五，除行政机关依法行使行政处罚权外，根据实际需要，依法授权和委托的组织可以行使行政处罚权。

行政处罚的实施机关主要是：

1. 行政机关。行政处罚权作为行政机关实现行政管理目标的强制手段，是行政机关的法定职权，应该由行政机关实施。但是，由行政机关实施行政处罚并不是说所有的行政机关都可以实施行政处罚，也并不是行政机关可以任意实施行政处罚。行政机关实施行政处罚必须符合以下条件：（1）必须具有履行外部行政管理职能。即依据法律的授权代表国家对公民、法人或者其他组织实施管理的机关。各级人民政府的办公机构、人事机构、监察机构、行政事务机构、咨询机构等，它们不行使外部行政管理职能，没有管理社会事务的权限，因此，不能行使行政处罚权。（2）依法取得特定的行政处罚权。行政机关所享有的行政处罚权必须经法律、法规特别授予。不经法律明确授权，行政机关不得实施行政处罚。（3）必须在法定职权范围内实施。行政机关行使行政处罚权也应在法定职权范围内，不得超越管理权限实施行政处罚，处罚权限的大小应与管理权限的大小相一致。

2. 法律、法规授权的组织。由于社会的迅速发展和社会关系的复杂化，国家干预社会生活的深度和广度不断加强，行政管理范围日益扩大。仅靠行政机关本身执法已赶不上行政管理的需要。因此，行政处罚法规定，经法律、行政法规、地方性法规授权的具有管理公共事务职能的组织也可以行使行政处罚权。这种授权的法律特征是：（1）必须是由法律、行政法规、地方性法规授权的组织，规章和其他规范性文件不得授权；（2）被授权的组织必须是具有管理公共事务职能的组织。授权是行政权的转移，经过授权，被授权者就取得了行政处罚主体资格，它必须具有管理公共事务的职能，能够以自己的名义实施行政处罚，并能独立承担相应的法律责任。

3. 依法受委托的组织。由于行政管理活动的专业性、技术性的增强，为充分利用一些组织的专业特长和技术条件，根据需要，把一些程度较轻、影响较小的行政处罚权委托其行使，可以提高行政效率，实现对社会事务的有效管理。受委托组织的条件是：（1）必须是依法成立的管理公共事务的事业组织。事业组织是指不以营利为目的，依靠财政拨款维持运行，从事教育、科学、文化、卫生等社会职能的社会团体。事业组织一般应具备相应的条件，依法取得法人资格。（2）必须具有熟悉有关法律、行政法规、地方性法规、规章和业务的工作人员。（3）对违法行为需要进行技术检查或者技术鉴定的，应当有条件进行相应的技术检查或者技术鉴定。委托处罚的事项往往技术性比较强。不能组织进行相应的技术检查或者技术鉴定的，不能委托其实施行政处罚。

五、行政处罚的程序

行政处罚程序的主要内容：

1. 简易程序。简易程序即当场处罚程序。第一，当场处罚是行政机关及其执法人员发现违法行为，依法当即给予的行政处罚。第二，当场处罚一般适用于案情简单、事实清楚、违法后果比较轻微且有法定依据应当予以处罚的违法行为。第三，当场处罚必须是给予较轻的处罚。依照行政处罚法的规定，适用简易程序的行政处罚是，对公民处以五十元以下、对法人或者其他组织处以一千元以下罚款或者警告的行政处罚。大量的行政处罚适用简易程序当场予以处罚，对违法行为及时、迅速地予以处理，有利于提高行政处罚效率。

行政处罚法规定的简易程序是：执法人员当场发现或者现场查获违法事实，依法应当给予行政处罚时，首先应当向当事人表明自己的执法身份。执法人员指出当事人的违法事实，说明行政处罚依据，必要时进行现场调查取证。执法人员要告知当事人依法享有的权利，当事人有权进行陈述和申辩，对当场作出的行政处罚决定不服的，有权依法提起行政复议或者行政诉讼。执法人员作出行政处罚决定，当场制作行政处罚决定书，并交付当事人，行政处罚当场予以执行。执法人员当场作出的行政处罚决定后，必须报所属行政机关备案。

2. 行政处罚的一般程序。除适用简易程序以外的其他行政处罚案件，应当适用一般程序，主要是处罚较重、情节复杂的案件。另外，当事人对于执法人员给予当场行政处罚的事实认定有分歧而无法作出处罚决定的案件，也要依照一般程序作出行政处罚决定。一般程序中包括：调查程序、听证程序、决定程序和执行程序。

（1）调查程序。调查程序是行政机关对证据进行核对审查的过程。行政机关必须全面、客观、公正调查，收集证据，必要时，可以依法采取检查措施。检查是对于违法行为、违禁物品予以查处以及保全证据采取的一种行政措施，它包括对书证、物证以及物品的抽样鉴定、对物证或者场所的勘验、对现场的检查、对违禁物品的收缴、对证据的登记保存措施等。其中，行政处罚法对证据登记保存措施作了特别规定，它是行政机关在证据可能灭失或者以后难以取得的情况下，经行政机关负责人批准，对需要保全的物证当场登记造册，暂时先予存封固定，责令当事人妥为保管，不得动用、转移、损毁或者隐匿，等待行政机关进一步的调查和作出处理决定的措施。证据登记保存措施是一种带有强制性的行政措施，应当严格依法实施。

（2）听证程序。听证程序是正当行政程序的核心，也是体现行政处罚程序民主性的一个重要程序。从公平与效率兼顾的原则出发，既保证行政机关处理行政处罚案件的效率，也注重行政处罚程序中的民主程序的建设，按照行政处罚法的规定，并不是所有的行政处罚案件都必须听证，听证程序也不是行政处罚的必经程序。什么样的行政处罚案件应当听证？一是要具备一个前提，即当事人对行政机关作出的行政处罚，在违法事实的认定上有重大分歧。二是要在行政处罚案件的限定范围内，即给予责令停产停业、吊销许可证或者执照、较大数额罚款的行政处罚案件，才可以要求听证。三是当事人要求听证的，或者行政机关认为有必要举行听证的，行政机关才组织听证。前两个条件具备后，当事人本人不要求听证的，行政机关可以不组织听证。根据行政处罚法规定的听证程序看，听证本身并不进行裁决，行政机关在听证结束时不需要表示意见。

听证的一般程序是：听证开始后，由行政机关就当事人的违法行为予以指控，并出具证据材料和提出处罚意见；当事人就行政机关指控的事实和相关问题发表意见、出示证据、进行答辩；行政机关和当事人可以就各自出示的证据的真实性进行辩论；辩论后，当事人应当有最后陈述的权利。听证时将双方发表的意见制作笔录，经审核无误，当事人及其代理人、听证主持人签名或者盖章后，听证即可结束。

听证笔录是作出行政处罚决定的依据之一，行政机关根据听证情况进行复核，违法事实清楚的，依法作出行政处罚决定；违法事实与行政机关原来的认定有出入的，可以进行调查核实，在查清事实的基础上，作出行政处罚决定；行政机关对违法事实认定有错误的，应当及时通知当事人不予行政处罚。

（3）决定程序。决定程序对两类行政处罚案件规定了不同的程序，即对一般行政处罚案件和重大行政处罚案件的决定程序分别作出了规定。一般行政处罚案件决定程序为：①行政机关执法人员或者行政处罚案件调查人员对案件的调查终结，违法事实基本查清，执法人员将情况报告行政机关负责人并附对案件的处理意见。②行政机关负责人对案件的调查结果和处理意见进行审核，认真审查违法事实是否确凿，证据是否充分，发现有不足的，应当责成执法人员予以补充。③行政机关负责人经审查后，对事实清楚、证据确凿、适用法律正确的行政处罚案件，即可以作出行政处罚决定。④行政机关认为有必要时，可以将拟作出的行政处罚决定的内容告知当事人，再次听取当事人对案件处理的意见与申辩。⑤制作行政处罚决定书，行政机关负责人应当在行政处罚决定书上签名或者盖章。对重大、复杂行政处罚案件的决定程序，除按一般案件决定程序办理外，增加了由行政机关的负责人集体讨论决定的程序。

（4）执行程序。行政处罚的执行是行政处罚决定的实现阶段。行政机关的处罚决定一经作出，即产生法律效力，如果当事人不主动履行，行政机关可以通过执行措施强制其履行。行政机关在当事人逾期不履行行政处罚决定的情况下，有权采取以下执行措施：①加罚。加罚是指被处罚的当事人在无正当理由逾期不履行行政机关的罚款处罚决定时，行政机关可以在原处罚决定的基础上，增加处罚的幅度，具体是每日按罚款数额的百分之三加处罚款，原处罚决定仍应执行。②拍卖查封、扣押的财物或者划拨冻结的存款。③申请人民法院强制执行。没有强制执行权的行政机关可以依法申请人民法院强制执行。需要强调的是，行政处罚法还明确规定了在行政复议和行政诉讼期间不停止行政处罚的执行的原则。行政机关的处罚决定不能因被处罚人向复议机构、人民法院提起诉讼而终止执行。

3. 实行作出罚款决定与收缴罚款的机构相分离的制度，从制度上根除产生腐败的现象，但它至今仍是我们需要努力落实的一项制度。这一制度的主要内容是：①由当事人自行到银行缴纳罚款。除执法人员当场收缴的罚款外，执法人员不直接经手罚款；②执法人员当场收缴罚款的，必须向当事人出具省、自治区、直辖市财政部门统一制发的罚款收据；③除依法应当予以销毁的物品外，依法没收的财物必须按照国家规定公开拍卖或者按照国家有关规定处理；④罚款、没收违法所得或者没收非法财物拍卖的款项，任何行政机关或者个人不得以任何形式截留、私分或者变相私分；⑤财政部门不得以任何形式，向作出行政处罚决定的行政机关返还罚款、没收违法所得或者返还没收非法财物的拍卖款项，作为行政经费。

行政处罚法的贯彻实施，使行政立法工作进入了新的阶段，为进一步行政立法积累了宝贵的实践经验，也必将对各级政府及行政执法部门的执法活动产生十分深刻、重要的影响。行政立法关系到政治体制改革，关系到行政管理体制改革，关系到提高行政管理效率、树立良好的政府形象，关系到从制度上解决腐败等重大问题。行政立法是依法行政的基础，我们要加快行政立法进度，完成党中央提出的建立中国特色社会主义法律体系的历史任务。

行政许可法是中国的立法创举*

全国人大常委会法工委行政法室主任　李　援

1996 年行政处罚法制定后，全国人大常委会法工委即着手行政许可法的起草工作，1998 年法工委将行政许可法草案移交给国务院法制办。从 2000 年开始，我国进行行政审批制度改革，极大推动了行政许可法的制定工作。行政许可法（草案）是在我国行政管理体制改革不断深化，清理行政审批工作取得进展的情况下，于 2002 年 8 月提请全国人大常委会审议的。经九届全国人大常委会两次审议和十届全国人大常委会两次审议，历时一年，于 2003 年 8 月 27 日由十届全国人大常委会第四次会议以 151 票赞成、0 票反对、1 票弃权的表决结果通过，2004 年 7 月 1 日起施行。下面，结合中国行政许可制度的实际情况，简要介绍行政许可法。

一、行政许可法的概念与我国行政许可制度的现实情况

（一）行政许可概念。行政许可一般讲就是通常所说的行政审批。它具有控制性与灵活性相结合的特点，便于国家对经济和社会事务的适度干预，因此，为世界上许多国家所普遍采用，成为现代国家行政

---

* 部分报告时间地点：2003 年 9 月 15 日至 2009 年 5 月 24 日，全国人大常委会法工委行政许可法培训班、国家行政学院，河北省、甘肃省、北京市、广东省、江苏省、湖北省武汉市、四川省成都市、江苏省新泰市、河北省石家庄市、辽宁省沈阳市、吉林省长春市、河南省新郑市、河北省秦皇岛市、贵州省贵阳市人大立法培训班，发改委、公安部、文化部、广电部、卫生部、教育部、人事部、国家文物局、审计署、中国人民银行、国家外汇管理局、国家烟草专卖局、国家档案局，天津市政府、山西省大同市政府、安徽省淮南市政府、天津市滨海区、广东省国土厅、北京市纪委、北京市城建管委、法律出版社、全国律师协会等。

管理的一个重要手段。

《行政许可法》规定：本法所称行政许可，是指行政机关根据公民、法人或者其他组织的申请，经依法审查，准予其从事特定活动的行政行为。从这一规定可以看出，行政许可有以下特点：一是行政许可是依申请的行为，行政机关不因行政相对人准备从事某项活动而主动予以审批。行政相对人的申请，是行政许可的前提条件。行政相对人的申请权利受法律保护。二是行政许可是经依法审查的行政行为，审查的结果，可能是给予或者不给予行政许可。三是行政许可是行政机关对社会、经济事务以及行政相对人进行管理的外部行政行为。四是行政许可是一种授益性的行政行为，经许可后就相应地赋予行政相对人某种权利与资格，准予其从事某种特定活动。五是行政许可是一种事前监管的行政行为，一经行政许可，申请人所从事的活动就是合法的，因此，它受法律保护。而未经许可的活动则是违法的，要承担相应的法律责任。

虽然我们称行政许可为行政审批，但是这两个概念是有区别的。行政审批只是从行为主体即行政机关作出的界定。行政许可的行为主体也是行政机关，但两者的范围有所不同。因此，行政许可法规定，有关行政机关对其他机关或者对其直接管理的事业单位的人事、财务、外事等事项的审批，不适用本法。例如财政部对国家机关的预算，人事部对机关人员的编制核定，外交部对国家机关的外事活动的审批，以及教育部对所属大学人事、财务事项的审批等。这类事情与行政许可的特征相同，同本法规定的行政许可难以严格区分，执行中应按国家有关规定办理，因此本法予以排除。

此外，还有三类事项要经过行政机关，但它们并不属于本法所称行政许可：第一，上级行政机关按照隶属关系对下级行政机关有关请示报告等事项的审批；行政机关对本机关内部的人事、财务、外事等事项的审批。这类事项属于行政机关行使其内部的行政管理职能，因此，它们不是行政许可。

第二，是行政机关根据授权，依照国家规定以出资人的身份对国有资产处置等事项的审批。这是改革过程中的特有现象，特别是随着国有资产管理体制的改革，由国有资产管理委员会履行出资人的职责后，这类审批行为不再具有行政许可的性质。

第三，是行政机关仅限于为确认民事财产权利和其他民事关系的登记，如产权登记、抵押登记、身份登记等。总的来说这类事项不具有行政管理的性质，是一种对民事权利义务关系的确认行为，目的是为了确认其法律效力，对抗第三人，因此不是行政许可。这方面还需要制定商事登记法加以规范。

在行政审批清理过程中，各方面还提出四类事项，规划计划审批、备案审查、评估评审、鉴定认定认证等是不是行政许可。规划计划审批属于上下级政府之间的审批；备案审查是事后报备，不是需要经批准的事项；专家评估评审虽说是在政府部门主持之下进行，但不是行政许可行为；技术检验机构进行的鉴定认定认证等活动得出的结论，是行政机关审查决定是否给予行政许可的依据，自然不是行政许可行为。

（二）行政许可现状。新中国建立初期，国家就曾对社会治安、特种行业以及个体经济等领域实行行政许可制度，但范围较窄，制度也不完善。由于实行计划经济体制，大多数行业由政府实行集中统一管理和计划经营。改革开放后，我们致力于建立与社会主义市场经济体制相适应的行政许可制度，国家的行政管理体制和行政管理手段相应地发生了重大的变化，从单纯依靠计划和行政命令进行管理，发展到利用多种形式进行管理。作为市场经济的一种行政管理手段，行政许可得到广泛运用。目前，行政许可的范围已经涉及经济管理、资源利用、环境保护、文化、卫生、交通、安全等社会事务的诸多领域。据统计，我国现行法律中有上百部法律涉及行政许可，有六百多个行政法规和大量的地方性法规规定了行政许可，还有一大批规章对行政许可也作了规定。行政许可的表现形式也多种多样，有特许、许可、准许、认可、审批、批准、审定、核准、登记、许可证、执照、资格证书等。总体上说，行政许可制度的实行，对加强经济宏观调控，促进经济发展，维护社会、经济、文化秩序和保障公民、法人和其他组织的合法权益，起到了积极的重要作用。

行政许可是世界上大多数国家的政府实施的行政管理手段，但是，各国对行政许可却没有统一的立法，制定行政许可法可以说是中国特色，是中国的立法创举。为什么？

一是我们的行政许可设定主体太多。国外只有法律才设定行政许可，因为他们认为行政许可是对公民自由的限制，即普遍禁止的解禁，对于不予许可的人来讲就是禁止，对于准予许可的人来讲就是解禁，所以必须由法律来设定。而我国则除了法律、法规以外，规章、红头文件，甚至乡镇政府都发文设定行政许可，我们了解，规章以下的规范性文件设定行政许可的，大体上占到了50%，需要立法予以规范。

二是我国的行政许可制度还存在诸多问题，由于行政许可设定权不明确，造成设定行政许可的随意性，导致行政许可过多过滥，仅中央一级的行政审批就有4159项，从2002年起，经两批清理已经砍掉了1195项，但还有近3000项，各省大体也都在2000项左右。同时，行政机关存在实施行政许可缺乏明确的步骤、时限等程序性规范，审批环节多，时间长等问题。有的行政机关过分强调审批的权力，缺少有效的监督、制约，使行政许可成为老百姓的关卡，成为一些部门腐败现象的制度上的根源。

三是我国的行政许可制度有其历史成因。由于中国是从计划经济时期对人、财、物的直接管理、全面管理，逐步过渡到市场经济，许多时候就把计划经济的管理手段简单地转变为行政许可，没有经历市场自由竞争阶段，造成政府管制的力度和范围过大，行政许可过多过滥。而一些实行市场经济国家的政府管制，则是从“市场失败”入手，在正常的市场运转出了问题的时候，政府才运用行政许可等行政管理手段予以介入。

行政许可法正是从这些问题入手，作出有针对性的法律规范，以巩固几年来行政审批制度改革的成果，推动政府进一步转变职能，促进市场经济体制的完善。

二、行政许可法的立法目的之一：减少行政审批

党的十六大报告提出：减少和规范行政审批。虽然只有九个字，但这是一项具有划时代意义的艰巨任务。行政许可法将减少和规范行政审批作为立法的指导思想，立足于建立规范的行政许可法律制度。我们的国家正在进行着深刻的市场经济体制改革，与之相适应的行政管理体制也必然随之改革。在政府管制方面，行政机关大量运用了行政许可手段。说起中国的行政许可，许多人都有深切的体会，就是环节多、成本高、时间长。如果我们把立法目标量化，行政许可法实施后就应当做到，使法定的行政许可成本至少等于或者应当低于非法定成本。人民群众反映强烈的还有审批事项太多，一些行政机关人为地设置一道道限制与障碍，甚至利用行政许可乱设关卡、乱收费用、抬高市场准入的门槛。因而，时有侵犯公民、法人和其他组织合法权益的事情发生，老百姓意见很大。经济学家吴敬琏呼吁，只要减少行政管制，我国的 GDP 年增长甚至可达到 30%。

面对这些实际问题，通过制定行政许可法，要建立中国特色的行政许可法律制度。我们需要研究政府应该管什么，不管什么，要管的事怎么管好。这也是政府职能转换、深化行政管理体制改革需要解决的首要问题。在制定行政许可法时，哪些事项可以设定行政许可，哪些事项不得设定行政许可，成了立法的难点。只有作好这篇文章，才能真正使我们的行政审批减下来。在减少行政审批的规范方面，行政许可法的有关规定中有三大亮点。

第一个亮点是关于行政许可设定范围的规定。行政许可法规定，下列事项可以设定行政许可：（1）直接涉及国家安全、公共安全、经济宏观调控、生态环境保护以及直接关系人身健康、生命财产安全等特定活动，需要按照法定条件予以批准的事项；（2）有限自然资源开发利用、公共资源配置以及直接关系公共利益的特定行业的市场准入等，需要赋予特定权利的事项；（3）提供公众服务并且直接关系公共利益的职业、行业，需要确定具备特殊信誉、特殊条件或者特殊技能

等资格、资质的事项；(4) 直接关系公共安全、人身健康、生命财产安全的重要设备、设施、产品、物品，需要按照技术标准、技术规范，通过检验、检测、检疫等方式进行审定事项；(5) 企业或者其他组织的设立等，需要确定主体资格的事项；(6) 法律、行政法规规定可以设定行政许可的其他事项。

为什么这么规定？从这六项所列事项可以看出，一是所列事项都是确有需要实施行政许可管理手段进行管理的事项，每一项中都有“需要”二字，也就是说，不需要的事项不必设定行政许可；二是无论如何减少行政审批，每一项所列事项中仍有必须实施行政许可的事项；三是前五项按照所列事项共同的审批方式分项列出，以减少行政机关在实施行政审批时的随意性。如第二项赋予特定权利的事项，依照本法规定，只要能够实行招标、拍卖方式的，都应当实行招标、拍卖的方式给予许可，以体现其公平、公正、公开竞争的市场原则，防止行政机关的寻租行为。又如第三项和第四项所列事项，行政机关除了按照其他的法定条件以外，只能依据公民、法人或者其他组织的考试、考核的成绩与结果作出行政许可决定，否则，就是违法行政。但是，对行政许可设定范围的这一规定，也有人提出，第六项的规定会使行政许可的设定范围没有约束，不解决问题。

为了解决这一问题，行政许可法进一步作出规定，在上述行政许可设定范围内的事项，通过下列方式能够予以规范的，也可以不设行政许可：(1) 公民、法人或者其他组织能够自主决定的；(2) 市场竞争机制能够有效调节的；(3) 行业组织和中介机构能够自律管理的；(4) 行政机关采用事后监督等其他行政管理方式能够解决的。这一条规定是给行政许可制定机关的自由裁量权。第一项规定：公民、法人或者其他组织能够自主决定的，就可以不再设定行政许可。这里多说几句，它涉及行政机关转变思想观念的问题，就是政府不能所有的事情都包办代替，所有的事都要管。举个例子，什么时候吃午饭，就是公民可以自主决定的事情，政府既然不可以禁止，也就没有“普遍禁止的解禁”——行政许可了。因此，全国人大常委会、地方有立法权的人大常委会和有行政许可设定权的行政机关，上至总理、副总理，下至省长、副省长，在设定行政许可的时候，都首先要考虑一个问题：能不能不用行政许可？记住三个词："自主决定""竞争调节""自律管理"，这样即使是行政许可法规定可以设定行政许可的事项，能不设的尽可能不设，不必事前管的事尽量不事前管。如果真能做到这一点，必将大大减少设定的行政审批事项，切实推进政府的职能转变。

第二个亮点是明确规定了行政许可的设定权。行政许可法规定，法律可以设定行政许可。尚未制定法律的，行政法规可以设定行政许可。必要时，国务院可以采用发布决定的方式设定行政许可。尚未制定法律、行政法规的，地方性法规在立法法规定的权限内可以设定行政许可。因行政管理的需要，确需立即实施行政许可的，省、自治区、直辖市人民政府规章可以设定临时性的行政许可。除上述规定外，其他规范性文件一律不得设定行政许可。

这里我们发现，行政许可法没有赋予部门规章的行政许可设定权。这是为了解决行政许可过多过滥问题，国务院在行政审批制度改革中作出的重大决定。据统计，部门规章和部门文件以及部门的内设机构发文设定的行政许可，占中央一级设定的行政许可总数的40%左右。一方面，部门规章是造成行政许可过多过滥的一个源头，需要从根源上解决问题。因为行政权必须由法律授予，从权力来源上加以控制，约束行政权，是解决这个问题的重要途径。另一方面，一下取消国务院各部门规章的行政许可设定权，又需要国务院的领导具有非凡的魄力。国务院经两轮行政审批清理，留下的行政审批中75%—95%是中央设定的，而这其中40%是部门规章设定的。国务院常务会议讨论行政许可法（草案）时，朱镕基总理说："部门不能自己给自己设定和扩大权力。"因此，国务院决定取消部门规章行政许可设定权，这一决定是政府转变职能，减少和规范行政审批的一项重要决策，目的是防止行政机关为本部门或者本系统设定和扩大权力。这是一个釜底抽薪的办法，今后，部门规章不再有设定行政许可的权力，行政管理工作可能会增加很大的难度。因此，行政许可法规定，在必要时，国务院可以采用发布决定的方式设定行政许可，以应对部门规章没有行政许可设定权后的一些紧急的、必要的、临时性的需要以行政许可方式管理的事项。

关于省级政府的行政许可设定权，立法时考虑到省级政府全面负责本行政区域内的经济社会管理工作，需要对一些紧急的、临时性的事项采取行政许可措施进行管理，应有一定的行政许可设定权，如一些季节性的管制、节庆等有重要活动时的临时管制等。因此，行政许可法规定，因行政管理的需要，确需立即实施行政许可的，省级政府规章可以设定临时性的行政许可。临时性的行政许可事项实施满一年需要继续实施的，应当提请本级人民代表大会及其常务委员会制定地方性法规。同时对地方行政许可设定权作出限制性规定：地方性法规和省级政府规章不得设定应当由国家统一确定的公民、法人或者其他组织的资格、资质的行政许可；不得设定企业或者其他组织设立的登记及其前置性行政许可。设定的行政许可，不得限制其他地区的个人或者企业到本地区从事生产经营和提供服务，不得限制其他地区的商品进入本地区市场。全国市场是统一的，这一规定是为了打破地方保护主义，同时也是为加入 WTO 的需要。凡是法律、行政法规设定的行政许可，其适用范围没有地域限制，申请人取得的行政许可在全国范围内有效。

第三个亮点是建立一种适应发展变化的机制，使行政许可能够根据实际情况的变化而减少。行政许可法规定，行政许可的设定机关应当定期对其设定的行政许可进行评价；对已设定的行政许可，认为通过市场机制调节、行业组织自律管理以及行政机关事后监管等方式能够解决的，应当及时予以修改或者废止；省级政府对行政法规设定的有关经济事务的行政许可事项，根据本行政区域经济和社会发展情况，认为通过市场机制调节、行业组织自律管理以及行政机关事后监管等方式能够解决的，报国务院批准后，可以在本行政区域内停止实施有关行政许可。

法律作出动态式的规范，这在我国的立法史上大概是第一次。主要原因在于减少行政审批，要从我国的实际出发。第一，我国的行政许可过多过滥，有其历史成因。我国市场经济发育不成熟，行业组织与中介机构不规范，政府管制涉及方方面面，行政机关存在重审批轻监管现象，许多行政许可一时还有需要，减不下来。第二，由于我国地域大，各地经济和社会发展很不平衡，有的地方现在需要实行行政许可的事项，随着经济和社会的发展，到了可以不用行政许可方式管理时，应能够及时取消该行政许可事项。比如，广东与陕西的经济社会发展情况不同，应当实行不同的行政管理手段。行政许可法建立的这种灵活机制，目的就是要能够进行有效调节。如果从现实情况看，需要采用行政许可方式管理的，现在可以设定。但设定以后就要定期评估，一旦可以不用行政许可方式管理，设定机关应当及时修改或者废止。江苏省在这次清理行政审批过程中，修改地方性法规 21 件、修改政府规章 22 件、取消部门文件约 150 件，减少了一批现实中已经不再需要的行政许可。同时，行政许可法赋予了省级政府一项权力，即根据各自的社会与经济发展情况，自主决定是不是可以少实施一些有关经济事务方面的行政审批，以改善本地的投资环境。据了解，地方经两轮清理后，仍有 50%—65% 是经济事务类许可。政府可以在这方面下点功夫，把行政许可数量减下来。当然，需要经国务院批准后，才能在本行政区域内停止实施行政法规规定的有关行政许可。这样做一定会大大减少一些行政审批，特别是减少政府对有关经济事务方面的行政管制。

三、行政许可法的基本原则

行政许可法规定了法定原则、公开公平公正原则、便民原则、法律救济原则、信赖保护原则和监督与责任原则。

（一）法定原则。行政许可法规定：设定和实施行政许可，应当依照法定的权限、范围、条件和程序。

依法办事是法治的一项基本原则，它体现在行政管理领域就是要依法行政。依法行政，简单讲，就是法定的行政机关，在法定的权限范围内，按照法定程序履行行政管理职责、行使职权，并接受监督。法治政府最为基本的特征就是把自身的权力限制在法律的范围内，以防止权力被滥用。法治理念固然承认并重视民众的守法，但其重点不是“治民”，而是“治吏”，其基本精义在于“治国者先受治于法”，它不是强调政府要维护和执行法律的秩序，而是政府本身要服从法律制度。贯彻法定原则，应当做到以下几点：

第一，行政许可必须由法定的制定机关设定。由于行政许可制度直接涉及公民、法人或者其他组织的权益，因此，行政许可的设定，实施机关的权限和义务，获得许可的条件和程序等，都必须遵循法制统一的原则，由法定的有行政许可设定权的制定机关作出规定。也就是由法律、行政法规、地方性法规和国务院发布的决定与省级人民政府制定的规章作出规定。没有行政许可设定权的机关和组织，一律不得设定行政许可。

第二，行政许可必须由具有行政许可权的行政机关实施。法定行政机关是实施行政许可的唯一主体，为解决行政许可过多过滥问题，行政许可法对行政许可的实施机关作了严格限定。一是必须是法律、法规赋予其行政许可权的行政机关才能实施，行政机关根据分级管理的原则，依法办理职权范围内的许可事项。二是只有在法律、法规授权的情况下，具有公共管理职能的社会组织才能在法定授权的范围内实施行政许可。三是行政机关只能委托其他行政机关实施行政许可，不得委托社会组织实施行政许可。目前确有社会组织借行政机关委托的名义实施行政许可，行政许可法实施后，这些非行政主体实施的许可和非依法实施的所谓审批将一律无效。

第三，行政机关作出行政许可决定，必须依据法定的条件和标准。行政许可法要求设定行政许可的法律、法规和规章应当规定颁发许可的条件和标准，在实施行政许可的时候，行政机关没有自己的自由裁量权，必须按照法定的条件和标准行事。对符合法定条件的，要依法准予许可；对不符合条件的，应当坚决不予许可。绝不能因与自己的亲疏好恶，或者给予好处的多少来决定是否准予许可。行政许可法规定，下位法在对上位法规定作具体规定时，不得增设行政许可事项；对行政许可法定条件作具体规定时，不得增加违反上位法的其他条件。例如在取得资格资质的许可上，就有增设条件限制残疾人和女性等取得某种资格的情况。如某地在幼师资格的条件上，规定身高1.5米以下的属于体检不合格，不予颁发幼师资格证；又如某地政府规定某一条街上，500米内只能开一家零售药店，否则就不发营业执照；再如某地规定律师考试合格后，需要经过司法部门的培训班培训，才发给律师资格证；等等。

第四，实施行政许可必须遵守法定程序。重实体轻程序，是我们行政机关在行政管理上的一大通病。行政机关在办理行政许可事项时有很大的随意性，具有没有限制的自由裁量权，只注重办理的结果，至于如何办理和办理多长时间，都由行政机关说了算。举个例子，某企业开张，挂起喜庆的条幅标语，结果挨罚，因为不知道门脸上挂条幅还要市容管理部门审批。对此，老百姓意见很大。因此，行政许可法规定了严格的程序，以程序公正保障其实体公正。这些程序要求给行政机关增加了若干“麻烦”，一定要正确对待这些“麻烦”，这是履行公平、公正的保障。

行政许可法之所以对程序作出这么详细的规定，主要考虑：一是在行政程序上对行政机关加以限制，把行政机关的自由裁量权限制在最低水平。二是出现违法行政的现象，行政相对人也可以通过法律救济途径，追究行政机关的法律责任。从某种意义上讲，行政许可法的法定原则可以归纳为一句话，即行政机关及其工作人员违法行政将会导致行政决定的无效。

（二）公开、公平、公正原则。行政许可法规定：设定和实施行政许可，应当遵循公开、公平、公正的原则。有关行政许可的规定应当公布，未经公布的，不得作为实施行政许可的依据。行政许可的实施过程和结果，应当公开。符合法定条件、标准的，申请人有依法取得行政许可的平等权利。行政机关不得歧视。

第一，公开原则。公开原则是指行政机关应当向行政相对人和社会公众公开其行政行为的原则。遵循这项原则的活动叫作行政公开。行政公开是对行政机关和行政工作人员进行监督的有效方式，它能够有效地防止行政机关滥用权力，有效地维护公民、法人或者其他组织的合法权益，并且是公民的民主权利的重要体现。

行政公开的内容主要有：一是公开行政规范性文件，包括行政法规和规章，立法法中已经对此作出规定，这也是我国加入 WTO 后的承诺；二是公开行政决定，行政许可法规定，行政机关作出的准予行政许可的决定，应当予以公开，公众有权查阅；三是公开行政许可过程，包括行政机关的办事程序、各类手续等。行政许可法规定，行政机关应当在办公场所公示法律、法规、规章规定的有关行政许可的事项、依据、条件、数量、程序、期限以及需要提交的全部材料的目录和申请书示范文本。只有阳光下的政府，透明的办事程序，才能不滋生腐败。

第二，公平、公正原则。这一原则是指行政机关应当排除可能造成偏见的因素，在行政活动中公平地对待当事人的原则。其精神是要求行政机关及其工作人员办事公道、不徇私情，合理考虑相关情况，不因行政相对人的不同身份、民族、种族、性别、年龄或者不同宗教信仰而予以歧视。就行政许可来说，在符合法定条件和标准的前提下，所有行政许可申请人都有平等取得行政许可的权利，行政机关不得对其歧视。

为了保证法定事项和条件设定得更公平、公正，防止行政机关借行政许可“寻租、设租”，行政许可法规定，法规、规章对实施行政许可作出具体规定时，不得增设行政许可事项；下位法在对上位法规定的行政许可法定条件作具体规定时，不得增加违反上位法的其他条件。

行政许可法规范、建立了一系列许可标准和条件的公示、时限、办理程序制度以及许可后续监督制度等，目的是深化行政管理体制改革，建立勤政、廉洁、高效的政府，真正做到立党为公，执政为民。

（三）便民、效能、服务原则。行政许可法规定：实施行政许可，应当遵循便民的原则，提高办事效率，提供优质服务。便民与提高行政效能、树立服务观念、以人为本紧紧相连，故称便民、效能、服务原则。

第一，便民原则。我们的政府是人民政府，其宗旨是为人民服务。胡锦涛同志在“七·一”讲话中提出：权为民所用，情为民所系，利为民所谋。反观我们的行政许可，却是环节过多、程序繁琐、极不便民，申请人负担过重。行政许可法提出便民原则，就是要改变这种现象，要求行政机关按照法定程序实施行政许可，不得以便于工作为由随意设置工作程序，凡经由行政机关内部协调、咨询程序可以解决的审查环节，不得设置为外部审批程序。

本世纪初，国务院进行了行政审批制度改革，针对行政审批中人民群众反映强烈的“门难进、脸难看、跑断腿、事难办”现象，各级人民政府要求各部门改革审批运作方式，提高工作效率，将审批还原为为民服务的责任与义务。比如，(1)实行“一个窗口办公”，对涉及同一部门多个内设机构的同一审批事项，实行一个窗口对外，内部流转，避免多头重复审批；(2)实行“一家为主，内部会审”或称“一门式办公”，对某些需要多个部门共同审批的事项，由政府确定一个部门牵头，其他相关部门参与内部会审，减少了审批环节，缩短了审批时间；(3)实行“审批超市”或建“联检大厅”，将诸多审批机关集中到一个地点办公，使老百姓办事只跑一个地方就可以把事办了；(4)实行“并联审批制度”，将企业登记及其所需的前置审批改革为“工商受理、抄告相关、并联审批、限时完成”，即申请人只需将申请书交工商部门受理，由工商部门同时告知各有关前置审批的部门进行审查，各部门在规定的时间内将审批的意见告工商部门，如果各部门都批准了，工商部门直接将执照发给申请人。比如有十个部门共同审批，每个部门五天，依次批下来就是五十天，并联审批，在五天内十个部门一起办理，加上工商审批，不到十天就可以完成了。这一做法，大大简化了审批程序，方便了申请人。行政许可法把行政机关在改革中的这些做法作为法定的办理行政许可的规范，规定：行政许可需要行政机关内设的多个机构办理的，行政机关应当确定一个机构统一受理行政许可申请，统一送达行政许可决定；行政许可依法由地方人民政府两个以上部门分别实施的，本级人民政府可以确定一个部门受理行政许可申请并转告有关部门分别提出意见后统一办理，或者组织有关部门联合办理、集中办理。

第二，效率原则。这也是行政工作的基本原则。其含义是行政机关在行使其职能时，要力争以尽可能短的时间、尽可能少的人员、尽可能低的经济耗费，办尽可能多的事情。其要求，一是严格程序，严守时效；二是机构设置要精干，职权分工要明确；三是注重行政行为的成本。行政机关实施行政行为，要考虑客观规律，事前作必要的可行性研究和一定的成本效益分析，使决策和行为具有最大可能的合理性，尽可能避免和减少对国家、社会和行政相对人的负担与损害。为了提高实施行政许可的效率，行政许可法还规定，经国务院批准，省级人民政府根据精简、统一、效能的原则，可以决定一个行政机关行使有关行政机关的行政许可权。这是为深化改革预留了一个空间。

方便人民群众申请行政许可，提高行政机关办事效率，统一起来就是要求行政机关提供优质服务。变管理、管制为服务，是政府转变职能，建立勤政、廉洁、高效的责任政府、有限政府和服务政府的一个思想观念的转变。优质服务既包括了便民和效率的要求，也包括了对行政机关及其工作人员工作作风和态度的要求。实施行政许可的机关在建立和完善各项制度的时候，应当树立服务意识、以民为本，作出正确的行政许可决定。

（四）法律救济原则。行政许可法规定，公民、法人或者其他组织对行政机关实施行政许可，享有陈述权、申辩权；有权依法申请行政复议或者提起行政诉讼；其合法权益因行政机关违法实施行政许可受到损害的，有权依法要求赔偿。

法律救济原则在我国的行政立法中已经加以确立。行政相对人在行政管理过程中的陈述权、申辩权，在行政处罚法中作出了规定。行政复议法和行政诉讼法对公民、法人或者其他组织依法申请行政复议或者提起行政诉讼作出了规定。行政诉讼法规定对行政许可决定不服的、行政机关不作为的、违反法定程序的，可以提起行政诉讼。行政许可法规定了对于行政许可行为侵权的司法救济途径。目前，我国法律还缺少对行政补偿的专门法律规定，行政许可法第八条也只是对行政补偿作出原则规定，制定国家补偿法也是很迫切、很急需的。

（五）信赖保护原则。行政许可法第八条、第六十九条的规定体现了这一原则精神。

信赖保护原则是行政法理论中提出的一个依法行政的原则。这一原则的前提是诚实信用。诚实信用是民法中最重要的原则之一，它要求对待别人的利益像对待自己的利益一样。在行政法领域，诚实信用原则也成为一项普遍性原则。它要求行政机关信守自己的诺言，讲信用；要求行政行为具有真实性、稳定性和善良性；要求行政机关制定的规范不能变化无常，不能溯及既往。在诚实信用的基础上产生信赖保护，即公民、法人或者其他组织基于对行政机关的信赖，按照行政决定所作出的行为、所取得的利益，应当得到行政机关的保护。

信赖保护原则来自德国行政法，是德国行政法院在授益性行政行为的撤销判决中发展起来的一个原则。根据该原则，经合法性和安定性、公共利益和个人利益的权衡，如果存在值得保护的信赖，行政机关不得撤销违法的行政行为，或者只能在给予合理补偿的前提下才能撤销。德国行政程序法规定："提供一次或持续金钱给付或可分实物给付，或以此为条件的行政行为违法的，不得撤销；但以受益人信任该行政行为存在，且该信任在权衡公共利益的情况下值得保护为限。"从大家理解的角度看，行政机关的违法行为也好，行政相对人的违法行为也好，既然是违法的，原则上行政决定应当予以撤销。行政机关完全可以依职权予以撤销，不让违法状态存在。然而，对于授益性的行政许可决定，如赋予相对人某种权利与资格，准予其从事某种特定活动，如果只因行政机关违法，或者因客观情况变化，为了公共利益，行政机关改变原行政决定，对行政相对人造成了损害，而行政相对人又没有过错，怎么办？这就引出信赖保护原则。

如何解读《行政许可法》第八条和第六十九条的规定？一是诚实信用，公民、法人或者其他组织依法取得的行政许可，受法律保护（第八条第一款），可能对公共利益造成重大损失的，可以不撤销（第六十九条第三款）；二是信赖保护，依法取得的行政许可才受法律保护（第八条），用欺骗等不正当手段取得的行政许可，其利益不受保护（第六十九条）；三是为建立人民对政府的信任，规定行政机关不得擅自改变已经生效的行政许可（第八条），对行政机关违法作出的行政许可“可以撤销”（第六十九条），但按行政法理论，原则上不撤销；四是损害补偿与赔偿。具体操作时，分两种情况：（1）因客观情况变化，如设定行政许可的法律、法规修改或者废止，或者行政许可所依据的客观情况发生重大变化，为了公共利益，行政机关不得不改变行政许可，此时，行政机关可以变更或者撤回行政许可，但是必须给予受到损害的被许可人利益补偿（第八条）。（2）行政机关在实施行政许可的过程中，违反法定职权，或者违反法定程序，或者以权谋私作出行政许可决定，撤销可能对公共利益造成重大损害的，可以不撤销；如果必须予以撤消的，行政机关应当对被许可人由此带来的损害给予赔偿。当然，如果申请人自己有违法行为，如采取欺骗、贿赂等手段取得行政许可，其基于行政许可所取得的利益不受保护（第六十九条）。举个例子，早年北京小面的出租车强制报废、不达标的黄标车禁行，原给予的行政许可随之撤销，对当事人应给予一定的补偿。

（六）监督与责任原则。行政许可法确立了监督与责任原则，规范了后续监管制度。行政许可法关于后续监管的规范，是行政许可法的延续性规定，目的是促进行政机关从重事前审批、轻事后监管向事前审批与事后监管并重转变。因此，只作了比较原则的规定，具体规定由各法律、法规去规定。

行政许可法规定了两个方面的监管制度，一是县级以上人民政府应当建立健全对行政机关实施行政许可的监督制度，加强对行政机关实施行政许可的监督检查。上级行政机关应当及时纠正行政许可实施中的违法行为。二是行政机关应当对公民、法人或者其他组织从事行政许可事项的活动实施有效监督。

关于进行监管的方式，行政许可法规定，一是行政机关应当通过核查反映被许可人从事行政许可事项的活动的有关材料，履行监督职责，也就是备案的方式。二是行政机关可以对被许可人生产经营的产品、物品依法进行抽样检查、检验、检测，对其生产经营场所依法进行实地检查；根据法律、行政法规的规定，对直接关系公共安全、人身健康、生命财产安全的重要设备、设施进行定期检验。现实中检查扰民、重复检查、检查收费的问题很多，社会上反映强烈。行政许可法对定期检查，也就是所谓年检，立了两条杠杠：一是法律、行政法规规定年检的，才可以实施年检；二是只对设备、设施的安全性进行定期检查，而对资格、资质证等不必进行年检。

四、关于行政许可实施程序

所谓程序，就是行为从起始到终结的长短不等的过程。行政程序，就是行政机关作出的行政行为的步骤、方式、顺序和时间构成的行为过程。行政许可法规定，行政机关实施行政许可的步骤是申请、受理、审查和作出决定。办理行政审批的过程，就是实施行政许可的程序。这个程序由行政许可法以及有关行政许可事项的单行法律、法规和规章规定，成为法定行政程序。行政许可法在行政许可实施程序的设置上，对行政许可的申请、受理、审查、听证和作出决定等基本程序作出具体、详细的规定，明确了行政机关必须做到的事情，确保行政机关工作人员不滥用权力。之所以作出这么详细的规定，主要考虑：一是在行政程序上对行政机关加以限制，使行政机关的自由裁量权限制在最小范围，控制在最低水平。二是出现违法行政的现象，行政相对人也可以通过法律救济途径，追究行政机关的法律责任。

第一，关于行政许可的申请程序。行政许可法规定，除依法应当由申请人到行政机关办公场所提出行政许可申请的以外，申请人可以委托代理人提出行政许可申请；行政许可申请还可以通过信函、电报、电传、传真、电子数据交换和电子邮件等方式提出。同时，明确规定，为了提高实施行政许可的效率，行政机关对行政许可申请应当尽量做到当场受理、当场作出决定。

第二，关于行政机关受理行政许可的程序。在受理环节，行政许可法第三十二条就列项作出具体规定：（1）申请事项依法不需要取得行政许可的，应当即时告知申请人不受理，并出具不予受理凭证。现实情况中就有今天说不需审批，转天就说未经审批违法了。（2）申请事项依法不属于本机关职责范围的，应当即时作出不予受理的决定，并告知申请人向有关行政机关申请。不是本机关审批的事情的，要告诉当事人到哪里去办，同时要出具凭证。（3）申请材料存在可以当场更正的错误的，应当允许申请人当场更正。这是要求行政机关工作人员不要因为可以当场更改错误的，而让申请人回去改，再跑一趟。（4）申请材料不齐全或者不符合法定形式的，应当当场或者在五日内一次告知申请人需要补正的全部内容，逾期不告知的，自收到申请材料之日起即为受理。现在政府进行行政管理体制改革，依法行政，转变职能，便民服务，有的派出所院子里挂起横幅，写着“绝不让你跑三趟”。以前到派出所办事时以各种理由，今天学习不办公、办事的人有事不在、相片应当是彩色的，还有为涂改、复印、要原件、再盖个章等，让办事的人来回跑，这种状况要改改了。（5）申请事项属于本机关职责范围，申请材料齐全、符合法定形式，或者申请人按照行政机关的要求提交全部补正申请材料的，行政机关应当受理行政许可申请。行政机关作出受理或者不予受理决定的，应当出具加盖受理机关专用印章和注明日期的书面凭证。出具书面凭证用意有两点：一是以凭证为准计算审查期限，二是遇有纠纷可以寻求法律救济。

第三，明确了办理行政许可事项的期限，要求行政机关应当在法定期限内作出行政许可决定，不能久拖不决。行政许可法规定，除可以当场决定的外，行政机关应当自受理行政许可申请之日起二十日内作出行政许可决定。二十日内不能作出决定的，经本行政机关负责人批准，可以延长十日，并应当将延长期限的理由告知申请人。除法律、法规规定有二十天以上的期限外，办理行政许可都不能超过二十天。依法先经下级行政机关审查后报上级机关决定的行政许可，下级行政机关审查期限为二十日。这里有两点要注意，一是规章只能规定少于二十天的期限；二是对下级行政机关审查期限作出规定。这也是以前未作过的新规定。

第四，引入市场机制，改变审批方式，限制行政机关的自由裁量权，是行政机关履行公平、公正原则的有力保障。行政许可法规定，有限自然资源的开发利用和有限公共资源的有效配置的行政许可事项，行政机关应当通过招标、拍卖等公平竞争的方式作出行政许可决定。据了解，在行政审批制度改革中，上述事项采用招标、拍卖方式作出行政许可的，已由原来的5%增加到30%左右。由于推行了这一公平竞争的方式，保障了公开、公平、公正的市场竞争环境，受到人民群众的欢迎。顺便讲一下，行政许可法规定行政机关违反规定，未通过招标、拍卖等公平竞争的方式作出行政许可决定的，当事人可以向人民法院提起行政诉讼。这是对行政诉讼法的补充。行政许可法还规定，赋予公民特定资格，依法应当举行国家考试的，行政机关根据考试成绩和其他法定条件作出行政许可决定；赋予法人或者其他组织特定的资格、资质的，行政机关根据申请人的专业人员构成、技术条件、经营业绩和管理水平等的考核结果作出行政许可决定。这一规定是对行政机关作出的严格限制，只要考试、考核合格，行政机关就没有随意作出行政许可的余地。行政许可法规定，对有数量限制的行政许可，除有特别规定外，行政机关对符合法定条件的申请人，必须按照先来后到的顺序予以许可。按照先来后到的顺序予以许可，这也是一种公平的方式，起码比凭关系给予许可要公平得多。例如大城市控制出租车数量，就必须按照先来后到的顺序实施行政许可，不能把许可证都发给亲戚朋友。

第五，关于听证程序。为了保障行政相对人的合法权益，行政许可法规定了实施行政许可的听证制度。听证事项的范围，一是行政机关应当主动听证的事项，即法律、法规、规章规定实施行政许可应当听证的事项，或者行政机关认为需要听证的其他涉及公共利益的重大行政许可事项。对这类事项行政机关应当向社会公告，并举行听证，如在居民社区附近建化工厂等高危建设项目，应当事先公告，举行听证，充分征询意见，做好宣传解释工作。二是行政机关应相对人要求听证的事项，即行政许可直接涉及申请人与他人之间重大利益关系的事项。对这类事项行政机关在作出行政许可决定前，应当告知申请人、利害关系人享有要求听证的权利；申请人、利害关系人在被告知听证权利之日起五日内提出听证申请的，行政机关应当在二十日内组织听证。

关于听证会的程序，行政许可法规定："行政机关应当根据听证笔录，作出行政许可决定。"注意"根据"两个字，这是与行政处罚法关于听证程序规定的不同之处，比行政处罚法多了这两个字。正因为这两个字，使听证会成为法定的行政程序，它不再是听取意见的一种方式。行政法理论上有案卷排他性原则，即经过听证所作的记录、笔录，要作为档案存档，作为以后作出行政决定的依据，作出行政决定的依据不能超出记录中的证据和事实。对于这一点，一直没有法定化，现在行政许可法把它明确了。也就是说，举行听证会后作出的许可决定的依据被限定在听证会各方面所提出的证据和意见的范围内，不能开了听证会，只是听听意见建议罢了，会后还是按照指令办。

第六，创建制度，反腐败。我们在调查研究行政许可时，发现有相当多的审批不按照法定条件与标准办。这里有权钱交易，有以权谋私，有机关创收。这种大家都感到深恶痛绝的事情，却变得公开化了，大家甚至不相信按照法定程序能够办成事儿。这是腐败的源头，必须从制度上予以解决。

行政机关行使权力不能与谋取部门和个人利益挂钩，在这方面，行政许可法对行政机关规定了严格的纪律，规定行政机关工作人员办理行政许可，不得索取或者收受申请人的财物或者其他利益。行政机关实施行政许可，不得向申请人提出购买指定商品、接受有偿服务等不正当要求。

这一规定体现了行政法理论中的不得单方接触原则。这个原则是美国联邦行政程序法确立的，成为行政程序法中的一项重要原则，即为了保障行政决定的公正性，法律禁止行政机关在程序之外与申请人发生单方面接触并采纳单方面证据。美国有一个案例诠释了该原则。案件中，联邦电讯委员会决定把一个电视频道从伊利诺伊州的斯普林菲尔德迁到圣路易斯。审理该案的法官撤销了这一决定，理由是申请人与联邦电讯委员会有“不当接触”。因为申请单位的主席分别与联邦电讯委员会的所有成员谈话，分别请他们吃午宴，并连续两年送给每个委员一只圣诞火鸡。法官认为，申请人与联邦电讯委员会的这种私下接触影响了行政许可裁决。因此，撤销了这个行政许可决定。按照这样的“标准”，我们的行政许可决定不知道要撤销多少。

关于反腐败的规定，中央纪委、各级党委、政府部门已经多次、反复作出过，中纪委最近制定《中国共产党党内监督条例（试行）》和《中国共产党纪律处分条例》，更是严格要求各级党组织、国家机关加强监督，严肃纪律，反腐败。将纪律条款写入行政许可法有其重要意义，一是将纪律条款作为法定行政程序，违反之后会产生相应的法律后果，除了按照纪律要求给予当事人处分外，还会导致行政许可决定被撤销。二是受损害的行政相对人可以申请复议或者提起诉讼，寻求法律救济。这就给行政机关及其负责人一个警示，腐败行为已不仅仅涉及当事人个人受处罚，而是直接关系本行政机关作出的行政决定是否有效。

与此相关还有一个严重问题——许可收费问题，行政许可收费名目繁多，有一项许可，就有一项收费，甚至是养人收费，收费养人，恶性循环。行政许可法专章对收费问题作了规定，规定除法律、行政法规另有规定外，行政机关实施行政许可不得收取任何费用。这一规定的含义包括：地方性法规也不能规定行政许可收费。并规定，行政机关依法收取费用的，应当按照公布的法定项目和标准收费；所收取的费用必须全部上缴国库，任何机关或者个人不得以任何形式截留、挪用、私分或者变相私分；财政部门不得以任何形式返还或者变相返还。

最后，概括来讲“撤销、撤回、吊销、注销”这几个概念在行政许可法中的理解：（1）按照有无过错区分。行政机关或者行政相对人有错误，或者双方同时都有错误，用撤销；双方都没有过错，是客观情况造成行政许可的活动终止，用撤回。（2）行政处罚用吊销。（3）行政机关在行政许可行为终止后办理的手续，用注销。（4）行政许可法没有明确撤销、撤回授予的许可是否自始无效，需要根据情况作具体分析，与民法中撤销的含义有所不同，从行政法理论上讲有待继续研究。

国务院总理温家宝在全国贯彻实施行政许可法工作会议上作了重要讲话，他强调，必须充分认识贯彻实施行政许可法的重大意义。他提出了四点：（1）贯彻实施行政许可法，是实践三个代表重要思想，坚持执政为民的具体体现；（2）贯彻实施行政许可法，是完善社会主义市场经济体制的必然要求；（3）贯彻实施行政许可法，是全面推进依法行政、建设法治政府的重大举措；（4）贯彻实施行政许可法，是建设社会主义政治文明的重要内容。可以说，行政许可法的贯彻实施，是深化行政管理体制改革、加快政府职能转变的一场攻坚战，对于各级人民政府和行政机关工作人员特别是领导干部是一次新考验。“天下之事，不难于立法，而难于法之必行”。温家宝总理要求各地区、各部门一定要进一步提高认识，精心组织，抓紧工作，确保贯彻实施行政许可法的各项准备工作务必在2004年7月1日前完成。国务院秘书长华建敏说，买方便面，加班干。

关于我国行政强制行为的法律界限*

全国人大常委会法工委行政法室巡视员　李　援

2011年6月30日，十一届全国人大常委会第二十一次会议以145票赞成、1票反对、7票弃权的表决结果通过了《中华人民共和国行政强制法》，自2012年1月1日起施行。

行政强制，顾名思义，一、它是一种行政行为；二、它是公权力的强力推行。强制是国家权力的重要属性，没有强制权，国家将无法维持秩序，实现其政治、经济和社会目标。行政强制法属于行政法，是我国行政法律中的一部重要法律。

行政法中有一类法律是对一类行政行为如行政处罚、行政许可、行政强制等行政行为进行规范的法律，是各级政府和工作部门都必须遵守，与各级政府及其工作部门都有关的法律，包括《行政处罚法》《行政许可法》《行政强制法》以及还要制定的《行政程序法》。我们一般把它们归为行政法中的基本法类，它们规范所有行政机关的行政行为。

从实际看，政府的行政行为主要是两件事，即允许老百姓做什么和强迫老百姓做什么。我们已经有了允许老百姓做什么的行政许可法，也有了处罚老百姓做错什么的行政处罚法，对强迫老百姓做什么，我们也要立法，需要制定行政强制法。

---

* 部分报告时间地点：2011年7月11日至2012年7月31日，北京市、重庆市、贵州省、宁夏回族自治区银川市、江西省南昌市、辽宁省营口市、湖南省长沙市、福建省福州市、安徽省合肥市、广西壮族自治区南宁市、广西壮族自治区桂林市人大，卫生部、电监会、苏州市海关、厦门市海关、广州市海关，北京市纪委，法官学院、司法部行政学院、南京人民大学培训班、深圳工商行政学院培训班等。

行政强制法是九届全国人大列入立法规划的。1999 年 3 月由全国人大常委会法工委开始起草工作。法工委国家法行政法室与行政立法专家小组对我国的行政强制措施和行政强制执行的现状进行了调查研究，查阅了现行的法律、行政法规规定行政强制的情况；到中央有关部门，北京、天津、武汉、沈阳等地方人大，各级人民法院以及与行政法专家多次召开座谈会征求意见；向上海、江苏、浙江、甘肃、河南、四川、广东、广西、山东和黑龙江十个省、自治区、直辖市发函了解行政强制措施的立法情况。根据各方面意见，于 2001 年 11 月起草出行政强制法（草案）征求意见稿，再次征求了各方面的意见。法工委在此基础上修改出行政强制法（草案）。

行政强制法（草案）于 2005 年 12 月提请十届全国人大常委会第十九次会议初审，2007 年 10 月十届全国人大常委会第三十次会议进行二审，2009 年 8 月十一届全国人大常委会第十次会议进行了三审，2011 年 4 月十届全国人大常委会第二十次会议进行了四审，2011 年 6 月常委会第二十一次会议五审获得通过。大家看到，前后近七年时间，历经五审，几乎是两年一审，原因就是在如何规范行政机关的行政强制权上存在分歧。

立法法规定，法律案提会审议两年内未再次审议的，即成废案。2005 年行政强制法（草案）提请常委会审议后，到 2007 年两年期限到了，废又废不得，只能再审一次。这样 2009 年 8 月、2011 年 4 月为了使草案不成废案，又进行了三审、四审。到 2011 年 6 月经五审才通过了行政强制法。可见行政强制法的立法过程是很艰难的。

行政强制法总的指导思想、立法宗旨是行政强制法第一条的规定："为了规范行政强制的设定和实施，保障和监督行政机关依法履行职责，维护公共利益和社会秩序，保护公民、法人和其他组织的合法权益，根据宪法，制定本法。"对行政强制行为进行规范，既保证行政机关依法履行职责，维护公共利益和公共秩序，又避免和防止权力的滥用，保护公民、法人和其他组织的合法权益。这是双平衡。需要强调的是，本法第一条提出"保障和监督行政机关依法履行职责"。而行政处罚法和行政许可法第一条都规定要“保证行政机关有效行使行政管理”。这种不同的写法，其含义是不能用行政强制来保证行政机关的效率。行政机关运用强制手段是从履行法律规定的应履行、应尽的职责出发的，这样才能够最大限度地保护或者说是最小限度地侵害行政相对人的权利。做到这一点，这个度非常难掌握。

行政强制法是一部重要的法律，从我国的实际情况看，在建立和完善社会主义市场经济的过程中，行政机关为了履行职责、制止违法行为，除了应当具有必要的行政许可、行政检查、行政处罚等手段外，还需要具备必要的适当的强制手段。在立法过程中，对政府和行政机关到底有多大的行政强制权问题，包括设定权、实施权以及强制执行权，都有过很激烈的争论，所以这部法律提请全国人大常委会审议七年才获通过。

当时有的意见提出，行政强制法的立法目的之一，是在公权力与私权利之间寻求平衡点。公权力实质上代表的是公共利益，在公权力与私权利之间寻求平衡，实质上就是寻求维护公共利益与保护个体利益之间的平衡。不能充分意识到公权力所代表的公共利益，就不可避免地伤及公共利益。对行政强制行为的规范，首先应当对行政机关维护公共利益的权力充分授权，使其管理权力和管理手段与管理职责相匹配，使行政机关有能力做其该做的事。在此基础上，再对公权力的行使实行有效的制约，使行政机关不能做其不该做的事。在维护社会管理方面，权力最小的政府，不见得就是最好的政府，但可以肯定地说，没有足够权力的政府，必定是欠缺作为的政府。这个说法，有它的道理，但我们是否需要再深入地想一下：行政权是否就等于行政强制权？公权力是否就只代表公共利益？行政权是否只保护公共利益，不保护个体利益，是否为了公共利益就可以不保护私权利？有没有为了保护个人利益牺牲公共利益的时候？对公权力的充分授权，是否能够自己给自己授权，设定权力？现实情况是，已经有 73 部法律规定了行政强制，122 部行政法规规定了行政强制，这个数量比七年前，即 2005 年行政强制法（草案）提请全国人大常委会初审时增加了一倍，这么大的行政强制权，亟须立法进行规范。行政强制法总的指导思想是要规范行政强制行为，转变实际存在的一些非法治观念。

关于行政强制法，讲六个问题。

第一个问题：行政强制的概念

本法叫“行政强制法”，没有用国际上的概念。国际上一般都叫“行政执行法”，行政执行就是行政强制执行的意思，行政决定本身就具有强制力、拘束力和执行力，也就是行政法理论上说的具有公定力。

我们所说的行政强制，是狭义的行政强制，有三种情况：一是行政强制措施，是指行政机关在行政管理过程中，为制止违法行为、防止证据损毁、避免危害发生、控制危险扩大等情形，依法对公民的人身自由实施暂时性限制，或者对公民、法人或者其他组织的财物实施暂时性控制的行政行为。行政强制措施这个概念国外没有，中国却比较多。如对人身自由的限制，如行政拘留、留置盘问、强行驱散等，如对财产的查封、扣押、冻结等。这类措施国外大都归于警察权，由警察法等专门法律规定，专由警察行使，实施时要用司法权加以控制，要采取直接强制措施时，如搜查、拘留等，需要到法院取得执行令。我们国家没有这一司法控制的制度，靠的是法律规范，只要法律、行政法规对行政强制措施和实施主体作出规定，被授权的行政机关就可以直接实施。因为我们在 1989 年制定行政诉讼法时规定对行政强制措施可以提起行政诉讼，那时就用了行政强制措施这个概念，所以行政强制法就要用行政强制措施这个词。

二是即时强制，这是国外通用的概念。是指遇有重大灾害或者事故以及在发生严重影响国家安全和公共利益的紧急情况下，行政机关为制止损害和防止事态的扩大，当即采取的直接强制控制的行政行为。《防洪法》《消防法》《防震减灾法》《传染病防治法》《戒严法》《突发事件应对法》等法律都有规定。国外是把即时强制附属于行政执行法中顺带规定的。行政强制法，一是把它作为应对各种突发事件的临时措施与紧急措施；二是把它算作行政强制执行，规定为“立即代履行”。行政强制法规定，需要立即清除道路、河道、航道或者公共场所的遗洒物、障碍物或者污染物，当事人不能清除的，行政机关可以决定立即实施代履行。这时行政机关可以不再按照实施代履行的程序办，立即实施，即时强制。因为这是行政机关在“做好事”。

三是行政强制执行，是指行政机关或者行政机关申请人民法院对不履行行政决定义务的公民、法人和其他组织，依法采取强制执行措施迫使其履行义务的行政行为。如加罚罚款、作为不作为义务的代履行、将银行的存款划拨、将扣押的财产拍卖以抵缴罚款等。我国强制执行制度目前已经基本建立，是以申请人民法院执行为主，行政机关执行为辅的强制执行制度。为主为辅，是指行政机关数量多少，行政机关可以自己执行的很有限，目前有 17 部法律规定了 13 个行政机关的 57 项行政强制执行权。其他行政机关需要强制执行的，应当向法院申请执行。也就是说法律规定行政机关强制执行的，行政机关可以强制执行；法律没有规定行政机关强制执行的，申请人民法院强制执行。申请人民法院强制执行是中国特色，国际上没有这种情况。国际上行政强制执行有两种情况，一种是作出行政决定的机关与执行行政决定的机关是分开的，行政机关依照法律规定单独设立一个行政执行机关，来强制执行行政决定，其他行政机关向行政执行机关申请强制执行，如德国。第二种是完全走司法途径，行政机关通过向法院提起诉讼，将行政决定转换为司法判决或者裁定来执行，以解决行政决定强制执行的问题，也就是所谓的“官告民”，如美国。

行政强制的特点有：（1）它是行政机关的单方行为，不以当事人的意志来决定。如行政许可要依申请，行政处罚要以当事人的具体违法事实为前提，但行政强制完全是行政机关的单方行为，只要符合法定权限和条件的行政机关就可以采取。（2）不区分违法还是不违法。有的是针对违法行为，有的不是。如救火时，消防队员把下风头的房屋扒倒，以防止危害扩大，强制的就不是违法财产。（3）直接损害当事人权益。无论是人身权，还是财产权，都是直接损害，只存在损害多少的问题。（4）可在行政管理过程中由正常执法行为转为行政强制行为。如执法检查，在大街上发现违禁品可以直接扣押，就是把日常行政管理行为转变成了行政强制。

立法过程中，在行政强制概念的划分上一直存在争论。我们把行政强制分为行政强制措施和行政强制执行，但有人认为这样划分不科学，原因在于行政强制措施的“措施”，是大的概念还是具体概念。从理论上讲，措施应该是大的概念，但是，我们避不开“行政强制措施”这个概念。因为1989年行政诉讼法已经作出规定，而且我们在执法的实践中也已经约定俗成，认为在行政决定作出之前的一系列强制性的措施都是行政强制措施。所以我们要区分行政强制措施和强制执行这两个概念，行政强制法用实施强制措施的“种类”和强制执行的“方式”的提法，来区分和解释行政强制概念上的问题。

从特征上看，两者有所不同，可以区分开。行政强制措施的特征：一是具有临时性，亦即暂时性，这个措施随着行政决定的作出而取消，所以法律对此规定了期限。如为了保全证据扣押财物，作出行政决定后或没收，或拍卖折价，或退还当事人。二是附属性，依附于行政决定，它是为作出行政决定服务的。如要罚款，先扣押。行政强制措施不能单独使用，不能用行政强制措施代替行政处罚。如城管执法，没收了小商贩的财物，不再作出处罚决定，就违法了。三是一般情况下在作出行政决定前实施，或者在作出行政决定的同时实施，就是即时强制，如驱散。四是完全是行政机关的单方行为。与强制执行略有不同的是，强制执行还要以行政相对人的行政义务为前提。

强制执行的特征：一是义务性，执行范围不能超过行政义务。二是相对性，要针对行政相对人履行义务的不同状况，如人身、财产或者作为不作为义务等，采取相应的方式，是间接强制执行，还是直接强制执行。三是一般在行政决定以后实施，因为强制执行的是行政决定。四是必须具有一般性的前提。即行政决定已经转换为不可撤销的执行命令，这是德国行政法的提法，也就是说此时行政相对人的救济途径已经穷尽，行政决定取得了执行效力。正因为有了这个转换，才能强制。行政强制法规定：行政决定具备法定执行效力的，人民法院裁定予以强制执行。

第二个问题：行政强制在实践中存在的问题

一是设定权不明确，哪些机关可以设定行政强制，法律没有明确规定。除法律外，法规和规章都有设定行政强制措施的现象，甚至规章以下的规范性文件也设定了强制措施。据统计，法律规定行政强制的约占30%，行政法规规定行政强制的约占15%，部门规章规定行政强制的约占3%。地方性法规规定行政强制措施的约占20%。行政强制法规定，法律可以设定行政强制，行政法规和地方性法规可以设定部分行政强制措施，除此之外，规章及其他规范性文件一律不得设定行政强制。

二是行政强制措施的具体形式繁多，各种表述五花八门，据不完全统计有近三百种。这些行政强制方式大多没有明确界定，有的是为规避行政处罚法的规定而制定的，如扣车，明明是扣押，却叫中止驾驶、责令其停放在指定地点；如冻结，叫暂停账户结算等，变相实施行政强制措施。还有一个表现就是，现在越来越多地使用“取缔”这一概念，取缔到底是什么？有的说是行政处罚，有的说是行政强制措施，有的说是行政强制执行。有的什么也不说，只要写上取缔，行政机关就什么都能干。我们查了一下，《辞海》上“取缔”解释为：明令取消或禁止。按这个意思，法律上规定予以取缔，就应该是行政机关的一纸行政决定。它的特征是明令公开宣示禁止。取缔实际上就是作出的一个决定，得不到贯彻落实时，才采取相应措施，或处罚或强制来加以实现。本来取缔是政治语言，毛泽东在《论人民民主专政》里说，帝国主义及其走狗如要乱说、乱动就要予以取缔和制裁。后来变成法律语言，一开始是作为法律宣示，说明我们法律鲜明的态度。如《企业法人管理登记条例》第一条就规定，为建立企业法人登记管理制度，确认企业法人资格，保障企业合法权益，取缔非法经营，制定本条例。这是一个法律宣示，跟毛主席在《论人民民主专政》里的政治宣示是相同作用。后来就写在法律责任里了，但我们说尽管取缔写在了法律责任里，也不是行政处罚和行政强制。取缔的对象是什么呢？一是非法行为、违法组织和个人，如传销行为、法轮功邪教组织。

二是违法活动，如未经批准干什么，未取得资格擅自干什么。但行政机关作出的取缔的行政决定后，公开宣示发布告，没采取措施，违法组织解散了，停止活动了，违法行为不干了，行政管理目的达到了，就不必采取强制措施了。因此，取缔仅仅是一纸行政决定，而且必须是明令宣示的行政决定，它不能作为行政强制措施。

这个问题必然给行政强制带来很多的随意性和混乱，需要予以规范。行政强制法规定，行政强制措施的种类是：（一）限制公民人身自由；（二）查封场所、设施或者财物；（三）扣押财物；（四）冻结存款、汇款；（五）其他。行政强制执行的方式是：（一）加处罚款或者滞纳金；（二）划拨存款、汇款；（三）拍卖或者依法处理查封、扣押的场所、设施或者财物；（四）排除妨碍、恢复原状；（五）代履行；（六）其他。这里明确一下，这两条中的“其他”种类和方式，应为法律规定的其他种类和方式，不能是由其他规范性文件随意规定。

三是主体混乱。没有强制权的行政机关自己采取强制措施，或者由行政机关委托其他组织实施行政强制措施的现象时有发生。各种名目的执法队伍，常常在既无法定行政强制权，又无法定授权的情况下，却可以任意实施行政强制，由此常常激化矛盾。如城管本无权抄摊，却暴力执法，违法实施扣押权。最近发生的多起强拆事件，造成人命事故，引发激烈的社会对抗，在社会上引起巨大反响，对我们的行政权力的行使，造成了很恶劣的影响。

我们看国外的行政权力行使，完全靠法律规定。前些年去德国交流，德国一个县长给我们讲政府的强制权，他说法律规定我们县政府有时可以行使警察权。我们马上问，都有什么权？什么情况下可以行使？他说，刮大风把大树刮倒在路上，阻碍了交通，就可以在警察到来之前，政府派人行使警察的排除障碍权，把大树移开，恢复交通。对《紧急状态法》立法调研时来到意大利，意大利政府官员介绍说，在紧急状态下，法律赋予政府特别权力，这个权力就是，政府可以在预算外获得特别拨款权。我们问还有什么权？回答说，没了。这就是人家政府对行政强制权力的观念。

四是缺少程序规范，违法执法情形严重。对于行政强制措施没有统一的法律规定，特别是缺乏程序性规定，属于行政机关自己强制的，基本上由各部门自行规定，有些连最基本的程序规定都没有，行政机关在实施行政强制时随意性较大，对公民、法人和其他组织的合法权益造成侵害，严重影响了政府的形象。我们现在提出，立党为公、执政为民，提出依法治国、人权入宪，这几年在这方面的进步已经很大，但问题仍很突出。我们到杭州出席行政强制法研讨会，省人大法工委一位干部讲，那年杭州的草莓刚上市的时候，工商局就下个文，所有草莓必须在集贸市场卖，如果在街头卖，就一律没收。一天早上，他看到有个老农民带着一筐新鲜的草莓，要在集贸市场门口墙外边卖，刚放那里，工商来了，要没收。如果说要他到市场里边卖，收点管理费，或罚点款什么的也就算了，可二话不说就把草莓拿走，扔在了执法车上。现在很多下岗职工、农民进城摆小摊，可城管看到小摊就抄，要没收。流动摊贩一部分是求生计，还有相当一部分是创业，为致富取得第一桶金。我们行政法理论要研究行政执法的“道德观”“良心论”。行政强制法（草案）一审稿和二审稿都写了不许“抄摊”，草案第二十一条第二款曾规定：“查封、扣押的物品限于涉案财物，不得查封、扣押与违法行为无关的财物；除违禁物品外，在市容监管中行政机关不得扣押经营者经营的商品和工具；不得进入公民住宅扣押公民个人财产抵缴行政收费。”但三审稿给删去了。结果广州市马上就出台地方性法规，规定在某些情况下可以“抄摊”。现在行政强制法规定，违法行为显著轻微，没有明显社会危害，涉案财物数量较少的，可以不采取行政强制措施。这样就可以不“抄摊”。对行政强制措施的程序作出规定，工作人员在采取行政强制措施时应该怎么办，就有了依据和规范。

关于行政强制执行的主要问题是：（1）行政机关申请法院执行，程序繁琐，时间长，影响行政效率；（2）行政机关自己强制执行，至今尚无统一的法律规范。同时也存在强制执行难的问题。

第三个问题：实施行政强制应当遵循的基本原则

一是法定原则。行政强制法规定：行政强制的设定和实施，适用本法。行政强制的设定与实施，应当依照法定的权限、范围、条件和程序。无论行政处罚法还是行政许可法都有法定原则，行政强制法的法定原则应该理解为，行政强制权是相对单独的一种权力，必须有法律专项授权才有权行使，不是行政管理权的自然延伸，不是有行政管理权自然而然就有行政强制权。虽然是有时需要，但不是自然延伸，没有法律授权，行政机关无权行使，这就是法无明文规定不可行。可以说，这是对行政机关依法行政的硬指标。因为它直接涉及相对人的财产权和人身权。行政机关按照法定职权履行职责，是遵循法定原则的核心内容。

二是权衡裁量原则。行政机关及其执法人员在采取行政强制之前，需要有个权衡和裁量的标准，具体讲，就是实施行政强制的适用条件，只有在符合条件的前提下才可以实施行政强制。即只有行政机关履行行政管理职责时，在制止违法行为、防止证据损毁、避免危害发生、控制危险扩大的情况下，才能实施行政强制措施。这就要求行政机关对要不要采取行政强制，采取何种行政强制，能够作出比较清醒的判断。

三是适当比例原则。行政强制法规定：行政强制的设定和实施，应当适当。采用非强制手段可以达到行政管理目的的，不得设定和实施行政强制。其含义是：（1）行政目的是适当的；（2）采取的措施是适当的；（3）遵循先轻后重、先间接强制后直接强制的顺序实施；（4）以对行政相对人造成最小损失为限度。例如河北某县为旧城改造，10天就拆了33万平方米的房子，效率很高。但是这些房子的住户却在被拆掉的房子原址上搭帐篷、建窝棚居住。难道就不能先安置好居民，再拆房子吗？实施行政强制，必须兼顾公共利益和公民权益，不能在公共利益的名义下，任意采取行政强制行为。我们要把公共利益和公民权利加以权衡，特别是在行政强制面前，就显得更为重要。我们说，行政决定的事项是社会公共管理事项，需要行政许可的行为是法律、法规规定的“禁止的解禁”行为；需要给予行政处罚的行为，是法律、法规规定的“违反行政管理秩序”行为；而行政强制所面对的都是“人民内部矛盾”。因此，行政强制必须符合法律规定的行政管理目的，不能超过合理的、必要的限度，必须采取必要的方式，最小限度地损害当事人的权益。行政强制法规定了执法人员应遵循的纪律，要坚持文明执法、坚决禁止任意而为。针对有的地方采取强制手段向农民收取“三提五统”、集资款、计划生育费等，造成农民自杀、死亡的恶性案件，中央2001年下发文件重申，要严格执行中央关于禁止动用专政工具和手段向农民收取钱物，禁止到农民家里胁迫农民交钱交物的规定，要作为一条铁的纪律无条件执行。文件中说的“禁止动用专政工具和手段”，就是现在行政强制法所规定的行政强制。行政强制法（草案）曾规定，不得进入公民住宅扣押公民的财产抵缴行政收费，也就是不“抄家”。三审稿改为：查封、扣押限于涉案场所、设施或者财物，不得查封、扣押与违法行为无关的场所、设施或者财物；不得查封、扣押公民个人及其所抚养家属的生活必需品。

四是适时原则。其含义是：（1）能不强制就不强制。不到非强制不可时不强制，不能只为效率，而是尽量少强制，甚至不强制。（2）实施主体和实施程序合法。不合主体、不履行法定程序时不得强制。（3）强制前要先履行催告程序，再给当事人一次自动履行的机会。实施行政强制之前，只要情况允许，行政机关都应当先采取一般管理手段，然后才考虑行政强制，做到行政强制不滥用。行政机关应当解决行政管理手段单一的问题，拓宽行政管理方式，多采取行政管理措施，少动用强制手段；强调和鼓励当事人自觉履行义务，包括在行政指导下的自动履行，减少行政机关的直接强制行为。所谓行政指导，就是说服教育，这是我们党的优良传统，一贯的工作方式。所以行政强制法规定，实施行政强制应当坚持教育与强制相结合。

五是救济原则。（1）行政机关违法实施行政强制，侵害公民、法人及其他组织合法权益的，可以向人民法院起诉。（2）对行政机关违反法定执行程序、扩大了执行范围等违法执行，可以向人民法院起诉。

行政强制执行必须是已经到了行政决定转换为执行命令，穷尽了所有的救济途径后，才可以实施。需要说明，对行政强制执行的起诉，是因为违反了法定执行程序、扩大了执行范围等违法执行，而不是违反执行标的，即原行政决定。这时对执行标的不能再提出异议，因为此时对当事人来说，原行政决定已经穷尽了救济途径，行政决定具备了执行效力，但是对违反执行程序、扩大执行范围损害当事人权益的，仍可以提出异议。

行政强制法规定，公民、法人或者其他组织对行政机关实施行政强制享有陈述权和申辩权；有权依法申请行政复议或者提起行政诉讼；因行政机关违法实施行政强制受到损害的，有权依法要求赔偿。公民、法人或者其他组织因人民法院在强制执行中有违法行为或者扩大强制范围受到损害的，有权依法要求赔偿。

第四个问题：行政强制法赋予行政机关多少行政强制权

讲一下本法给了行政机关多大的行政强制权，这是给我国行政强制行为限定的法律界限。行政强制法一方面授予行政强制权限，同时正因为授予了这么大的权力，而规定了尽可能严格的实施程序。

一、因突发事件行政机关采取的应急措施或者临时措施、对金融业采取的审慎监管措施、对进出境货物采取的强制性技术监控措施，依照法律、行政法规规定执行。对这类事项，行政强制法认可了可由行政法规设定。

二、设定权：行政法规可以设定查封、扣押以及除限制人身自由、冻结存款、汇款及应当由法律规定以外的其他行政强制措施；地方性法规可以设定查封、扣押的行政强制措施。明确了行政法规和地方性法规的设定权有多大。

同时，行政强制法为行政法规的设定权开了一个口子，规定了一个“但书”。规定：法律中未设定行政强制措施的，行政法规、地方性法规不得设定行政强制措施。但是，法律规定特定事项由行政法规规定具体管理措施的，行政法规可以设定除本法第九条第一项、第四项和法律规定的行政强制措施以外的行政强制措施。举个例子，森林法中规定加强森林防火工作，但未规定可以采取哪些行政强制措施。一旦工作需要，行政法规即可设定有关加强森林防火工作的行政强制措施。这样规定满足了现实工作中行政机关临时需要的行政强制措施的及时设定。

三、依据行政处罚法的规定行使相对集中行政处罚权的行政机关，可以实施法律、法规规定的与行政处罚权有关的行政强制措施。这一规定产生的问题是，集中行政强制措施权到底是什么没有讲清楚。如北京城管103项职责，哪些有行政强制措施权，哪些没有行政强制措施权并不明确。因此，对集中行政强制权问题还需要进一步加以规范。

四、关于强行进入公民住宅和生产经营场所，是宪法权利。欧洲有一句名言：农夫的草屋，风可进雨可进，皇帝非请不能进。这是法治国家标志性的权利。现实中，行政机关工作人员进入住宅和生产经营场所，一般与行政机关实施检查、调查等监管活动有关。目前，60多部法律、行政法规规定行政机关可以实施检查、调查等监管活动。为了限制行政机关的这项权力，行政强制法对强行进入公民住宅和生产经营场所在程序上作出严格规定，加以规范。

五、行政处罚法规定的四项措施不包含在本法所称行政强制措施中。四项措施是：检查、调查、抽样取证、登记保存。这是有行政处罚权的行政机关可以采取的管理措施权。

六、依照法律规定，对违章建筑、违法建设的设施、违法设立的标示牌等需要强制拆除，当事人无能力拆除的，行政机关可以强制拆除。而对强制拆迁，行政强制法规定一律申请人民法院强制执行。这里有一个问题，中国的“违章建筑”标准是什么？现实中存在随意性，这是一个需要进一步规范的问题。

七、行政机关按日加处罚款或者滞纳金的间接罚，行政处罚法已经授权给作出行政处罚决定的机关，因此在罚款的执行中，有行政处罚权的行政机关可以直接采取执行罚。行政处罚法已经普遍授权，行政强制法再次确认。

八、关于拍卖被查封、扣押的财物抵缴罚款，行政强制法规定，没有行政强制执行权的行政机关应当申请人民法院强制执行。但是，在行政管理过程中已经实施查封、扣押行政强制措施的行政机关，可以将查封、扣押的财物依法拍卖抵缴罚款。

九、需要立即清除道路、航道或者公共场所的遗洒物、障碍物或者污染物，当事人不能当场清除的，或者在其他紧急情况下，行政机关可以决定立即实施代履行。前面讲过，这是行政机关“做好事”。

十、申请人民法院强制执行，以形式审为原则，只有发现明显违法的才能事实审。体现了司法审查的性质。

通过权衡考虑，行政强制法赋予行政机关很大的行政强制权。在行政机关具有这么大的行政强制权的情况下，立法机关在行政强制实施程序上作出严格具体的规定。对于行政强制的程序，行政机关必须不折不扣地执行，否则，行政强制法就是一纸空文。

第五个问题：关于行政强制措施实施程序

行政强制有两个特点，一是即时性，二是强制性。即时性特点要求程序简便易行可操作；强制性特点要求必须对行政强制行为有必要的程序控制。行政强制法用五分之四的篇幅规定了行政强制程序。

第一，强调实施主体必须合法。行政强制法规定：行政机关履行行政管理职责，可以依照法律、法规的规定，实施行政强制措施。行政强制措施由法律、法规规定的行政机关在法定职权范围内实施。行政强制措施应当由行政机关具备资格的正式执法人员实施，其他人员不得实施。法律没有规定行政机关强制执行的，作出行政决定的行政机关应当申请人民法院强制执行。法律、行政法规授权的具有管理公共事务职能的组织在法定授权范围内，以自己的名义实施行政强制措施，适用本法有关行政机关的规定。实施行政强制措施必须是主体合法适格，不能一出问题都推说是临时工、协管员干的。执法人员一定要明确自己的职责，不能因为是执行公务，就任意而为，遇到反对，就说是暴力抗法。不是只要执行公务，就不承担伤害后果的法律责任。最近发生的多起暴力执法案件，当事执法者，包括执法机构的领导，都分别受到停职、撤职、开除的处分，个别情节后果严重的，还追究其刑事责任。

第二，规定了行政机关及其行政执法人员实施行政强制的纪律：

1. 行政机关或者法律、行政法规授权的组织及其工作人员不得利用行政强制权为单位或者个人谋取利益。

2. 查封、扣押应当由法律、法规规定的行政机关实施，其他任何行政机关或者组织不得实施。查封、扣押限于涉案场所、设施或者财物，不得查封、扣押与违法行为无关的场所、设施或者财物；不得查封、扣押公民个人及其所抚养家属的生活必需品。当事人的场所、设施或者财物已被其他国家机关依法查封的，不得重复查封。

3. 冻结存款、汇款的数额应当与违法行为涉及的金额相当；已被其他国家机关依法冻结的，不得重复冻结。

4. 行政机关不得在夜间或者法定节假日实施行政强制执行。但是，情况紧急的除外。行政机关不得对居民生活采取停止供水、供电、供热、供燃气等方式迫使当事人履行行政决定。行政强制法出台前，很多人强烈反对这一条，说是严重限制行政机关手脚。就在前不久，长春市某区在夜间强制拆迁，倒塌的山墙压死了人。国务院责成长春市长在广播电视上向全市人民道歉。事实说明这一条规定很必要。

5. 划拨存款、汇款及拍卖、依法处理所得应当划入国库或者财政专户，不得划入行政机关的基本账户或者其他账户。任何行政机关或者个人不得以任何形式截留、私分或者变相私分。

第三，规定行政强制措施的具体实施程序。首先，规定一个一般的程序，将必要的、重要的、可操作的程序法定下来，使其具有比较普遍的适用性，能够概括出日常行政管理中实施行政强制措施一般的特点，如事前督促、实施告知、表明身份、报告批准等。主要内容包括：除即时强制外，采取行政强制措施前需要报请行政首长批准的程序；行政机关首长作出决定的程序；实施行政强制措施时的告知程序；实施行政强制时表明身份、制作笔录、出具查封、扣押清单的程序以及行政强制执行前的督促程序等。另外，还要规定行政机关采取行政强制时的适用条件、必要的期限等。

行政强制法规定：行政机关采取行政强制措施应当遵守下列规定：（一）采取行政强制措施前须向行政机关负责人报告并经批准；（二）由两名以上行政执法人员实施；（三）出示执法身份证件；（四）有当事人在场；（五）当场告知当事人采取行政强制措施的理由、依据以及当事人依法享有的权利、救济途径；（六）听取当事人的陈述和申辩；（七）制作现场笔录；（八）现场笔录由当事人和行政执法人员签名或者盖章，当事人拒绝签名或者盖章的，在笔录中予以注明；（九）当事人不在场的，邀请见证人到场，由见证人和行政执法人员在现场笔录上签名或者盖章；（十）法律、法规规定的其他程序。

其次，对当场采取强制措施的程序作出规定，主要规范实施主体和实施行政强制时的适用条件、现场对执法人员的要求、事后补办必要的手续以及采取即时强制的限度原则等。其实，即时强制有时什么程序也没有，就得当时控制住，但有些法定要求必须要做到，即主体合法、报告、出示证件、补办手续等。

行政强制法规定，情况紧急，需要当场实施行政强制措施的，行政执法人员应当在二十四小时内向行政机关负责人报告。行政机关负责人认为不应当采取行政强制措施的，应当立即解除。

依照法律规定采取限制公民人身自由的行政强制措施，除履行本法第十八条规定的程序外，还应当遵守下列规定：（一）当场告知或者采取行政强制措施后立即通知当事人家属实施行政强制措施的行政机关、地点和期限；（二）在紧急情况下当场采取行政强制措施的，立即向行政机关负责人口头报告；（三）法律规定的其他程序。

实施限制人身自由的行政强制措施不得超过法定期限。实施行政强制措施的目的已经达到或者条件已经消失，应当立即解除。

再次，针对行政管理中一些经常运用的时间性不很紧迫但对行政相对人权益影响比较大的行政强制措施，如对查封、扣押、冻结专节作出具体实施程序及期限的规定。查封、扣押、冻结、划拨，这类措施往往不是当场采取，而是查案查到一定阶段时采取。行政机关也不一定要到现场，有的一开始是登记保存，登记保存七天后再决定查封、扣押。因此，查封、扣押、冻结的程序就可以规定得比较细一些，具体一些。

1. 关于查封、扣押。规定的要点是：（1）行政机关实施查封、扣押的，除应当履行本法第十八条规定的程序外，还应当制作并当场交付查封、扣押决定书和清单。（2）查封、扣押的期限不得超过三十日；情况复杂的，经行政机关负责人批准，可以至多延长三十日。但是，法律、行政法规另有规定的除外。（3）对查封、扣押的场所、设施或者财物，行政机关应当妥善保管，不得使用或者损毁；造成损失的，应当承担赔偿责任。（4）行政机关采取查封、扣押措施后，应当及时查清事实，在规定的期限内作出解除查封、扣押措施的处理决定。行政机关已作出处理决定或者期限届满，应当解除查封，立即退还被扣押的财物。

2. 关于冻结。规定的要点是：（1）冻结存款、汇款应当由法律规定的行政机关实施。（2）作出冻结存款、汇款决定的行政机关应当书面通知金融机构，并应当在三日内向当事人交付冻结决定书。（3）冻结期限为自冻结存款、汇款之日起三十日，行政机关应当作出处理或者解除冻结的决定；情况复杂的，经行政机关负责人批准，可以至多延长三十日。但是，法律另有规定的除外。（4）行政机关认为不再需要冻结的，应当及时作出解除冻结的决定。

第六个问题：行政强制执行制度

我国的强制执行制度是行政机关申请人民法院强制执行，但是法律规定由行政机关执行的除外。这和国外的行政执行制度不一样，是中国特色。立法过程中对实行什么样的强制执行制度，意见分歧比较大，一种意见要实行由独立的行政执行机构执行的制度；一种意见是实行由行政机关向人民法院提起诉讼，由法院依照简易执行程序裁定执行的制度。

创立申请人民法院强制执行法律制度的法律，是1982年8月底制定的《海洋环境保护法》和1983年初制定的《海上交通安全法》，规定强制执行的时候要求环境部门和交通部门申请人民法院执行。第一，因为这两部法律涉及的行政决定有涉外因素，当时这个因素在我国立法领域很重要，中央领导同志都很重视，要求和国际接轨。国外大多都不是行政机关直接强制执行，而是通过法院诉讼程序，将行政决定的强制执行转为执行法院的裁决。当时考虑，我们不能像国外那样通过诉讼解决，但也不能由环保部门和交通部门等行政机关直接来实施，要和国外相应地接轨，于是就提出了申请人民法院强制执行的法律制度。

第二，考虑对行政强制执行还是要有所监督，申请法院执行可以有一道司法审查。有人提出，如果发生法律效力的行政决定经法院审查后执行，法律后果到底由谁负？行政机关作出的决定，做错了，人家告了，行政机关承担责任。但是行政机关申请法院执行，法院审查后裁定执行，如果后来发现执行错了，应当由行政机关负责还是由法院负责？国家赔偿应该由谁赔？我们研究认为，申请法院强制执行是具有中国特色的法律制度，外国没有，是根据我国自己的实际情况，根据中国的权力结构关系而设计的，既保证效率又能起到监督的作用，这个制度实行二十多年，总体是好的，特别是在公民的法律意识不是很高的情况下，由法院对行政强制执行给予监督是必要的，这是中国特有的司法监督制度。

申请法院强制执行是行政机关为个案取得强制执行权到法院办理司法手续。在国外，警察要去搜查住宅，就到法院申请个搜查令。向法院提交申请书，法院形式审查合格，就下达搜查令。那么这次搜查行为就合法了。申请法院强制执行就是办理司法手续，取得了个案的强制执行权，这是一个非诉执行的司法程序，执行的还是原行政决定，除非有特别明显、重大错误，法院裁定不予执行外，都应裁定执行。

第三，从行政法理论上说，这里有一个行政法原则，即作出行政决定的机关应该和执行行政决定的机关相分离，这是德国行政法的一个原则，德国人自己叫作法治国的分离原则。作出行政决定的机关与执行行政决定的机关要分离。德国行政强制虽然是行政机关自己执行，但是由一个独立的执行机构执行，不是同一个行政机关。德国金钱给付案件由一个独立的执行机构执行。这个执行机构在不同的地方设在不同的机关中，有的设在税务机关，有的设在公安机关，有的设在政府财务处，同时这些机构又不隶属于所在机关，其工作人员统一由财政部行政执行官委员会统一委派、任命和培训，五年一轮换。有意见提出，我国也可以实行这样的由行政机关自己强制执行的制度。我们考虑，我们即使改变现行执行制度，也必须由政府设置独立的执行机构来执行。那么，第一，现在有行政强制执行权的13个行政机关就不能自己执行了，必须申请行政执行机构执行。第二，执行程序和申请法院执行的程序是一样的，申请执行机构强制执行，对行政机关的行政决定审查不审查，期限是多少，走哪些程序，怎么执行？从法律条文上看都是一样的，只是主体由法院换成了执行机构。虽说都符合行政程序中的分离原则，但程序没有改变，国家却又要新增加一套班子、一队人马。我国台湾地区修改行政执行法，就作出了这样的改变，行政执行由向法院起诉改成由独立的行政执行机构执行，但是由于行政执行案件全部集中于行政执行署，审查周期甚至比申请法院执行还长，并没有提高效率。因此，国家司法体制改革方案维持了现行的申请人民法院强制执行的制度。

行政强制法对行政机关强制执行与申请人民法院强制执行的程序用两章分别作出规定。

第一，关于行政机关强制执行程序

行政强制法规定，行政机关依法作出行政决定后，当事人在行政机关决定的期限内不履行义务的，具有行政强制执行权的行政机关依照本法第四章规定强制执行。具体的执行程序是：

一是增加催告督促程序，明确执行期限，给当事人留有自觉履行的机会。行政强制法规定：行政机关作出强制执行决定前，应当事先催告当事人履行义务。催告应当以书面形式作出，并载明下列事项：（一）当事人履行义务的期限；（二）强制执行方式；（三）涉及金钱给付的，应当有明确的金额和给付方式；（四）当事人依法享有的权利。经催告，当事人履行行政决定的，不再实施强制执行。在催告期间，对有证据证明有转移或者隐匿违法资金迹象的，行政机关可以立即作出强制执行决定。

二是规范行政强制决定书。行政强制法规定：经催告，当事人逾期仍不履行行政决定，且无正当理由的，行政机关可以作出书面强制执行决定。强制执行决定应当以书面形式作出，并载明下列事项：（一）当事人的姓名或者名称、地址；（二）强制执行的理由和依据；（三）强制执行的方式和时间；（四）申请行政复议或者提起行政诉讼的途径和期限；（五）行政机关的名称、印章和日期。

三是规定执行罚和代履行程序，完善间接执行方式和途径，减少直接强制。

1. 执行罚。执行罚是对当事人金钱给付义务的一种间接强制执行。行政强制法规定：行政机关依法作出金钱给付义务的行政决定，当事人逾期不履行的，行政机关可以依法按日加处罚款或者滞纳金。加处罚款或者滞纳金的数额不得超出金钱给付义务的数额。行政机关实施执行罚超过三十日，经催告当事人仍不履行的，具有行政强制执行权的行政机关可以强制执行。

2. 代履行。代履行属于间接行政强制。是对当事人应“作为”行政义务的一种间接强制执行，如排除障碍、强制拆除、恢复原状等。即当事人不去做，别人代替他去做。对“不作为”的行政义务如关闭、取缔、制止等，当事人拒不履行的，行政机关依法强制执行。行政强制法规定：行政机关依法作出要求当事人履行排除妨碍、恢复原状等义务的行政决定，当事人逾期不履行，经催告仍不履行，其后果已经或者将危害交通安全、造成环境污染或者破坏自然资源的，行政机关可以代履行，或者委托没有利害关系的其他组织代履行。代履行应当遵守下列规定：（一）送达并公告代履行的标的、方式、日期、地点以及代履行人；（二）在代履行日期的三日前，催告当事人履行，当事人履行的，停止代履行；（三）代履行时，作出决定的行政机关应当派员到场监督。需要立即清除道路、航道或者公共场所的遗洒物、障碍物或者污染物，当事人不能清除，行政机关可以决定立即实施代履行。

四是规定执行和解。行政强制法规定：实施行政强制执行，行政机关可以在不损害公共利益和他人合法权益的情况下，与当事人达成执行协议。执行协议可以约定分阶段履行；当事人采取补救措施的，可以减免加处的罚款或者滞纳金。执行协议应当履行。当事人不履行执行协议的，行政机关应当恢复强制执行。其要点：一是通过和解变强制执行为当事人的自动履行。二是通过达成协议的方式和解，国外把它归为行政合同。三是执行和解的方式有分阶段履行、减免执行罚。国外还有以补救措施抵免相应的处罚等。

第二，关于申请人民法院强制执行的程序

一是增加行政机关在申请法院强制执行前的催告程序；申请法院执行之前，行政机关必须对当事人作出催告，催告书送达十日后当事人仍未履行义务的，行政机关可以申请人民法院强制执行。

二是规定行政机关申请法院强制执行的形式要件。行政机关申请时要提交法定相关文件，供法院作形式审查。行政强制法规定：行政机关向人民法院申请强制执行，应当提供下列材料：（一）强制执行申请书；（二）行政决定书及作出决定的事实、理由和依据；（三）当事人的意见及行政机关催告情况；（四）申请强制执行标的物的情况。

三是法院一般只进行合法性审查。对某些有明显错误的案件可以进行实体审查。既可以缩短期限又能保证效率，同时在书面审查时可以起到监督作用。行政强制法规定：人民法院对行政机关强制执行的申请进行书面审查。人民法院发现有：（一）明显缺乏事实根据的；（二）明显缺乏法律、法规依据的；（三）其他明显违法并损害被执行人合法权益的情形之一的，在作出裁定前可以听取被执行人和行政机关的意见。

四是规定作出强制执行裁定的期限。行政强制法规定：人民法院接到行政机关强制执行的申请，应当在五日内受理。对符合本法规定的形式要件，且行政决定具备法定执行效力的，人民法院应当自受理之日起七日内作出执行裁定。进行事实审的，人民法院应当自受理之日起三十日内作出是否执行的裁定。因情况紧急，为保障公共安全，行政机关可以申请人民法院立即执行。经人民法院院长批准，人民法院应当自作出执行裁定之日起五日内予以执行。

五是规定法院不收取行政机关的强制执行申请费。

一个理想的和谐社会是最少需要行政强制权的社会。我们离这样的目标还很遥远。党的十六大报告强调："加强对权力的制约和监督，建立结构合理、配置科学、程序严密、制约有效的权力运行机制，从决策和执行等环节加强对权力的监督，保证将人民赋予的权力真正用来为人民谋利益。"我们国家正在致力于现代化建设，构建和谐社会，随着经济发展和社会进步，公民的民主意识和权利意识在提高，对行政机关依法行政的要求也越来越高，我们期待行政强制法的贯彻实施能够规范行政强制，减少行政强制，更好地保护公民、法人和其他组织的合法权益。

食品安全法：一定要让人民群众吃得安心放心*

全国人大常委会法工委行政法室主任　李　援

同志们好！今天给大家介绍一下食品安全法，主要讲四点：第一，为什么要制定食品安全法；第二，食品安全法的重要性和现实意义；第三，解读一下它的主要内容；最后，强调一下如何把食品安全法贯彻好。

《食品安全法》于2009年2月28日十一届全国人大常委会第七次会议以158票赞成、3票反对、4票弃权的表决结果通过，6月1日起施行。后来我们分析，这3票反对、4票弃权可能就投在了我们国家食品安全的监管体制上。

食品安全法颁布实施对规范食品生产经营活动，防范食品安全事故的发生，增强食品安全监管工作的有效性，提高我国食品安全的整体水平，保障人民群众的生命健康和根本利益具有重要的意义。

第一个问题，为什么要制定食品安全法

回顾一下，我们国家在1964年由国务院颁布了《食品卫生管理试行条例》，试行到1982年，全国人大常委会通过了《食品卫生法（试

---

* 部分报告时间地点：2009年3月18日至2012年6月26日，全国人大常委会法工委食品安全法培训班、国家行政学院部级班，北京市、贵州省、上海市、河北省人大、河北省唐山市、河南省郑州市、贵州省贵阳市、山东省青岛市、山西省太原市人大，卫生部、国家食药局、国家工商总局、总后卫生部、铁道部、浙江省政府、广西壮族自治区安委会、贵州省安委会、北京市工商局、北京市老干局、天津市工商局、山西省质监局、河北省卫生厅、河南省食药局、江西省食药局、南京市工商局、徐州市食药局，古船集团、百胜集团、司法部行政学院、人事部高培中心、深圳市工商行政学院培训班等。

行）》。继续试行了13年，到1995年的10月底通过了《食品卫生法》。又实行了13年后，于今年2月底通过了这部《食品安全法》。

食品卫生法在几十年实施的过程中，对于加强我国的食品安全，保障人民群众身体健康发挥了积极的作用，我们国家的食品安全的总体状况是在不断改善，但仍然遇到一些新问题、新情况。主要表现在食品存在不少的安全隐患，食品安全事故，特别是一些重大事故时有发生，社会上人民群众反映比较强烈。深入分析一下这些原因，还是我们现行的食品安全监管体系不够健全。主要表现在，第一，食品安全的标准不统一、不完备，食品安全性评估的科学性有待进一步提高，食品的检验机构不够规范，食品安全信息发布不统一、不透明。第二，食品生产经营者作为食品安全的第一责任人的责任不明确，履行不严格，对它的处罚力度不够。第三，监管部门存在监管不到位，执法不严格，各监管部门之间又存在职责交叉、重复执法、权责不明的问题，甚至出现监管空白，造成许多食品安全的隐患。

除此之外，还有一个重要因素就是，重大的食品安全事故催生了我们这部食品安全法，这种由食品安全事故催生立法的情况在国际上是通例。比较典型的，如欧盟，欧盟1996年暴发疯牛病，疯牛病也叫“牛脑海绵状病”，牛吃了掺牛骨粉的饲料，就是“自己吃自己”吃出了病，人再吃牛肉，人感染得病，造成了很大的危害。结果促成了欧盟1999年食品安全立法，设立了欧盟食品安全管理局，从欧洲各国集中了一大批专家，专门进行食品的风险监测、安全性评估和标准的制定。通过这些手段加强对食品的监控。近年来，世界卫生组织非常肯定欧盟这种食品安全管理方式，把它总结为“标准法令化”。就是说，原来是以法令的形式规定一些措施对食品安全进行管理的，现在则是把力量用在制定食品安全标准和进行安全性评估上，使食品安全标准具有法令的效力。生产经营者严格按照标准去生产，监管者严格按照标准去监管，形成统一的监管体系，来确保食品安全。

再讲一个相当于国内“三鹿奶粉事件”的事例：比利时“二恶英饲料污染”的重大食品安全事故。1997年6月，比利时境内发生鸡吃了含有二恶英脂肪饲料感染得病事件，之后人吃鸡肉，人被传染得病，甚至造成一些人死亡。后来，事故从鸡肉蔓延到牛肉、马肉、羊肉、猪肉，于是世界上所有国家都发表声明，禁止进口欧盟的肉类；欧盟所有国家都发表声明，禁止进口比利时的肉类，给比利时造成了巨大损失，约为 3.55 亿欧元，对于一个小国来说损失非常巨大。当时比利时的农业部部长、卫生部部长相继辞职，事件得不到平息，最后内阁总辞。这一事件导致了比利时在 1999 年食品安全的立法。

我们国家也一样，从 2000 年以来，发生了一系列比较重大的食品安全事故，比如 2001 年南京冠生园陈馅月饼事件；2002 年孔雀石绿事件；2003 年金华火腿敌敌畏事件；2004 年阜阳劣质奶粉事件；2005 年苏丹红事件；2006 年陈化粮、毒猪油、红心鸭蛋、多宝鱼事件；到了 2008 年发生了蔓延范围最大、损失最惨重的食品安全事故“三鹿奶粉事件”。正是这一系列的食品安全事故催生了我国的食品安全法。为了从法律制度上解决这些问题，更好地保障食品安全，有必要从现行食品卫生制度中总结经验，加以完善，制定食品安全法。

第二个问题，这部法律的重要性及其意义

这个问题归纳起来有四点：第一点就是通过制定这部法律使全社会形成了一个共识，认识到确保食品安全是我们党和政府、全社会的头等大事，“民以食为天，食以安为大”，是天大的事，绝不可以掉以轻心。为了从制度上解决这个问题，就要立法。党和国家近年来由于食品安全事故不断发生，采取了一系列措施，包括不断调整国家的管理体制，也包括采取立法的手段。2007 年 12 月，食品安全法（草案）提请全国人大常委会初审。2008 年的 4 月到 5 月，食品安全法（草案）公布向全社会征求意见，一个月时间共收到了 11327 件意见。同年 8 月草案二审，10 月三审，2009 年 2 月底四审通过，经过了三个年头四次审议，这部法律获得通过，进一步完善了我国食品安全法律制度，建立起保障食品安全的长效机制和法律屏障。现在大家都认识到食品安全是个一点儿也不能忽视的大问题。

第二点是从“食品卫生”到“食品安全”的提升。

卫生与安全两字之差，包含着观念的转变，也包含了我们监管方式的转变。从观念上来讲，我们原来一直是食品卫生法，用的“食品卫生”这个概念。卫生通俗讲是“干净”，安全是讲“无毒无害”，它俩侧重点有所不同。食品卫生侧重于食物的表面和它的外部环境，而食品安全则注重食物内在的安全性因素。这个区别将对今后提升我们整体的食品安全水平具有很重要的指导意义。立法之初大家就有一个争论，到底是修订食品卫生法好呢，还是重新制定一部食品安全法？世界上现在的立法趋势大都是立食品安全法。从法的功能上讲，食品卫生法侧重于规范食品生产经营活动，食品安全法侧重于宣示食品安全的理念和明确食品监管体制。我们举日本的立法例子来说，日本1973 年制定《食品卫生法》，2003 年制定了《食品安全法》，但它没有同时废除食品卫生法，而是两法并行。日本的食品卫生法中规定由农林省和厚生省监管，它的厚生省就是劳动和卫生部，由这两个部来履行对日本食品生产经营活动的监管职责。后来制定的日本食品安全法宣示了三个理念：一是保护公民健康是首要任务；二是在食品生产经营的每一个环节上必须要有监管措施；三是所有食品安全的政策和标准的制定必须建立在科学的基础上。同时该法规定，国家设立食品安全管理委员会，统一管理全国的食品安全工作。相比我们的食品安全法是两法合一，就是把原来食品卫生法中行之有效的，主要的食品卫生管理的制度和措施，都写入了食品安全法，同时规定了有关食品安全理念和明确了我国食品安全的监管体制。

由于有了从食品卫生到食品安全这个观念上的转变，所以我们的监管体制、监管方式也要随之有所转变，要从以前习惯的注重事前审批许可，产品生产出来进行抽检监管，出了问题后进行处罚这种外部跟踪式的监管方式，转变为以食品风险监测和食品安全性评估为基础的，以食品安全标准为基准，进行生产和监管的这样一个食品安全的监控体系。这是食品安全法中一个很重要的问题。

我国食品安全当前面临着一场深层次的信任危机，一是食品安全的诚信问题涉及各方面，包括整个食物链各环节、整个生产过程各环节、整个经营销售各环节；二是食品安全问题将引发对政府的信任危机；三是深层次表现在它已不仅是单纯的食品问题，而是社会问题、发展问题、稳定问题。我们绝不可以掉以轻心。因此，迫切需要这样一个由食品卫生到食品安全的转变。

第三点是规定食品生产经营企业是食品安全的第一责任人。

企业是食品安全的第一责任人，这是食品企业的一个社会责任。企业的社会责任在本法中作了规定，即食品生产经营者应当依照法律、法规和食品安全标准从事食品生产经营活动，对社会和公众负责，保证食品安全，接受社会监督，承担社会责任。关于企业的社会责任，国内外都非常关注，并且已逐步形成了比较统一的共识。企业的社会责任是指企业在创造利润、对股东利益负责的同时还应当承担对相关利益方，比如员工、消费者、社会与环境的社会责任，包括遵守商业道德、注重产品质量安全、保证员工的合法权益、帮助弱势群体就业、依法纳税、热心慈善、保护环境、节约资源等，这就是企业应承担的社会责任。而对于食品企业来说，确保食品安全是企业一个最大的社会责任，在确保食品安全上它是第一责任人。因为食品涉及人的生命安全和身体健康，食品生产经营企业应当是最需要讲道德良心的，最需要遵守法律和社会监督的，这也是公众衡量这个企业是不是负责任的第一标准。食品安全法明确宣示食品企业在食品安全上负有不可推卸的社会责任。同时，为了使企业履行自己的社会责任，规定了一系列企业的法定义务，并相应地规定了很严厉的法律责任。

食品生产经营企业的法定义务，总的来说有四个：第一，本法规定对食品生产经营实行许可制度，食品生产经营企业必须达到法定的食品生产经营的条件与要求，方可从事食品的生产经营活动；第二，食品生产经营企业要建立健全本企业的食品安全管理制度，加强食品安全的培训，做好食品的检验，依法从事食品生产经营活动；第三，要建立索票索证制度，企业在进出货的时候，必须要查验原料是否合格，出厂的时候必须保证产品是合格的，具有规模的企业，应当建立进出货的检验登记记录制度；第四，规定了产品的召回制度，这是食品安全法新的规定，食品卫生法里没有规定。向社会公布征求意见的草案里，召回制度主要是企业自主行为，企业发现自己的产品有问题的时候，主动召回。食品安全法的立法本意是确保食品安全，明确规定只要食品标签、说明书所标明的内容与食品本身不一致的，哪怕符合食品安全国家标准，无害，没有造成食品安全事故，也构成违法。企业有义务确保自己生产的食品质量与标签标明的完全一样，以取信消费者。如果发现食品质量与标签标明不一致时，应当主动将食品召回，进行无害化处理后，再上市销售。

“三鹿奶粉事件”出来之后，三鹿集团在发现自己的奶粉有问题的时候，没有主动召回问题产品，而是搞危机公关，企图掩盖问题，甚至用三聚氰胺含量低的奶粉来替换三聚氰胺含量高的奶粉。这种做法，造成了危害的蔓延。所以在草案三审的时候，针对“三鹿奶粉事件”，对召回制度增加规定：监管部门发现产品问题，企业应该召回而没有召回时，可以责令其召回问题产品，或者责令其停止经营。责令停止经营的执法部门是指工商部门。工商部门的同志提出，是不是规定责令撤市或者责令下架。后来经研究，用的是“责令停止经营”这样的法律语言。草案原来规定的召回制度是企业改正问题的一种措施，如果监管部门发现不合格产品，可以按照法律责任的规定，给予处罚、没收，严重的还可以追究刑事责任。现在食品安全法规定了责令召回和责令停止经营，等于是给了监管部门一个可以单独实施的执法手段。除了企业主动召回以外，监管部门可以责令其召回。

企业在承担上述法定义务的时候，它实际上要支付一定的成本，就是履行法定义务、社会责任的成本。立法时考虑到了企业的负担问题，食品安全法为减轻企业负担作了一些规定。经调查发现，企业特别是食品企业在整个生产经营活动中，它要缴纳大量的行政规费，主要是针对监管部门对企业提出各项要求所支付的费用，大约占企业总成本的20%—30%，负担是很重的。这就出现一个问题，企业为了履行社会责任，为了确保食品安全付出多大的成本都是必要的，但是如果企业负担过重的话，就会大大挤占企业的利润空间和它履行社会责任所应当支付的那些成本，企业就会降低产品的质量，给食品安全留下隐患。从这个角度来讲，应当尽可能地降低企业在这方面的成本。

食品安全法从几个方面来解决这个问题，第一个方面就是采取了分层次管理的思路，来规定企业的各项法定义务。我国食品生产企业有44.8万家。其中达到规模以上的，只有2.6万家，占总企业数的6%左右。但是这6%的企业市场占有率达到72%，我们大部分食品是由它们来生产的。把这一部分的食品安全控制住，基本上大局就稳定了，可以说，做大做强就好管，做大做强才安全。实际上国外也是抓这一部分。但是，它只占食品企业的6%，加上规模以下10人以上的6.9万家，市场占有率是18.7%，也只有10万家，市场占有率90%多一点。恰恰这一点又是我国的国情，造成食品安全监管的难度。剩下的35.3万家是10人以下的小微企业，市场占有率9.3%，也就是本法提到的食品加工小作坊，在企业总数中占到60%以上。扩展到流通、餐饮领域，流通领域经营户是322.5万户，餐饮是125.99万户。工商局发营业执照的原则是，有卫生许可证或者生产许可证的才发营业执照，无证就不发照。44.8万个生产厂家在2004年以前卫生部门管的时候，食品卫生许可证发了大约20万家。以后质监部门管的时候生产许可证大约发了10万家。在流通和餐饮企业，恐怕也是这种情况，并不是每个企业都证照齐全。

在这样的情况下，就需要针对不同的监管对象，采取不同的监管措施来进行监管，完全采取同样的办法实际上是做不到的，因此应当实行分层次管理。食品安全法规定，从事食品生产、食品流通、餐饮服务活动的，需要取得食品生产许可、食品流通许可和餐饮服务许可。在“许可”后面没有“证”字，没有说取得“许可证”。因为有相当一部分食品生产经营者是没有证的，他也领不到证。实际上食品监管部门就是给10人以上的食品生产企业发了证，10人以下的就发不了证。因此，对食品加工小作坊和食品摊贩这一个层次，食品安全法先规定了一个基本要求，然后规定具体管理办法由地方性法规来规定。具体操作的时候，要对不同的人采取不同的措施。有的是取缔它，有的是规范它，有的是证照齐全的，有的是只发照的，有的是流动的，有的是进集贸市场的等，用不同的措施来进行管理。另外，在法里用了两个提法，有的地方规定“食品生产经营者”，就是把所有的人都包括在里面了；有的地方规定“食品生产经营企业”，就是指在规模以上的企业，根据不同层次提出不同的监管要求，所以，我们监管部门在监管中也应当采取这个办法。

第二个方面删除了草案中规定的实行监管码制度有关条款，当时删除的时候经过很大的争论。草案在4月份向全社会征求意见的时候，许多企业提出意见，草案规定强制推行监管码，将给企业增加大量的成本，这个成本企业是不能承受的。电子监管码实际上是一种防伪标志。现在我们每个食品上都有一个条形码，条形码是按一批产品一个号，由16位数字组成。如果一批是上万件、几十万件，那么这一批用一个码就可以了。生产的时候在流水线贴上就可以了，下一批产品换一个码再贴。实行电子监管码就变了，变为一个产品一个码、一个码一个号，号称给每一个产品发一个身份证。做到这一点，有的企业要增加人工进行手工贴码，或者改进生产流水线的贴码机器。可想而知，这要增加多么大的投入成本才能够实现。所以企业很有意见。法工委为此专门开了一个论证会，各方面意见论证之后，决定把它删除，这件事情涉及我们行政监管的一些理论上的问题。非常凑巧，最近看到一篇文章，在《法学》杂志上有一篇文章《关于政府监管的理性选择》，以电子监管码这件事来分析政府监管的依据、方式和它的选择，提出要采取经济效益分析方法来选择自己的监管方式。

给大家概括地讲一下，首先，什么是政府的监管？政府监管的实质是政府与市场和社会的界线问题，即政府什么时候干预市场活动？什么时候由市场和社会自行解决出现的问题？监管的切入点是我们采取监管首先要考虑的问题。只有在市场出现失灵的情况下，为提高资源配置的效率、维护社会公平，政府才出面监管。英国有一个学者，他把产品分为三类，一类是调查性产品，一类是经验性产品，一类是信用性产品。所谓调查性产品，是指这个产品质量在购买前可以通过检查加以确定的产品。比如说馒头，消费者去买，看这个馒头熟了没有，卫生不卫生，来确定它的质量。所谓经验性产品，是指产品质量只能在接受使用和消费的过程中才能确定它的质量。比如吃海鲜，只能是吃完了之后没拉肚子、没中毒，才能说明这个食品没有问题。所谓信用性产品，是指产品的使用效果要等几年以后才能知道它到底安全不安全。比如转基因食品，到底安全不安全现在还没有定论，所以要求转基因食品必须在标签上注明，然后由消费者去选择，就免除了生产者的责任。这三种产品中，生产者自愿保证质量的激励呈递减趋势，生产者最注重保证调查性产品的质量，其次是经验性产品，然后是信用性产品，呈递减的趋势。而监管的需求则呈递增趋势，这也就是我们现在的监管思路要转变的问题。

关于政府监管方式的选择，从监管方式上来看，主要有三类：第一类叫作信息规制，信息规制主要表现形式是强制披露，即强迫产品的供应商提供有关产品的价格、成分、数量、质量、日期、警告、使用说明等信息，但不对产品的生产过程施加控制。就是要求在标签上加以标明，并确保标明的内容和产品的质量相一致，一旦不一致，就要承担法律责任。

第二类叫标准控制，就是政府可以通过制定标准的方式来规范和控制生产厂商的产品质量，这种方式允许生产厂商不经过事先批准而进行生产经营活动，但是，一旦没有达到特定质量标准的生产厂商将构成违法。食品安全法之所以强调食品安全标准的原因就在这里，这是一个很重要的监管方式，又是我们以往比较忽视的地方。

第三类是事前批准，也称行政许可。生产厂商在提供产品前必须获得监管机构的批准，否则不能进行生产经营，这是我们比较常用的方式。这三种方式体现了政府对企业生产经营活动不同的干预程度。因此在选择监管方式上要按照行政法上的比例原则来确定。就是说应该选择与监管目标匹配的监管方式，既能够实现监管目标，又对行政相对人的干预程度最低，这个度是我们在监管中要特别注意的。

这篇文章还针对电子监管码作了成本效益分析。监管方式合适不合适，要通过成本效益分析来确定。从几个数据分析电子监管码的监管成本：第一是行政成本，2007 年河北省进行电子监管码试点，河北省质监局投入了 800 多万元，市县两级投入了 2000 多万元，总额将近 3000 万元。全省共抽调了 524 名业务骨干，专职此事。这是一个省一年的行政成本。第二是服从成本，所谓服从成本包括强制入网企业的入网费，进行赋码、印刷、激活工作的人员工资，还有其他经费的投入。只讲一个入网费，一个企业一年入网费 600 块钱，这一年首批强制入网的 69 种产品涉及企业 87477 家，赋码入网费这一年达到 5200 多万元。第三是生产成本，娃哈哈矿泉水一年生产 210 亿瓶，经测算，贴上一个监管码成本是 0. 8 厘到 1 分钱，210 亿瓶矿泉水成本要增加 2 亿多元，这还只是一个产品，所以企业的成本是不可承受的。另外，还有其他的成本，因为电子监管码强制实施后，将对整个防伪企业的市场竞争有很大影响。那么监管的收益是多少呢？从开始推行，推进了三年，到 2008 年 6 月 30 日，通过电子监管网举报涉假信息 781 起。这就看出投入和收益是不成比例的。食品安全法没有规定电子监管码，说明立法也要讲成本效益分析。

第三个方面就是直接规定给企业减负，能不收费的就不收费。一是规定对食品生产经营要实行许可制度，按照行政许可法的规定，实施行政许可行政机关不得收取任何费用。所以实施许可应当是免费的，原来按食品卫生法规定发一个食品卫生许可证，现在要发食品生产许可证、食品流通许可证、餐饮服务许可证三个许可证，许可不收费这一点是明确的。这里涉及工商系统一个问题，原来工商部门对企业只发营业执照，现在流通领域的一证一照都由工商部门来发。审议这部法律的时候，教科文卫委员会反复提出希望写上在流通领域实现证照合一。草案修改稿中曾经写过一句：发食品流通许可证的时候，工商行政管理部门应当采取措施，做到证照同时发放或者合并发放。意思是要做到证照合一，就是只发证或者只发照，或者就是证照两张纸同时一次发给企业。这也是从给企业减轻负担这个角度考虑的。后来考虑到，这个问题是个实际操作的问题，可以由工商部门自己决定，就没有明确写在法里。二是本法规定进行检验不收费。规定监管部门进行抽检要购买厂家的商品；送检的时候，支付相应的检验费用。三是规定认证认可机构进行跟踪调查不得收取任何费用。

第四个方面是强化社会监督，使其发挥有效作用。

食品安全的社会监督有两个途径：一个是消费者维权，食品安全法规定，任何组织和个人有权举报食品生产经营中违反本法的行为，有权向有关部门了解食品安全信息，对食品安全监督管理工作提出意见和建议。这是我们收集食品安全信息的一个很重要的途径，而且也是吸取“三鹿奶粉事件”的教训，群众把受害的情况都贴到政府网站上，监管部门竟然没有作出反应。所以食品安全法进一步规定，所有的监管部门对于咨询、投诉、举报应当受理并及时进行答复、核实、处理，如果是食品安全事故，要及时采取处置措施。在风险监测时接到群众举报、提供的一些风险信息，要马上进行安全性评估，这是控制食品安全事故危害不再蔓延的一个源头，要特别予以加强。

另外一个是新闻媒体要发挥它的作用，一个是公益性宣传，一个是新闻监督。如果社会监督发挥有效作用，能够把我们的一些问题、一些事故苗头、一些风险的信息及时披露出来，我们就可以更早采取措施加以控制，不至于发生“三鹿奶粉事件”这么大的食品安全事故。

第三个问题，介绍一下食品安全法的主要内容

（一）我国的食品安全监管体制

我国的食品安全监管体制，是本法最主要的内容。食品安全法对我国的食品安全监管体制提出了一个总的要求，那就是依法行政、协调高效、权责一致、问责明晰。总的来说，我们的监管体制就是实行在各级人民政府统一领导下，从农田到餐桌食品链的多环节由各监管部门按照职责分工进行分段监督管理的监管体制。这个监管体制分两级，一级中央，一级地方。

回顾一下这个监管体制形成的历史。1995 年的食品卫生法规定由卫生部负责食品卫生工作，食用农产品由农业部来负责，大体上是由

卫生部和农业部两个部门负责。到了90年代后期，药品管理局从卫生部分离出来，成立了国家药品监督管理局，后更名为国家食品药品监督管理局，对保健食品进行监管。接着是三检合一，卫检、商检、边检三检合一，由质检总局统一管理。由于食品安全事故频发，国家的监管体制不断进行调整，到2004年，就形成了和现在监管模式大体相同的分段监管体制。按照国务院的文件规定，形成了农业部门管农产品、质监部门管食品生产、工商部门管流通、卫生部门管餐饮服务，国家食品药品监督管理局负责综合协调的监管格局。2008年3月，全国人大通过国务院关于大部制机构改革的决定，又对这个体制进行了调整。国家食品药品监督管理局回归卫生部，卫生部和食药局的食品安全监管职能对调。食药局管餐饮服务，卫生部负责综合协调。

食品安全法规定的监管体制，中央一级是：国务院设立食品安全委员会，这个食品安全委员会是高层次的议事协调机构，协调指导全国的食品安全工作，具体工作职责由国务院另行规定。卫生部的职责是负责综合协调，这个综合协调是指那些跨整个食品链的各个环节的、涉及各个分段监管部门的监管领域的综合性事情。它不协调工商局在流通领域怎么去监管，它协调的是下面这五项工作：食品安全的风险监测和风险评估、食品安全标准的制定、食品安全信息的统一公布、食品检验规程的制定以及重大食品安全事故的处理。这些事情涉及各环节，涉及各监管部门，由卫生部统一负责综合协调，其他监管部门配合，大家一起把这五项工作做好。需要强调一下，卫生部门的综合协调，不是协调质监局和工商局怎么衔接从生产到流通这个环节，这是地方政府的职责。在中央层面除了卫生部以外，就是四家管食物链的四大段：质量监督部门管食品生产、工商部门管食品流通、食药局管餐饮服务、农业部管农产品养殖种植，这就是我们所说的分段监管体制。

地方一级，食品安全法规定，县级地方人民政府统一负责、领导、组织、协调本行政区的食品安全工作，建立健全食品安全全程监督管理的工作机制，统一领导指挥食品安全突发事件的应对工作。相应的地方各监管部门要在各自的职责范围内，负责本行政区域内的食品安全工作。食品安全法第五条第二款中有一句话，即县级以上地方人民政府依照本法和国务院的规定确定本级卫生行政、农业行政、质量监督、工商行政管理、食药监督管理部门的食品安全监督管理职责。这句话什么意思呢？就是说地方的监管部门的职责要按照本法和国务院的规定由地方人民政府来决定。2004 年后，各地大部分由食药局负责综合协调的工作，但有的地方是工商局负责，有的地方是发改委负责。现在应当按照国务院机构改革方案和食品安全法的规定调整过来。面对食品安全严峻的形势，从贯彻执行食品安全法这个角度来讲，这个机制的调整是必要的。立法的意图是要在监管体制上达到政令统一。尽管现在调了，以后可能还会调，为什么？因为我们的监管手段、监管的重点、监管的对象都在不断变化，所以调整是必然的和必要的。因此附则中规定，国务院可以根据整个食品安全形势和实际情况对监管体制进行调整。

关于监管体制有几个问题，希望监管部门在实施本法过程中要特别加以注意：第一，虽然法中明确了分四段由四个部门来监管，看着责任是明晰了，但实际上，每一段都不是一个部门在管，至少有两个以上部门在管。这个问题会在工作中不断碰到，比如所有的食品生产经营企业都要由工商局发营业执照，那么在生产领域既有质监又有工商，餐饮服务既有食药又有工商，都是涉及两个部门。再如卫生部门综合协调，在进行风险监测和风险评估，在进行标准制定，都涉及各个部门。另外，除了分段监管外，还有相当一批产品是按产品由其他部门来管，如乳品、转基因食品、生猪屠宰、酒类等，那么在各自所管的这一段里自然就会插进其他部门，就可能出现多部门监管的弊端。

第二，现在涉及食品安全的法律有 11 部，行政法规有 15 部，各部门都在讲依法行政，但问题是都在依照自己的法行政，那么必然在工作中出现交叉、重复甚至冲突。怎么办？就需要确立一个原则：在食品安全监管工作上，要以食品安全法规定为依据来执行，食品安全法未作规定的，再按照有关的法律、法规执行。这是需要大家特别注意的。

第三，就是食品安全标准，这部法从头到尾提到“食品安全标准”，但遗憾的是，时至今日我们国家尚没有一条食品安全标准。有的是什么？农产品质量标准、食品卫生标准、产品质量标准、地方标准、行业标准、企业标准。这么多标准就是因为多部门管理体制造成的。食品安全法规定要把这些标准进行整合，统一公布为食品安全国家标准，这就是一个非常艰巨的任务，也是实施中的一大难点。

第四，现在还存在行政管理体制中的属地管理与垂直管理的矛盾。草案提请全国人大常委会初审时，规定地方各级人民政府对本行政区域内的食品安全工作负总责。征求意见的时候有的地方政府提出没法做到负总责。因为三段监管的质监、工商和食药部门全是省以下垂直管理的部门。为解决垂直管理和属地管理的矛盾，立法明确在食品安全这项工作中，要以属地管理为主，食品安全法关于地方人民政府职责的规定，在四审时增加统一“负责、领导”四个字，就是由地方政府统一负责、领导、组织、协调食品安全工作。委员们提出，目前这种监管体制不行，一定要再强化一下“统”的力量。我们现在“分”的力量太强，分段管理、分部门管理、分品种管理全是“分”，要加一些“统”的力量。所以加了一条国务院设立食品安全委员会，加了一条地方人民政府负责、领导、组织、协调。作为垂直管理的部门在食品安全问题上要服从地方人民政府的统一领导，这一点在法的贯彻执行上也是一个很要紧的方面。

我们现在的分段管理体制，存在分段管理中多部门管理的矛盾，属地管理与垂直管理的矛盾，分段管理与品种管理的矛盾。监管过程中大家一定要特别重视这方面的问题，还需要各部门在工作中进一步探索，国务院也将要根据实际情况作些具体的调整。实际上各国的监管体制也不一样，是根据各国国情决定的，都有它的历史沿革。

简单介绍一下国外的食品安全监管体制的情况。国外监管体制主要有四类，第一类是由一个部门统一负责全国的食品安全工作，比如瑞典，它设立国家食品安全局，分国家、省和地方三级食品安全局，统一管理。第二类是多部门按职责分工监管的体制，比较像我国，有代表性的是美国。美国有30部成文法，15个部门涉及食品安全管理。但我们与美国最大的一个区别就是，美国主要是按品种管理，我国主要是分段管理。相比较来说，我们分段管理的弊端恐怕比按品种管理的弊端要大一些。分段监管是把一个完整的食物链断开，监管就很可能脱节或者造成漏洞。第三类是中央某一部门负责食品安全监管，其他部门配合协调来进行管理。比如加拿大，由卫生部来统管，工作涉及哪个部门，就会同哪个部门一起管。第四类是中央政府成立专门的独立的食品安全监管机构，负责协调指导其他部门，统管全国的食品安全工作，比如英国、日本。

现在看全世界都没有统一的监管模式，关键是要监管好。特别是监管体制的选择、监管方式的运用、监管措施在什么时候采取，这些都是需要着重研究的。食品安全法针对我国监管体制，要求各监管部门加强沟通，密切配合，依法行使职权，承担责任。这就是要求执法者一定要加强沟通，密切配合，做到无缝对接，不出问题。另外，在法律责任中强化了责任追究制和问责制来约束、督促有关监管部门把食品安全工作做好。

（二）关于食品安全的风险监测与风险评估，食品安全标准和食品检验

这四个内容是本法重点加以强化的地方。我们往往一讲到监管就想到行政监管、部门监管，国外不是这样。在立法中我们和世界卫生组织的专家开会进行研讨，会上有一位欧盟食品安全局的食品安全司司长，他是丹麦人。他说，多部门监管和一个部门监管各有利弊，但是多部门监管，部门太多弊端就更大一些。他举例，丹麦原来有34个监管部门，现在整合为六七个，就好多了。当时一听很吃惊，丹麦多小一个国家呀，34个监管部门，我们这么大一个国家都说监管部门多，也不过就十来个。后来通过翻译问明白了，他说的是丹麦有34个检验机构。他的观念是什么？检验机构就是监管部门。我们总认为监测、评估、检验只是监管部门的一个技术性手段，不认为它是监管部门，最多把它定位于监管方式。现在看这个观念要逐步转变，风险监

测、风险评估、安全标准制定、食品检验等，所有从事这些活动的机构都应当纳入我们监管体制中，作为我们的监管部门的组成部分，这是本法的重点。

关于风险监测主要有三点，一是风险监测由卫生部门制订风险监测计划，省卫生部门来制订监测方案，其他的监管部门要把自己所了解到的、监测到的或者通过社会上收集到的各种信息互相通报。二是卫生部门根据全国监测的情况要及时修订监测计划。三是一旦有了监测信息之后要马上进行食品安全的风险评估。

关于风险评估也有三点，一是国家建立食品安全的风险评估的制度，由卫生部来负责组织该项工作，成立食品安全风险评估委员会，这个委员会完全由专家组成。二是明确规定风险评估结果作为制定食品安全标准和实施监督管理的科学依据。三是经过对风险评估结果进行分析之后，发现有风险的要发布风险信息。

关于食品安全标准，首先，确定了制定食品安全标准的原则，即以保障公众身体健康为宗旨，做到科学合理、安全可靠。只有食品标准安全可靠，生产的食品才能确保安全可靠。其次，我国的食品安全标准一定要做到全国统一而且是唯一的，不能再像现在这样多种标准并存。因此规定，食品安全标准的制定由卫生部门负责，并由卫生部公布，国家标准委提供标准的号码。再次，国家成立食品安全国家标准审评委员会，这个审评委员会是由专家和各个监管部门的代表组成的，食品安全国家标准由审评委员会审查通过，卫生部公布。由此看出，食品安全标准的制定并不只是由卫生部一家负责，把其他部门都排除在外，有关的监管部门是通过审评委员会这个平台，参与国家标准的制定，发挥自己的作用。最后，本法施行后，卫生部要将现行的农产品质量标准、食品卫生标准、产品质量标准、地方标准、行业标准整合为统一的食品安全标准，食品安全标准制定以后企业按标准来生产，监管部门按标准来执法。

关于食品检验，一是规定检验机构应当经过资质认证，认证合格后方可从事食品检验活动，但是法律另有规定的除外。为什么写这个但书呢？因为产品质量法规定除了认证合格的食品机构能够从事检验外，经主管部门考核合格的检验机构也可以从事食品检验。本法维持了现状。二是规定对食品不得免检。这是“三鹿奶粉事件”发生后，国务院撤销了免检的有关规定，食品安全法作出明确规定。三是规定检验免费。明确监管部门抽检要购买产品，送检时支付相关费用。四是规定企业可以自行检验，在企业经营一章，规定企业出厂的产品必须经过检验合格以后方可出厂，那么这个检验是谁来负责呢？这里规定企业可以自己设立检验机构进行检验，产品的质量应当由企业自己负责。当然企业的检验机构应当经认证合格，如果达不到条件，企业可以委托其他有资质的检验机构来进行检验。“三鹿奶粉事件”发生后，质监总局向所有的乳品企业派了5000多名工作人员，驻厂进行原料进货检验和产品出厂检验。实际上这是临时措施，因为当时不具备检验三聚氰胺的条件，作为临时措施派去了人，以后企业购置设备、培训人员，具备条件之后就不用监管部门代替企业进行检验了。食品检验工作实际上是企业生产环节中的一环，它必须自己负责。

（三）针对“三鹿奶粉事件”作出的规定

“三鹿奶粉事件”可以说是新中国历史上最大的食品安全事件，这个事件的负面影响非常之大，严重损毁中国的国际形象。“三鹿奶粉事件”集中暴露出我们监管体制方面的漏洞，预警机制的失灵，检验手段的失效，报告制度的形同虚设，事故处置不及时以及在食物中非法添加有毒有害物质等一系列问题，而且这几个问题与这次事故损害的蔓延和损害程度的增加都有直接关系。10月份对食品安全法进行二审时，我们每天看报纸，报道中讲的问题草案里没规定，就马上加一条，天天跟踪。后来针对“三鹿奶粉事件”从八个方面增加规定，堵住可能出现的法律上的漏洞。有关“三鹿奶粉事件”作出有针对性的规定是食品安全法的一个重要内容。“三鹿奶粉事件”之所以把我们的监管缺陷暴露得这么充分，就是因为三鹿奶粉这个产品按照监管部门所有的监管要求，它全都做到了。它的标签、包装，监管部门要求的QS证、条形码、认证认可标识，还有绿色食品标识，包括电子监管码统统都有。此外还获得科技二等奖，又获得免检资格，然后是全国销量第一，价钱还便宜，受老百姓欢迎，广告也做得特别好。这集中反映了这么一个极端的典型例子。企业花了那么大的代价，用了那么大的成本，应对监管，背后它却要拼命地采取兑水、添加三聚氰胺来降低产品的质量，对人民群众造成极大危害。这个教训是极为深刻的。因此，针对“三鹿奶粉事件”所作出的规定，成为食品安全法的一个主要内容。

（四）实施全程监管，从源头食用农产品抓起

食用农产品由农产品质量安全法调整，食品安全法在第二条第二款就明确规定初级农产品依照农产品质量安全法执行。本法有关规定与农产品质量安全法做好衔接就行了。但是，“三鹿奶粉事件”发生后，发现了监管空白，奶站没人管，这么大的问题找不到承担责任的监管部门。委员们意见很大，提出食品安全法一定要规定全程监管，无缝对接，从田头到餐桌都管起来。食品安全全程监管有两个层面：第一是从田头到餐桌四段，四个监管部门分段监管，由地方政府把农业、质监、工商、食药四个部门统一协调、领导起来。第二是生产企业，从原料进厂一直到产品出厂，在生产的各个环节实行全程监控。因此，食品安全法在第二条把食用农产品排除之后，从第五条起，凡是有关监管部门职责的条款，都把“农业行政部门”加上，在对食品安全全程监管上增加规定了农业部门的职责。

为了确保食品安全，食品安全法规定，对农药、肥料、生产调节剂、兽药、饲料和饲料添加剂等农业投入品要加强管理，这条规定是从农产品质量安全法中搬过来的。为什么把它搬过来？因为食品安全存在两个最大的隐患，第一个是往食品中非法添加有毒有害物质和对食品添加剂的滥用；第二个是对农业投入品的滥用，造成农药、肥料、兽药残留超标，再加上环境污染造成重金属残留超标。这些危害非常大，都是含在食品内部的东西，我们看不见、摸不着、尝不出、吃不到，到底安全不安全谁也不知道。这是监管部门需要回答的问题，也

是我们食品安全监管中很重要的两大环节。

有好多人问，你搞了将近三年的食品安全法，能不能告诉我们吃什么最安全？这么说吧，你每顿饭每样食物都吃点，每样少吃点，吃得杂一点，千万别吃独食，千万别见到好吃的拼命吃、顿顿吃。由于每样吃得少，有些有害的东西我们身体很快就代谢了，不会对健康造成大的损害。这也许就是安全的吃法。这是个很严重的问题，所以老百姓现在对食品安全信心不足，吃得不放心。实施食品安全法，对农业投入品的残留超标问题，在制定食品安全标准和进行食品风险监测、风险评估上要特别加以注意。

（五）严管食品添加剂

食品添加剂现在成了我们大家关注的问题了。“三鹿奶粉事件”发生之后，老百姓认为它是坏东西。因为这个问题严重到了极点，奶粉已经变成不是往牛奶里加三聚氰胺，而是往三聚氰胺里加牛奶了！太过分了。之前讲了那么多起食品安全重大事故，除了冠生园的陈馅月饼、陈化粮、毒猪油事件是传统的食品安全事故外，其他的都是因为往食品中添加非法物质造成的食品安全事故。有人开玩笑说，这些事故普及了中国老百姓的化学知识。有的老百姓要求政府和监管部门下命令，所有食品不得使用食品添加剂，说明了问题的严重性。

食品添加剂是一个科学的问题。现代食品工业是离不开添加剂的，食品添加剂有22类、1812种，已经进行了安全性评估，列入了使用的目录。改善食品的品质、防腐抗氧化、满足加工工艺的需要，都需要食品添加剂，包括传统食品，里面都有食品添加剂。比如做豆腐，豆腐要用卤水去点，豆浆才能做成豆腐，卤水就是食品添加剂，但是卤水是剧毒，杨白劳就是喝卤水死的。如果卤水点得正合适，豆腐就特别好吃。所以对食品添加剂要两面看，不能把它都看作坏东西，谈食品添加剂色变不行，主要是反对往食品里添加有毒有害的物质，滥用食品添加剂。

食品安全法对食品添加剂作了比较严格的规定：第一，对食品添加剂实行许可制度，未经许可不得生产。

第二，规定食品添加剂的品种、使用范围和用量，要作为食品安全标准的重要内容，企业都要按照食品安全标准使用食品添加剂。

第三，规定食品添加剂应该在技术上确有必要并且安全可靠方可列入使用目录。两个标准，一是在技术上确有必要，二是安全可靠。前一个标准是从欧盟的法律中借鉴的，以前我们只考虑安全可靠，由于食品添加剂有一个功能是加工工艺所必需，因此技术上确有必要的，就成为安全使用食品添加剂一个很重要的标准。比如现在都往面粉里头加增白剂，蒸出的馒头雪白。原来是一级面粉蒸出的馒头是白的，现在加了增白剂以后，所有的面粉，包括三级面粉蒸出来的馒头也是白的。加了增白剂之后，馒头虽然变白了，可三级面粉的馒头并没有变成一级面粉的馒头。增白剂对于馒头来说在技术上并不是确有必要。这个规定就是要求对那些可有可无的食品添加剂，能不加的不要加，不能像现在这样随便往食品里加添加剂。有的食品今天变红了，明天变白了，后天又变绿了，食品还是那个食品，添加剂却穿肠而过，可能会对人产生潜在的危害。

第四，规定生产企业必须按照食品安全标准中关于食品添加剂的规定去使用它。在食品添加剂目录之外的任何东西都不能往里加，如需要添加的话，必须先报卫生部门进行安全性评估，评估合格认为安全了，列入了添加剂目录之后再添加，否则的话构成违法。最近发生的蒙牛、特伦苏牛奶的 OMP 事件，就是程序上颠倒了。企业说添加 OMP 是安全的，就生产上市了，不行。以后企业往食品中添加新的原料、新的物质之前必须先进行安全性评估，经评估是安全的才能生产上市。这个安全性企业自己说了不算，这一点也是一个非常严格的要求。

第五，食品标签上标明的食品添加剂一定要和食品里面相一致。如果不一致，即便里边的食品质量没有问题，没有造成危害，也是违法的，法律责任中要追究企业的责任。这就是要严管食品添加剂。

（六）关于保健食品的规定

保健食品是一种特定的食品，在食品卫生法里就有规定。保健食品不是药品，它跟药品的根本区别是，药品具有药理作用，能治病，保健食品只有改善人体机能的功能，没有药理作用，它不治病。食品安全法（草案）起初并没有写保健食品，既然是食品就按一般食品来管，分段监管，到哪段哪段来管就是了。但是后来考虑到保健食品不同于一般食品，保健食品有改善人体机能的作用，比如增强免疫力、抗氧化、改善记忆、缓解疲劳、通便、辅助睡眠、减肥等。而且现在也有市场需求，人们的生活水平提高了，就要关注到亚健康问题，不一定等有病的时候才治，叫作“治未病”。人的身体健康了就少得病，医疗费用就会减少。目前保健食品行业发展很快，已经形成了一定的规模，年产值上千亿元，品种有28类，经批准上市的有9000多种。

但是保健食品市场还比较混乱，有的企业借保健食品的旗号夸大宣传功效、扩大功能，诱惑消费者购买，牟取暴利。还有很多未经批准擅自生产，吹嘘包治百病，误导公众。因此食品安全法对保健食品进行了规范，提出原则要求，具体管理办法由国务院规定。

（七）食品广告的管理

关于食品广告，在食品卫生法中曾有原则性规定，即食品广告的内容应当真实合法，不得含有虚假、夸大的内容，不得涉及疾病预防和治疗功能。恰恰说明食品广告和食品安全是有关联的。审议中许多委员提出，食品广告现在太乱，许多厂商利用食品广告做虚假和夸大的宣传，特别是一旦食品广告宣传的食品不合格，发生问题后造成的损害面就会扩大，损害也会更严重。所以要求对食品广告作具体化规定。

食品安全法增加了两条规定，第一条规定：各监管部门和检验机构、食品行业协会和消费者协会，不得以广告或者其他形式向消费者推荐食品。主要是考虑到利益关系，做了广告和企业产生利益关系之后，很难站在公正的立场上进行执法和维权。这个规定是很严的，比如说，一个食药局的工作人员，今天来作报告，讲到保健食品的时候说，某某保健品特别有效，希望大家去买，吃完之后青春永驻、长生不老，那他就犯法了，按照法律责任的规定要给予行政处分。

第二条规定，社会团体或者其他组织、个人在虚假广告中向消费者推荐食品，使消费者的合法权益受到损害的，应当与食品生产经营者承担连带责任。这一规定一公布，引起社会强烈反响。其实这一规定比广告法的规定就增加了两个字，增加了“个人”两个字。“个人”是指广告形象代言人，当然是所有的人，并不仅仅指明星。由于广告主往往利用名人的影响力，利用群众对名人的信任度来扩大广告效应，来增强自己的广告效益。如果一旦广告宣传的是个不合格的食品，造成的危害也就更大。因此，食品广告对食品安全存在很大的安全隐患，需要规范。

关于这一规定需要说明：一是如何理解“虚假广告”。虚假广告首先是做广告的主体是虚假的，即广告主、食品生产商是未经许可的，不具备资格的，自己搞点食品就去做广告，那个食品也许没有危害，但这是虚假广告。另外一个虚假就是推荐的食品不合格，是有害食品、不安全食品，所做的广告就是虚假广告。虚假广告造成损害要依法给予赔偿。

二是如何理解“连带责任”。即在虚假广告受害消费者面前，所有和虚假广告有关的人，包括广告主（食品生产厂商）、广告商（广告公司）、广告发布者（电台、报纸等媒体）和形象代言人，对损害承担同等的赔偿责任。消费者可以起诉任何一个责任人，包括直接起诉形象代言人。到了法院，法院会把有关系的人都找来，分清责任。如果损失非常大、损害非常严重，就像“三鹿奶粉事件”那样，把广告主赔得倒闭了，那么其他的连带责任人就要以自己的全部财产赔偿剩余的那一部分，就有可能赔个倾家荡产。

这样规定就是让形象代言人在做广告之前有一个审慎注意的义务，要考虑到做这个广告，拿几十几百万元报酬，同时也承担了连带责任。在权衡之下，如果承担不起这个责任的话，可以不做这个广告。也有人说，为什么给人家这么重的责任？承担相应的赔偿责任不就行了吗？我们研究，相应的赔偿责任是一个不明确的责任，连带责任是明确的。形象代言人和广告主要签书面协议，书面协议内容不仅有广告的报酬，还有责任的分担。除非是广告主赔光了家当，形象代言人才承担剩余的赔偿，所以这个连带责任非常明确。可相应的赔偿责任呢？有人讲，出了事把广告费退出来就行了。但是仔细分析，退出广告费后，形象代言人本人并没有承担赔偿责任，他只是把所得的利益吐出来，还给了广告主。即便用这个钱去赔偿，也是广告主的钱。食品安全，人命关天，规定得严一点，给形象代言人一个审慎注意的义务是非常必要的。

（八）关于食品安全事故的处置

食品安全事故的处置作了专章规定，主要有三个方面的内容：第一是报告制度；第二是处置措施；第三是查处权限。主要的考虑只有一个，就是要强调事故的处置迅速及时，尽可能减少损害后果，绝不能再让“三鹿奶粉事件”发生。中国政府实际上已经承担不起再次发生“三鹿奶粉事件”的后果，所以监管部门一定要特别注意这一点。

食品安全事故并不因为有了食品安全法，就不会再发生了，食品安全事故也不会因为我们监管部门努力工作，它就不会发生了。食品安全没有“零风险”，发生事故是必然的。但是，我们要做的是力争食品安全事故少发生一点，发生后处理得快一点，造成的损失小一点，三个“一点”，就是少一点、快一点、小一点。这样，类似“三鹿奶粉事件”就不会再发生，即使发生了事故也不会有这么大的损害。

（九）关于食品安全信息的统一发布制度

现在的食品安全信息发布不统一，信息来源没有权威性，信息混乱而且不一致，不但对食品安全事故的处置不利，而且还在社会上引起了混乱，甚至恐慌，所以要建立食品安全信息的统一发布制度。最近出了强生事件，强生婴儿洗浴液是化妆品，不是食品，以此为例讲讲信息的统一发布。质监总局披露，强生婴儿洗浴液里面含有三恶烷化学物质。监管化妆品的部门是食药局，食药局又发布信息说没问题。两个信息互相矛盾，但谁也不说清楚可不可以使用，结果老百姓就不知道怎么办了，只好选择不用它。上海强生这个产品销售额在两天之内一下子跌了20%。食品安全法要求食品安全信息要统一发布，同时规定统一发布的信息要包括好的信息和不好的信息，都要发布。现在多数情况下是发布一些不好的信息，负面信息多了，会在社会上、在老百姓心理上形成对我国食品的整体不信任感。因此，食品安全法规定，要发布国家食品安全的总体情况和食品安全风险评估信息这两个正面的信息，同时也发布食品安全的风险警示信息，食品安全事故及其处理信息，要让社会和群众对我国食品安全的整体状况心里有数，不要弄得人心惶惶。

这里给大家讲个故事。这是2008年2月在人民网上一个美国人讲的故事：《美国人看中国："不卫生的中国饮食"其实挺卫生》，作者是Benjamin。他说：作为一名西方人，来到中国的第一印象是明显缺乏卫生，特别是在饮食上。在中国的菜市场，你可以看到猪肉一整天摊在桌子上，既不包装也不冷冻。蔬菜也被铺在脏兮兮的地面上，与烂菜堆相距咫尺。中国的餐馆更糟糕：地面脏，炊具常常是旧的，厨师切菜、切肉都在同一个地方。用西方的标准看，中国的餐馆和市场远远达不到我们对卫生的要求。而我真正想说的是：中国的传统烹饪方法要比西方的卫生。中国社会绵延近5000年，但没有"现代的"卫生技术，这说明其饮食文化在卫生方面有独到之处。第一，中国人很少用手碰食物。我们担心喷嚏、吐痰，但其实身体没有哪个部位像双手一样藏有许多细菌。中国人从小就使用筷子，筷子上的细菌总比手上的细菌要少得多。第二，饭菜做熟吃。中国的烹饪方法之多，煎炒烹炸，90%的菜都是做熟了的。生吃新鲜蔬菜经常导致病菌吃进肚子，吃做熟的蔬菜就没有这样的问题。第三，中国人习惯吃小块肉。西方喜欢大块的肉，切成小块是我们在吃饭时才做的事情。而在中国，这个任务都是由厨师完成的，肉在下锅前都被切成一小块一小块的，这样确保煮熟。最后这位美国人说，他待在中国的这三年时间里，有趣的是，他只有一次吃坏肚子。相比之下，他住在美国时，平均一年至少一两次吃坏肚子。

这就是一个正面的食品安全信息。我们所说的食品安全事故主要有三类，一是食物中毒，指食用了被有毒有害物质污染的食品或者食用了含有毒有害物质的食品后出现的急性、亚急性疾病。比如大家熟悉的“61个阶级弟兄”的故事，就是有人往粥锅里放了砒霜造成集体食物中毒的食品安全事故。

二是食源性疾病，指食品中致病因素进入人体引起的感染性、中毒性等疾病。比如发生在北京的“福寿螺事件”等食品安全事故。

三是食用了在食品中添加了有毒有害物质、滥用食品添加剂以及农药、兽药、重金属残留超标的食品造成对人体健康危害或者可能发生危害的事故。比如“三鹿奶粉事件”这种重大食品安全事故。

对于前两类食品安全事故，由于有我国几千年的饮食传统和几十年来我国食品卫生监管制度的有效实施，基本上能够做到对它们予以控制。在这方面，正如那个美国人所说的，虽然在食品卫生环境与条件方面存在诸多需要加强改进的地方，但毕竟我们还有优势。而第三类食品安全事故，却是我们现实存在的主要问题和监管的薄弱之处，也是食品安全法着力解决的重点问题。这就是我国食品安全的总体情况，对它有了正确认识，也就能够采取正确的措施加以应对，确保食品安全。

食品安全法规定，其他的监管部门发布食品安全的日常监管信息。还拿强生这个产品为例，质监局发布的实际上是产品的风险信息，不是日常的监管信息。质监局如果掌握了风险信息，应当及时通报风险信息，由统一发布机关发布。日常监管信息是指监管部门在平常监管工作中，调查、检查企业生产经营的情况，生产的产品哪些合格，哪些不合格，合格率是多少等。而某一个产品查出来什么东西有害没害，则属于风险信息。监管部门对此一定要把握好，执行好食品安全信息统一发布制度，使发布的信息具有权威性。

（十）关于法律责任

关于法律责任讲三个问题：第一讲处罚力度问题。这部法律大大加大了对食品安全违法行为的处罚力度，既有行政处罚、行政处分，也有刑事处罚，还有民事赔偿。特别是行政处罚，在草案审议中，大家都认为处罚力度不够，提出要加重处罚。现在规定最高的处罚额达到货值的10倍，是现有有关食品安全的法律里处罚数额最高的。以前处罚最高的是产品质量法，规定关于涉及人身健康安全的产品，处罚的最高额是货值的3倍。食品安全法再提高3倍，罚到货值的10倍。但是有人还有意见，说罚得还是轻，要罚得他不能再干这类坏事。我们研究，我国的刑法对食品安全案件量刑是很重的，罚款到货值的10倍，就该追究刑事责任了，就构成犯罪了。所以食品安全法规定，监管部门不能以罚代刑，如果涉嫌犯罪，要及时移送司法机关。

第二讲责任追究制和问责制。“三鹿奶粉事件”发生后，共追究了100多位干部的责任，直到最近还有一些部门的负责同志被追究责任。需要说明的是，责任追究制和问责制是两个制度。责任追究制的一个前提是被追究者有过错行为，有过错行为就要受到行政处分、行政处罚，还要赔偿损失，这是责任追究。食品安全法第九十七条最后一句话规定：“造成严重后果的，有关监督管理部门主要负责人应当引咎辞职。”这句话讲的是问责制，引咎辞职的是主要负责人，追究的是领导责任、政治责任，领导人本人没有直接的过错。比如说“三鹿奶粉事件”，石家庄市委书记和市长38天没有报告，按照突发事件应对法规定，应当两小时内报告，而他们拖延38天才报告，所以有直接过错，撤了职，被追究责任。而质监总局局长因为主管这方面工作，负有领导责任，引咎辞职了，这是问责制。问责制属于民主政治制度的组成部分，1986年4月制定的义务教育法在总则中第一次对问责制作出规定，食品安全法再次作出规定，凸显食品安全的重要性。

第三讲民事赔偿。首先，因食品安全问题造成损害的，都要给予民事赔偿，不分企业是故意、恶意，还是过失，只要生产出来不合格的产品造成危害的，都要给予民事赔偿。这是一种严格责任。其次，食品安全法规定了民事赔偿优先的原则。企业出现问题产品造成损害，受到行政处罚的罚款，或者刑事责任的罚金，还有民事损害赔偿，当企业不足以支付的时候，就要先支付民事赔偿。民事赔偿优先的原则是保证使受害者先得到损害赔偿。再次，规定了惩罚性赔偿。规定生产不符合食品安全标准的食品，或者销售明知是不符合食品安全标准的食品，消费者除要求赔偿损失外，还可以要求生产者或者销售者赔偿价款十倍的赔偿。惩罚性赔偿也是民事赔偿，但是是在赔偿实际损失以外，再增加价款十倍的赔偿。所以这个额外增加的赔偿带有惩罚的性质，叫惩罚性赔偿。这个规定得到普遍的赞同，但也有人认为价款十倍的赔偿太低，起不到惩罚作用。食品一般价格比较低，比如一斤馒头 1.4 元，赔十倍 14 元，14 元对于商家来说并不算什么，根本起不到惩戒的作用。但是从另一角度看，三鹿奶粉所造成的损害，连企业都赔得倒闭了，其他 22 个有问题奶粉的厂家一起分担了民事赔偿的责任。如果加上十倍惩罚性赔偿，就是天文数字了，不能只看到馒头的例子。所以，惩罚性赔偿对企业的违法行为是有惩戒作用的。食品安全法通过法律责任来约束、督促企业履行它的社会责任，来督促监管部门认真履行好自己的监管责任。

最后强调一下，一定要贯彻落实好食品安全法，来确保食品安全。这里需要强调，一定要充分认识食品安全问题的极端重要性。一个是“充分认识”，另一个是“极端重要”，一点也马虎不得，谁担了这个责任，就是扛上了“雷”。按照食品安全法贯彻执行，就能够有效地预防和控制食品安全事故的发生。实话实说，食品安全实际上是没有零风险的，谁也不能打保票，这个法出台之后，食品安全状况立刻就转变了，就不会再发生食品安全事故了。还是要依靠各级人民政府、各个监管部门把这项工作切实按照法律的要求贯彻好。在我们国家食品安全形势十分严峻的情况下，老百姓、社会上对我国的食品安全信心不足，反映强烈。但另一方面，人民群众殷切地期望我们监管部门能够把食品安全工作做得更好，能够使他们吃得更安心、更放心。外媒评论，中国正面临“民比天大”的时代潮流。因此，一定要对食品安全工作高度重视、高度负责，不断提高我们国家食品安全的整体水平，把我们的工作做好。

传染病防治工作中的政府责任*

全国人大常委会法工委行政法室主任　李　援

一、为什么要修改传染病防治法

1989 年 9 月实施的《中华人民共和国传染病防治法》是一部比较好的法律，它对于预防、控制和消除传染病的发生和流行，保障人体健康，发挥了重要作用。尤其是在夺取抗击“非典”的胜利中，传染病防治法发挥了巨大的作用，吴邦国委员长指出，这是在抗“非典”中我国最管用的一部法律。十几年来，随着经济社会的发展，医学科学不断进步，对一些疾病认识不断加深，公民对健康的需求不断增加，我国传染病防治形势发生了很大变化，出现了许多新情况、新问题。在 2003 年抗击“非典”的过程中，进一步暴露出我国现行传染病防治制度的缺陷，如对传染病暴发、流行的监测与预警能力较弱；疫情信息报告、通报渠道不畅；医疗机构对传染病病人的救治能力、医院内交叉感染控制能力薄弱；传染病暴发、流行时采取紧急控制措施的制度不够完善；疾病预防控制的财政保障不足等。社会各界对传染病防治法提出了大量意见，315 位十届全国人大代表提出议案，建议全国人大常委会修改传染病防治法。因此，需要认真总结十五年来传染病防治法的实践经验，尤其是抗击“非典”的实践经验，对传染病防治法进行修订。

十届全国人大审时度势，将传染病防治法的修订列入 2004 年立

---

* 2004 年 12 月 1 日于黑龙江哈尔滨市理论中心组。

法计划，决定由国务院提交修订草案。传染病防治法（修订草案）经2004年3月16日国务院第43次常务会议讨论通过，并于2004年4月2日由国务院提交十届全国人大常委会第八次会议审议。十届全国人大常委会经过第八次、第十次、第十一次会议审议，于8月28日以157票赞成，1票弃权的表决结果，高票通过了修订后的传染病防治法。4月初到8月底，传染病防治法的修订从提交常委会审议到顺利通过，用时仅五个月，反映了社会各方面对传染病防治法修订的紧迫性和对制度完善的普遍共识。新修订的传染病防治法共9章80条，较原法的7章41条，条文数量增加了近一倍，可以说是对原法的全面修订，进一步明确了地方政府、卫生行政部门等各方面的责任和义务，建立了比较完善的防治传染病的法律制度。

为了提高我国传染病防治的整体水平，保障公民的健康，促进经济和社会的协调发展，针对传染病防治存在的问题，总结我国传染病防治的经验，借鉴国外好的做法，这次修订传染病防治法的总体思路是：第一，突出对传染病的预防和预警。建立传染病监测制度，加强对早期发现的散发病人的隔离治疗，防止传染病扩散。

第二，完善传染病的疫情报告、通报和公布制度。

第三，进一步完善传染病暴发、流行时的控制措施。针对不同传染病的特点，并根据各级各类专业机构、各级政府及其有关行政部门职责分工，分别规定了严格控制疫情扩散的各种措施。

第四，规定传染病的医疗救治工作，规范医疗机构的医疗行为，防止在传染病救治过程中发生医院内的交叉感染。

第五，加强传染病防治的保障制度建设，解决基层传染病预防体系建设的问题，解决我国长期公共卫生事业投入不足的问题。

第六，做到保护公民个人权利与维护社会公共利益的平衡。传染病防治一方面涉及对患者的救治和对公民个人权益的保护，另一方面又涉及对传染病扩散的控制和对社会公共利益的维护。因此，在规定保障公民个人权益的同时，明确规定公民在传染病暴发、流行时应当承担的义务。

二、关于我国传染病防治的方针和工作原则

传染病防治法规定："国家对传染病防治实行预防为主的方针，防治结合、分类管理、依靠科学、依靠群众。"明确指出预防为主是我国公共卫生工作的基本方针，这是人类在与传染病长期斗争中总结出来的经验。预防、控制和消除传染病的发生与流行，保障人体健康和公共卫生，是制定本法的指导思想。预防是指在传染病发生前采取有效的措施防止和减少传染病的发生与流行。控制是指在传染病发生后及时采取综合性防疫措施，消除各种传播因素，对病人进行隔离、治疗，保护好易感人群，使疫情不再继续蔓延。消除是指在传染病发生前后采取有效的措施扑灭传染病的传播与流行。

预防、控制和消除传染病的发生与流行，必须以预防为主作为指导方针。预防为主是指传染病防治要把预防工作放在首位，从预防传染病发生入手，通过采取各种防治措施，使传染病不发生、不流行。需要指出的是，预防为主并不是不重视医疗，而是要求无病防病，有病治病，立足于防。五十多年来，我国在传染病防治工作中始终坚持贯彻预防为主的方针，在预防、控制传染病发生与流行上取得了巨大成功。

我国在长期的传染病防治工作中总结出的工作原则就是：防治结合、分类管理、依靠科学、依靠群众。这是传染病防治法立法十五年来积累的经验，同时也是防治"非典"的经验总结。

防治结合要求在贯彻预防为主方针的前提下，实行预防措施和治疗措施相结合。防与治本身是相辅相成的。它既符合阻断构成传染病流行的三个环节，即管理传染源，切断传播途径，保护易感人群，又适应由过去单纯的生物医学模式向生物、心理、社会医学模式的转变。

分类管理是根据传染病不同病种的传播方式、传播速度、流行强度以及对人类健康危害程度的不同，参照国际统一分类标准所确定的一种科学管理原则。传染病实行分类管理是符合我国国情，特别是符合广大农村客观情况的。

依靠科学就是在传染病防治工作中，要发扬科学精神，坚持科学决策；普及科学知识，加强科学引导；做好科学预防，实行科学治疗；依靠科学技术，组织科学攻关。

依靠群众是我们的优良传统，传染病防治工作的依靠力量是群众，工作对象也是群众，所以传染病防治工作必须以群众自觉参与和积极配合为条件。国家支持和鼓励公民个人参与传染病防治工作，同时，公民也应当根据法律的规定履行其法定义务。

三、关于对传染病进行分类管理

对于法定传染病的分类是根据传染病病种的传播方式、传播速度、流行强度以及对人体健康、对社会危害程度的不同，参照国际统一分类标准而划分的。判定的参考标准是：

1. 甲类传染病，是指发病率高，治疗延误时引起病死率高，在人间传播速度快，波及面广，可能危及社会安全，流行时需要采取强制性隔离病人或者密切接触者，甚至采取疫区封锁或者交通卫生检疫管制等措施的烈性传染病。传染病防治法规定的甲类传染病是鼠疫、霍乱。世界卫生组织列入甲类传染病的还有黄热病，由于我国没有黄热病发生，故未列入甲类传染病。传染病防治法还规定对乙类传染病中的传染性非典型肺炎、肺炭疽、人感染高致病性禽流感，采取本法所称甲类传染病的预防、控制措施。

2. 乙类传染病，是指发病率较高，引起高病死率，但传播能力有限，或者能在人间传播虽没有高致残率或者没有高致畸能力，但对社会造成一定危害，需要采取计划性疫苗接种，进行义务性、公众性检查与治疗，对传染源或者对传播环节进行系统控制的传染病。具备上述条件之一者可纳入乙类传染病。这次修订新增加两种乙类传染病，即传染性非典型肺炎、人感染高致病性禽流感。将原列入乙类传染病但采取甲类传染病的预防、控制措施的艾滋病归于乙类传染病。将流行性和地方性斑疹伤寒、黑热病两种传染病移入丙类传染病，同时将肺结核、血吸虫病、新生儿破伤风三种传染病列入乙类传染病。

3. 丙类传染病，是指对社会和人民健康造成一定影响，需要开展主动性系统监测以掌握流行情况，需要建立和改善控制措施，开展防治的传染病。

根据上述原则，结合我国和世界传染病发生的流行趋势，加强对传染病的监测管理，做好传染病的防治工作，列入传染病防治法的法定传染病病种共37种。传染病的病种很多，本法列举的传染病病种只是其中的一部分。随着致病性菌毒种的变化，人类社会的发展进步，科学技术的不断革新，还会有新的危害严重的传染病出现。因此本法授权国务院卫生行政部门根据传染病暴发、流行情况和危害程度，需要列入乙类、丙类传染病的，作出决定并予以公布。

需要说明一个问题：为什么将传染性非典型肺炎、人感染高致病性禽流感纳入乙类法定传染病进行管理？

自2002年11月，广东地区出现首例传染性非典型肺炎（又称重症急性呼吸道综合征，简称SARS），在不到半年的时间里，就波及了国内24个省、自治区、直辖市。SARS作为一种新发传染病，人群普遍易感，对于人群健康的危害很大。加之SARS发现初期人们对其不了解，因此，造成了一定的社会恐慌，对社会、经济的发展造成了巨大的负面影响。2003年4月8日，卫生部将传染性非典型肺炎列入法定传染病进行管理，并要求按照甲类传染病的防治措施进行防控。国际卫生条例认定的甲类传染病即国际检疫传染病为鼠疫、霍乱和黄热病，而我国规定的甲类传染病只有鼠疫、霍乱两种，对于SARS，世界卫生组织（简称WHO）只是发出了旅行警告，并没有将其定为国际检疫传染病。因此，我国将“非典”列为乙类传染病。但是，考虑到传染性非典型肺炎的特征，对社会、对人群的危害程度较大，目前尚未找到有效的治疗方法等因素，所以，我国将其按照甲类传染病采取预防、控制措施。

禽流感则是一种发病急、传染性强、传播迅速的急性呼吸道传染病。虽然我国大陆尚未发现人感染高致病性禽流感，但是，相邻国家及我国香港已经发生多起人感染高致病性禽流感，病死率也非常高。

世界卫生组织把微生物分类为1—4级，危害程度由低到高，禽流感为3级。禽流感是潜在引起世界大流行疫情的危险因素，世界卫生组织正采取全球协作，加强全球流感的监测，以防人间禽流感的发生。考虑到英国、澳大利亚、新西兰等国家以及我国香港、台湾地区都将其列入法定传染病管理，世界卫生组织也建议各国将人感染高致病性禽流感列入法定传染病管理。为了加强对人感染高致病性禽流感的预防控制工作，我国将其纳入乙类法定传染病进行管理。

根据传染病防治工作的需要，传染病防治法规定，对乙类传染病中传染性非典型肺炎、炭疽中的肺炭疽和人感染高致病性禽流感，采取本法所称甲类传染病的预防、控制措施。

对乙类传染病中的病种采取甲类传染病的控制措施，是沿用1989年传染病防治法中的做法。在乙类传染病中，有一些病种传染性强，对人群危害严重，必须采取严格有效的控制措施，以迅速控制疫情。原传染病防治法中将艾滋病、炭疽中的肺炭疽病人按照甲类传染病进行管理，予以隔离治疗，对拒绝隔离治疗的可以由公安部门协助采取强制隔离治疗措施。但在传染病防治法实施过程中，随着人们对艾滋病的认识，由于其潜伏期长，传播条件特殊，传播速度相对缓慢，没有也不必要采用甲类传染病的控制措施。因此，本法规定将乙类传染病中的传染性非典型肺炎、炭疽中的肺炭疽、人感染高致病性禽流感，按照甲类传染病进行管理。

考虑到对甲类传染病可以采取的隔离治疗、单独隔离治疗、在指定场所进行医学观察、强制隔离治疗等措施都涉及人身限制。但是等传染性非典型肺炎、炭疽中的肺炭疽和人感染高致病性禽流感这些传播快、致死率高、危害大的传染病发生、流行后，再报批、决定、公布采取何种措施，如果耽误时机，极易造成严重后果。因此，本法直接规定，发现这三种传染病即可按甲类传染病采取预防、控制措施。

随着传染病菌毒种的变化和科学技术的进步发展，新的危害严重的传染病不断出现。考虑到这些不确定因素，传染病防治法规定，其他乙类传染病和突发原因不明的传染病需要采取本法所称甲类传染病的预防、控制措施的，由国务院卫生行政部门及时报经国务院批准后予以公布、实施。

由于有些传染病虽然危害较严重，但仅在部分地区发生流行，基于防治传染病工作的需要，法律授权省级人民政府可以增加规定按照乙类、丙类传染病管理的病种，在本行政区域内有效，并予以公布，报国务院卫生行政部门备案。

四、关于我国的公共卫生管理体制

第一，各级人民政府领导传染病防治工作。传染病防治决不是单纯的医疗卫生业务工作，而是关系经济发展、社会进步、国家富强、民族繁衍的大事。各级人民政府领导传染病防治工作，这一规定明确了各级人民政府在传染病防治工作中的领导地位，同时也表明了从中央到乡镇各级人民政府在传染病防治上的重大社会责任。各级人民政府在传染病防治工作中起领导作用，动员全社会力量共同做好传染病防治工作，发挥各部门、各方面资源的综合效益，集中力量解决传染病防治中存在的突出问题，以保证本法的顺利实施。

传染病防治法规定，县级以上人民政府制定传染病防治规划并组织实施。将传染病防治工作的发展目标、发展战略、发展重点以及发展步骤等用规划的形式确立下来，并围绕规划建立系统的、科学的、可操作的评价指标，可以从根本上解决传染病防治工作中存在的顾此失彼问题，保证传染病防治工作符合社会经济发展要求，促进社会经济协调发展。

第二，县级以上人民政府建立健全传染病防治的疾病预防控制、医疗救治和监督管理体系。疾病预防控制、医疗救治和监督管理体系是构成我国公共卫生体系的三个主要组成部分。按照国务院要求，县级以上人民政府要用三年左右的时间基本建立公共卫生体系。

关于疾病预防控制体系。建立与我国社会经济发展相适应的疾病预防控制体系是提高疾病预防控制能力的关键。目前，各级疾病预防控制机构队伍庞大，整体素质不高，不适应工作要求，财政也难以提供经费保障，因此，改革疾病预防控制机构管理体制已势在必行。一是要强化政府公共服务职能，理顺卫生行政部门与疾病预防控制机构等专业技术机构的关系，减少管理环节，避免多头指挥，提高管理水平；二是解决传染病防治工作中的指挥不灵、信息不畅等问题，提高工作效率；三是整合疾病预防控制资源，实现行政管理与技术支持的优势互补和资源的有效利用。

关于医疗救治体系。在医疗救治体系建设中，要充分利用现有卫生资源，不盲目扩大规模，不搞重复建设。根据需要和可能，既可以新建或者改建传染病医院，也可以对现有医院进行改建、扩建，使它具备收治传染病人的条件。要统筹考虑日常医疗和应急救治的双重需要，既要在设施、设备、条件等方面保障突发公共卫生事件的应急处理，又能适应日常的医疗服务，保持正常运转。要坚持硬件建设与软件建设并重，深化医疗机构管理体制改革和运行机制改革，加强人才培养，建立可持续发展的长效机制。

关于监督管理体系。卫生监督管理体系是国家法制建设的重要组成部分，是执行国家卫生法律法规，维护正常卫生秩序，保障人民身体健康，促进社会经济协调发展的重要保证。目前，卫生监督管理体系存在诸多薄弱环节，不适应卫生监督管理工作的要求，特别是对疾病预防控制机构、医疗机构的监督力度不够。在卫生监督管理体系建设中，要加快推进市、县级卫生监督管理体制改革步伐，切实加强一线卫生监督执法力量，加大卫生监督执法投入，配备必要的设备。规范职权划分，合理设置机构，优化人员结构，切实解决层次过多、职能交叉、权责脱节、执法力量薄弱和多头执法问题。

第三，国务院卫生行政部门主管全国传染病防治及其监督管理工作。国务院卫生行政部门是主管卫生工作的国务院组成部门，监督管理传染病防治工作是卫生部的主要职责之一。县级以上地方人民政府卫生行政部门负责管理本行政区域内的卫生行政工作。卫生部在传染病管理方面的主要职责包括拟订传染病、地方病及与公共卫生相关疾病的法律、法规、规章、技术规范、标准、防治规划和措施；组织对重大传染病、地方病的综合防治；发布检疫传染病和监测传染病目录；组织调度全国的卫生技术力量，对重大突发疫情、病情实施紧急处置，防止和控制疫情、疾病的发生和蔓延；负责对传染病防治的卫生执法监督。

第四，军队的传染病防治工作，依照本法和国家有关规定办理，由中国人民解放军卫生主管部门实施监督管理。中国人民解放军卫生主管部门负责对军队的传染病防治工作依法实施监督管理。但中国人民解放军卫生主管部门发现传染病疫情时，应当及时向卫生部通报。军队的医疗机构向社会公众提供医疗服务的，应当按照卫生部的规定报告疫情。

第五，县级以上人民政府其他部门在各自的职责范围内负责传染病防治工作。传染病预防控制不仅仅是公共卫生问题，还是一个社会问题，需要各有关部门共同努力，各负其责，做好职责范围内的工作。依照本法规定，涉及传染病防治职能的县级以上人民政府其他有关部门的主要职责为：科技部门，支持和鼓励传染病防治的科学研究；教育部门，对学生进行健康知识和传染病预防知识的教育，预防医学教育和科学研究；新闻出版部门，开展传染病防治和公共卫生教育的公益宣传；民政部门，对因参与传染病防治工作致病、致残、死亡的人员给予抚恤，传染病死亡者的尸体处理，患有特定传染病的困难人群的医疗救助等；农业、林业部门，负责与人畜共患传染病有关的动物传染病的防治管理工作，指导和组织消除农田、牧场、林区的鼠害与血吸虫危害，以及其他传播传染病的动物和病媒生物的危害；水利部门，指导和组织消除湖区、河流的鼠害与血吸虫危害，以及其他传播传染病的动物和病媒生物的危害；铁路、交通、民用航空部门，组织消除交通工具以及相关场所的鼠害和蚊、蝇等病媒生物的危害，优先运送处理传染病疫情的人员以及防治传染病的药品和医疗器械；建设部门，负责大型建设项目相关的传染病预防控制设施建设；国境卫生检疫机关，负责检疫传染病的报告和通报；公安机关，协助医疗机构采取强制隔离治疗措施；财政部门，对传染病预防、控制、救治、监测、预测、预警、监督检查等提供经费保障。

这里需要多说几句：新中国成立以后很长一段时间，政府把医疗卫生的重点放在预防和消除传染病等公共卫生服务方面，基本消灭了世世代代困扰我国人民的一些传染病，在经济发展水平不高的情况下，保证人民享有基本的医疗保健服务，提高了国民的身体素质，取得了很好的效果。但随着计划经济向市场经济的转型，由于缺少政府财政支持，农村的公共卫生体系受到冲击，一些地方农村基层传染病预防工作十分薄弱。据统计资料显示，1992 年以来，我国年均经济增长速度达 8% 左右，但政府卫生支出占财政总支出的比例从 1992 年到 2000 年却一路下滑，就是在有限的财政投入中，也是重医疗轻预防。目前，我国的疾病预防控制形势十分严峻，新的传染病不断出现，在有的农村，一些早已被消灭的传染病又死灰复燃，严重地影响了人民群众的生活质量。针对这些现实情况，传染病防治法把加强基层的传染病防治的网络建设和经费保障作为重点，专章规定了对传染病防治的保障措施。

第六，传染病、地方病、寄生虫病的社区防治是城市社区卫生服务的基本工作内容之一，社区医疗机构执行法定传染病登记报告制度，协助开展漏报调查；配合有关部门对传染源予以隔离，对疫源地进行消毒；指导恢复期病人定期复查并随访；开展计划免疫等免疫接种。农村基层医疗机构指的是乡、村两级医疗机构，乡镇卫生院以公共卫生服务为主，综合提供预防、保健和基本医疗等服务。村卫生室提供常见伤、病的初级诊治，其在传染病防治中的主要任务是落实传染病、地方病、寄生虫病等疾病的预防控制措施；按照规定报告疫情；开展计划免疫等预防接种；常见病、多发病的一般诊治和转诊服务；提高现代结核病控制策略的人口覆盖率，为艾滋病等传染病患者提供咨询等。

第七，居民委员会、村民委员会应当组织居民、村民参与社区、农村的传染病预防与控制活动。传染病防治工作是一项十分广泛的社会工作，只有动员全社会的力量共同防治，才能做好这一工作。群防群治是我国传染病防治的一条基本经验。鉴于传染病传播的特点，在疫情的始发阶段能否把疫情控制在最小的范围，城市社区和农村等基层单位的防治工作十分重要。城市社区人口密度大，农村防治条件相对薄弱，这些是传染病防治工作的难点。因此，本法特别强调发挥居民委员会和村民委员会的作用，广泛发动群众，有效组织群众，努力在城市社区和农村基层构建起一道抵御疫情、抗击传染病的严密防线。居民委员会、村民委员会应当在职责范围内利用各种形式向居（村）民宣传防病知识，采取多种方式了解居（村）民的有关情况，力争做到对疫情的早发现、早报告。发动居（村）民开展爱国卫生运动，改善生活环境，提高防治疾病的能力。

第八，各级各类学校应当对学生进行健康知识和传染病预防知识的教育。医学院校应当加强预防医学教育和科学研究，对在校学生以及其他与传染病防治相关人员进行预防医学教育和培训，为传染病防治工作提供技术支持。疾病预防控制机构、医疗机构应当定期对其工作人员进行传染病防治知识、技能的培训。

为了保证各级人民政府与卫生行政部门依法履行职责，传染病防治法在法律责任中作出明确规定，对地方各级人民政府未依照本法的规定履行职责的，由上级人民政府责令改正，并依法追究负有责任的主管人员的法律责任。这里包含了在公共卫生管理领域中实行政府负责人“问责制”的内容。

对县级以上人民政府卫生行政部门和县级以上人民政府有关部门未依照本法的规定履行传染病防治和保障职责的；对疾病预防控制机构、医疗机构、采供血机构、国境卫生检疫机关、动物防疫机构以及实验室等机构违反本法规定的行为，由县级以上人民政府或者卫生行政部门责令限期改正，并对负有责任的主管人员和其他直接责任人员，依法追究其民事责任、行政责任直至刑事责任。

五、关于传染病的预防工作

许多全国人大常委会委员在审议传染病防治法（修订草案）时提出，防治传染病，应当重在预防，预防的关口应当前移，将预防措施向传染病发生前延伸，不仅要防治传染病的流行，更重要的是预防传染病的发生。应当回答一个问题：我们工作的重点是预防“传染”，还是预防“传染病”？因此，本法把预防传染病的发生作为重点，突出全民卫生习惯的培养、爱国卫生活动的经常化以及加强预防接种等措施，强化传染病预防工作。

遵循这样一种指导思想，传染病防治法规定，（一）各级人民政府组织开展群众性卫生运动，进行预防传染病的健康教育，倡导文明健康的生活方式，提高公众对传染病的防治意识和应对能力，加强环境卫生建设，消除鼠害和蚊、蝇等病媒生物的危害。

（二）国家实行有计划的预防接种制度。国务院卫生行政部门和省、自治区、直辖市人民政府卫生行政部门，根据传染病预防、控制的需要，制定传染病预防接种规划并组织实施。

当前，国家实行有计划预防接种的病种有脊髓灰质炎、麻疹、白喉、百日咳、破伤风、肺结核和乙型肝炎。一些省份已将流行乙型脑炎、流行脑脊髓膜炎、风疹、流行腮腺炎纳入常规预防接种病种，将炭疽、布鲁氏菌病、鼠疫、森林脑炎、钩端螺旋体病等根据情况纳入预防接种病种。狂犬疫苗普遍被列为可以感染狂犬病病毒的动物咬（抓）伤后要求立即接种的疫苗。为保障出国人员的健康，对进入黄热病流行国家或地区的人员规定必须接种黄热病疫苗。

预防接种对象是居住在我国境内的任何人，包括境内的中国人、港澳台地区的同胞以及居住在我国境内的外国侨民及其子女、留学生等。预防接种的对象不分民族、信仰、性别和居住地区，羁押和被监管人员也应包括在内。

国家对儿童实行预防接种证制度。国家免疫规划项目的预防接种实行免费。医疗机构、疾病预防控制机构与儿童的监护人应当相互配合，保证儿童及时接受预防接种。各级各类医疗卫生机构以及个体医生按其职责负责预防接种工作的具体实施。儿童接种证由适龄儿童的家长或监护人向施行预防接种的医疗卫生机构申请办理，并妥善保存。规定接种前已证实有过自然感染或者已进入恢复期者，可免于对该病种的疫苗接种。

（三）国家建立传染病监测制度和传染病预警制度，各级疾病预防控制机构对传染病发生、流行以及影响其发生、流行的因素进行监测；各级疾病预防控制机构收集、分析和报告传染病监测信息，预测传染病发生、流行趋势；国务院卫生行政部门和省、自治区、直辖市人民政府根据传染病发生、流行趋势的预测，及时发出传染病预警。此外，传染病防治法还规定，县级以上地方人民政府应当制定传染病预防、控制预案，报上一级人民政府备案。

地方人民政府和疾病预防控制机构接到国务院卫生行政部门或者省、自治区、直辖市人民政府发出的传染病预警后，应当按照传染病预防、控制预案，采取相应的预防、控制措施。

（四）吸取抗击“非典”中医院感染和 2004 年春国家疾病预防控制中心实验室感染的教训，强化了医疗机构、疾病预防控制机构和从事病原微生物实验的单位在防止医院感染、实验室感染等方面的责任。传染病防治法规定，医疗机构必须严格执行国务院卫生行政部门规定的管理制度、操作规范，防止传染病的医源性感染和医院感染。

医疗机构应当确定专门的部门或者人员，承担传染病疫情报告、本单位的传染病预防、控制以及责任区域内的传染病预防工作；承担医疗活动中与医院感染有关的危险因素监测、安全防护、消毒、隔离和医疗废物处置工作。

疾病预防控制机构、医疗机构的实验室和从事病原微生物实验的单位，应当符合国家规定的条件和技术标准，建立严格的监督管理制度，对传染病病原体样本按照规定的措施实行严格监督管理，严防传染病病原体的实验室感染和病原微生物的扩散。

采供血机构、生物制品生产单位必须严格执行国家有关规定，保证血液、血液制品的质量。禁止非法采集血液或者组织他人出卖血液。疾病预防控制机构、医疗机构使用血液和血液制品，必须遵守国家有关规定，防止因输入血液、使用血液制品引起经血液传播疾病的发生。

国家建立传染病菌种、毒种库。对传染病菌种、毒种和传染病检测样本的采集、保藏、携带、运输和使用实行分类管理，建立健全严格的管理制度。

六、关于传染病疫情报告、通报和公布制度

完善传染病疫情报告、通报和公布制度，保障公众的知情权，是这次传染病防治法修订的重点。政府的信息公开是一项法治原则，也是我国建设法治国家追求的目标。传染病疫情涉及公共安全，传染病的防治需要人民群众的共同参与。因此，有关传染病疫情的信息应当及时公开，让人民群众知道传染病疫情的真实情况。从另一方面讲，知情权是公民的一项很重要的权利，对关系到公民切身利益的信息，公民有权知道。“非典”暴发初期的一个重要教训就是信息通报不及时、不准确、不公开，丧失了许多控制危害、减少损失的时机。

（一）传染病防治法完善了传染病疫情报告制度，规定疾病预防控制机构、医疗机构和采供血机构及其执行职务的人员发现本法规定的传染病疫情或者发现其他传染病暴发、流行以及突发原因不明的传染病时，应当遵循疫情报告属地管理原则，按照国务院规定的或者国务院卫生行政部门规定的内容、程序、方式和时限报告。

军队医疗机构向社会公众提供医疗服务，发现传染病疫情时，应当按照国务院卫生行政部门的规定报告。

为了保障控制传染病的传播、流行，最大限度地在最快的时间内，在最小的范围里了解和控制传染病疫情，传染病防治法规定，任何单位和个人发现传染病病人或者疑似传染病病人时，应当及时向附近的疾病预防控制机构或者医疗机构报告。

港口、机场、铁路疾病预防控制机构以及国境卫生检疫机关发现甲类传染病病人、病原携带者、疑似传染病病人时，应当按照国家有关规定立即向国境口岸所在地的疾病预防控制机构或者所在地县级以上地方人民政府卫生行政部门报告并互相通报。

传染病防治法还规定，疾病预防控制机构应当主动收集、分析、调查、核实传染病疫情信息。接到甲类、乙类传染病疫情报告或者发现传染病暴发、流行时，应当立即报告当地卫生行政部门，由当地卫生行政部门立即报告当地人民政府，同时报告上级卫生行政部门和国务院卫生行政部门。

综上所述，传染病疫情信息从基层、从各个疾病预防控制机构、医疗机构和采供血机构、从接触到传染病病人的公民和其所在单位、从国境口岸和港口、机场、铁路车站，从四面八方汇集到疾病预防控制机构，并由疾病预防控制机构逐级报告卫生行政部门直至国务院，从而形成一张密布于各个方面和角落的大网络，以保证传染病疫情能够及时发现，及时采取措施。因此，传染病防治法要求依照本法的规定负有传染病疫情报告职责的人民政府有关部门、疾病预防控制机构、医疗机构、采供血机构及其工作人员，不得隐瞒、谎报、缓报传染病疫情。隐瞒、谎报、缓报传染病疫情，造成传染病传播、流行或者其他严重后果的，追究其法律责任。

（二）明确规定了传染病疫情通报制度，规定县级以上地方人民政府卫生行政部门应当及时向本行政区域内的疾病预防控制机构和医疗机构通报传染病疫情以及监测、预警的相关信息。接到通报的疾病预防控制机构和医疗机构应当及时告知本单位的有关人员。

国务院卫生行政部门应当及时向国务院其他有关部门和各省、自治区、直辖市人民政府卫生行政部门通报全国传染病疫情以及监测、预警的相关信息。毗邻的以及相关的地方人民政府卫生行政部门，应当及时互相通报本行政区域的传染病疫情以及监测、预警的相关信息。县级以上人民政府有关部门发现传染病疫情时，应当及时向同级人民政府卫生行政部门通报。

中国人民解放军卫生主管部门发现传染病疫情时，应当向国务院卫生行政部门通报。

动物防疫机构和疾病预防控制机构，应当及时互相通报动物间和人间发生的人畜共患传染病疫情以及相关信息。

（三）国家建立传染病疫情信息公开制度，规定国务院卫生行政部门定期公布全国传染病疫情信息。省、自治区、直辖市人民政府卫生行政部门定期公布本行政区域的传染病疫情信息。

传染病暴发、流行时，国务院卫生行政部门负责向社会公布传染病疫情信息，并可以授权省、自治区、直辖市人民政府卫生行政部门向社会公布本行政区域的传染病疫情信息。法律要求公布传染病疫情信息应当及时、准确。

传染病疫情信息公开制度的建立和有效运行，增加了传染病疫情信息的透明度，使全社会能够及时了解传染病疫情，既尊重了公民的知情权，又可以减少社会公众恐慌心理，也便于政府掌握和控制传染病疫情，依靠群众，共同做好传染病防治工作。

七、关于传染病暴发、流行时的控制措施

防治、控制传染病的传播与蔓延就像一场战争，尤其是在传染病暴发、流行的时候，疫情就是敌情，需要迅速、果断地采取措施，切断传染病传播途径，防止传染病的传播、蔓延，有时需要一些强制手段和措施。这些手段或者措施，有可能限制了公民的权利和自由，因此，必须由法律规定，依法采取。

第一，规定医疗机构发现甲类传染病时，应当及时采取下列措施：（一）对病人、病原携带者，予以隔离治疗，隔离期限根据医学检查结果确定；（二）对疑似病人，确诊前在指定场所单独隔离治疗；（三）对医疗机构内的病人、病原携带者、疑似病人的密切接触者，在指定场所进行医学观察和采取其他必要的预防措施。拒绝隔离治疗或者隔离期未满擅自脱离隔离治疗的，可以由公安机关协助医疗机构采取强制隔离治疗措施。同时规定，医疗机构对本单位内被传染病病

原体污染的场所、物品以及医疗废物，必须依照法律、法规的规定实施消毒和无害化处置。

第二，疾病预防控制机构发现传染病疫情或者接到传染病疫情报告时，应当及时采取下列措施：（一）对传染病疫情进行流行病学调查，根据调查情况提出划定疫点、疫区的建议，对被污染的场所进行卫生处理，对密切接触者，在指定场所进行医学观察和采取其他必要的预防措施，并向卫生行政部门提出疫情控制方案；（二）传染病暴发、流行时，对疫点、疫区进行卫生处理，向卫生行政部门提出疫情控制方案，并按照卫生行政部门的要求采取措施；（三）指导下级疾病预防控制机构实施传染病预防、控制措施，组织、指导有关单位对传染病疫情的处理。

发生传染病疫情时，疾病预防控制机构和省级以上人民政府卫生行政部门指派的其他与传染病有关的专业技术机构，可以进入传染病疫点、疫区进行调查、采集样本、技术分析和检验。

第三，传染病暴发、流行时，县级以上地方人民政府应当立即组织力量，按照预防、控制预案进行防治，切断传染病的传播途径，必要时，报经上一级人民政府决定，可以采取下列紧急措施并予以公告：（一）限制或者停止集市、影剧院演出或者其他人群聚集的活动；（二）停工、停业、停课；（三）封闭或者封存被传染病病原体污染的公共饮用水源、食品以及相关物品；（四）控制或者扑杀染疫野生动物、家畜家禽；（五）封闭可能造成传染病扩散的场所。

传染病防治法规定的紧急措施，是当地人民政府在传染病暴发、流行时可采取的临时控制措施，属于人民政府依照法律的授权，为保护人民的生命和健康，在特定条件下采取的措施。因此，政府采取紧急措施，必须同时具备三个条件：一是传染病已经暴发、流行；二是控制传染病疫情需要采取紧急措施；三是必须报上一级人民政府批准。

第四，对已经发生甲类传染病病例的场所或者该场所内的特定区域的人员，所在地的县级以上地方人民政府可以实施隔离措施，并同时向上一级人民政府报告；接到报告的上级人民政府应当即时作出是否批准的决定。上级人民政府作出不予批准决定的，实施隔离措施的人民政府应当立即解除隔离措施。

隔离，是指将传染期内的传染病病人、病原携带者、疑似传染病人以及接触过传染病病人可能被传染的健康人，置于不可能传染给他人的条件下，以防止病原体的进一步扩散。

隔离措施，是对被隔离人在隔离条件下，进行密切观察，定期检查，保证传染病病人、病原携带者、疑似传染病人不传染给其他人员；对健康人要确认其未被传染病传染。隔离观察可分为住院隔离观察、集中隔离观察、居家隔离观察。实施隔离观察是针对疑似传染病病原体携带者的一项强制措施。

在疑似传染病病原体携带者中，因为还不能十分明确其是否是传染病病原体携带者，而其本身又没有出现传染病的症状和体征，该部分人群活动范围广，传播病原体的形式又很隐蔽，对社会、对人群将会更加危险。为了保护其他公民的健康，必须对疑似传染病病原携带者进行隔离观察。隔离期间，可以对其某一项或者某几项指标进行定期检查，一旦发现可疑体征和症状必须立即应对，并保持高度警惕，更加密切地观察，一旦发现是传染病病人应当立即送医疗机构进行隔离治疗。同样，对拒绝隔离观察或隔离观察期未满，擅自脱离隔离观察者，疾病预防控制机构、医疗机构可以依法要求公安部门协助，采取必要的强制观察措施。

隔离措施的实施，必须由同级人民政府报上一级人民政府批准后实施，没有获得批准，不允许实施隔离措施。因为被隔离人员是为了保护其他人员的健康而被实施的强制措施，所以，在隔离期间，实施隔离措施的人民政府应当对被隔离人员提供生活保障；被隔离人员有工作单位的，所在单位不得停止支付其隔离期间的工作报酬。这里包括在建筑工地打工的农民工、个体工商户的雇工等。

第五，发生甲类传染病时，为了防止该传染病通过交通工具及其乘运的人员、物资传播，可以实施交通卫生检疫。传染病具有传播扩散的特征，可由一个地区，经交通工具（如船舶、飞机、列车及其他车辆）、乘运交通工具的人员、运送的物资等途径，发生传染病的相互传入、传出。随着社会经济的发展，国际、国内的人员、物资交流频繁，因此，防止经交通传播传染病的意义显得越来越重要。

交通卫生检疫的主要内容包括对进出疫区人员在指定场所接受医学检查和观察，以便及时发现传染病病人和疑似传染病病人，对交通工具及物品、病媒生物进行卫生学检查和卫生处理，限制疫区与非疫区间的交往等，检疫工作一般分国内卫生检疫和国际卫生检疫，为了保证交通检疫工作的实施，有关单位和个人都必须遵守和接受疾病预防控制机构按照有关规定作出的检疫处理。

第六，甲类、乙类传染病暴发、流行时，县级以上地方人民政府报经上一级人民政府决定，可以宣布本行政区域部分或者全部为疫区；国务院可以决定并宣布跨省、自治区、直辖市的疫区。县级以上地方人民政府可以在疫区内采取传染病防治法规定的紧急措施，并可以对出入疫区的人员、物资和交通工具实施卫生检疫。

省、自治区、直辖市人民政府可以决定对本行政区域内的甲类传染病疫区实施封锁；但是，封锁大、中城市的疫区或者封锁跨省、自治区、直辖市的疫区，以及封锁疫区导致中断干线交通或者封锁国境的，由国务院决定。

甲类传染病是对人们生命健康危害最严重的传染病，因此规定，在甲类传染病暴发、流行的疫区，根据疫情控制的需要，可以宣布疫区封锁措施。实行封锁的疫区，可由当地政府组织公安等有关部门，在通往疫区的出入口设立检查点，阻止疫区内外人员和交通的流动，以便切断传染病的传播途径。疫区中被传染病病原体污染或者可能被传染病病原体污染的物品，经消毒可以使用的，应当在当地疾病预防控制机构的指导下，进行消毒处理后，方可使用、出售和运输。

第七，传染病暴发、流行时，根据传染病疫情控制的需要，国务院有权在全国范围或者跨省、自治区、直辖市范围内，县级以上地方人民政府有权在本行政区域内紧急调集人员或者调用储备物资，临时征用房屋、交通工具以及相关设施、设备。紧急调集人员的，应当按照规定给予合理报酬。临时征用房屋、交通工具以及相关设施、设备的，应当依法给予补偿；能返还的，应当及时返还。

八、关于医疗救治

医疗救治是传染病防治体系中的重要一环，对于挽救传染病病人的生命和恢复健康，切断传播途径，起着至关重要的作用。原传染病防治法没有单独就传染病的医疗救治作出规定，在 2003 年接治“非典”的过程中，由于医疗机构的建筑设计、服务流程不符合传染病防治的要求，导致大量的医院感染，助长了“非典”的迅速传播。同时，传染病医疗救治服务网络自身也存在不少问题，主要是：（1）救治机构基础设施条件相对落后，技术力量薄弱，人才短缺，现代化装备水平不高，应急反应和救治能力不强；（2）救治机构布局不合理，东、西部和城乡之间差距较大，大多数医疗救治资源集中在中、东部城市；（3）医疗救治管理体制不顺，条块分割，管理事权划分不清，力量分散，难以形成区域内资源优势互补的合力，整体运行效力不高；（4）医疗救治体系和疾病预防控制体系脱节，各自独立运行，缺少信息沟通与工作协调，难以及时作出预测、预警和有效处置，严重制约传染病暴发、流行时应对能力的发挥。针对这些问题，传染病防治法规定，县级以上人民政府应当加强和完善传染病医疗救治服务网络的建设，指定具备传染病救治条件和能力的医疗机构承担传染病救治任务，或者根据传染病救治需要设置传染病医院。各级人民政府应当将本行政区域内的传染病医疗救治服务网络作为本级政府的一项重点工程加以建设，使之完善。

医院是传染病最大的传染源，院内感染不仅会对医务人员和病人造成伤害，还会在社会上传播危害他人，院内感染的控制是传染病防治的一个重要环节，对此要给予高度重视。因此，传染病防治法规定，医疗机构的基本标准、建筑设计和服务流程，应当符合预防传染病医院感染的要求。

医疗机构应当按照法律规定做到：（1）对使用的医疗器械进行消毒；（2）对按照规定一次使用的医疗器具应在使用后予以销毁；（3）提高医疗机构的传染病救治能力；（4）医疗机构应当对传染病病人或者疑似传染病病人提供医疗救护、现场救援和接诊治疗，书写病历记录以及其他有关资料，并妥善保管；（5）医疗机构应当实行传染病预检、分诊制度，对传染病病人、疑似传染病病人，应当引导至相对隔离的分诊点进行初诊；（6）医疗机构不具备相应救治能力的，应当将患者及其病历记录复印件一并转至具备相应救治能力的医疗机构。

九、在公共卫生管理领域传染病患者、疑似病人的权利与义务

在公共卫生管理领域，传染病病人、病原携带者、疑似传染病病人具有特定的权利，如获得救治权、知情选择权、隐私保护权、法律救济权等。同时，他们也负有相应的义务与责任，如维护社会和公众利益，接受医学救治措施，服从传染病控制措施的管理，不故意损害他人健康等。传染病防治法从其权利与义务两个方面作出与之相适应的法律规范。根据这一原则，针对不同情况，将不歧视原则进一步具体化。

（一）在中华人民共和国领域内的一切单位和个人，必须接受疾病预防控制机构、医疗机构有关传染病的调查、检验、采集样本、隔离治疗等预防、控制措施，如实提供有关情况。疾病预防控制机构、医疗机构不得泄露涉及个人隐私的有关信息、资料。

（二）国家和社会应当关心、帮助传染病病人、病原携带者和疑似传染病病人，使其得到及时救治。任何单位和个人不得歧视传染病病人、病原携带者和疑似传染病病人。

（三）传染病病人、病原携带者和疑似传染病病人，在治愈前或者在排除传染病嫌疑前，不得从事法律、行政法规和国务院卫生行政部门规定禁止从事的易使该传染病扩散的工作。

这一规定，首先确立了对传染病病人、病原携带者、疑似传染病

病人的不歧视原则，是我们尊重和维护人权的体现。保护传染病病人、病原携带者和疑似传染病病人的合法权益。其次要使传染病病人、病原携带者和疑似传染病病人得到有效的治疗，治愈其所患传染病。最后在其治愈传染病前，对他们的就业实施特别限制。

乙肝病人就业受到不公正对待，一度成为社会关注的焦点，也引发了传染病防治法的立法思考。据统计，我国约有500万肺结核患者，占全球结核病患者总数的1/4；我国乙肝病毒携带者1.2亿，是乙型病毒性肝炎的高流行区。另外，我国艾滋病也呈快速蔓延之势，目前全国共有艾滋病病毒感染者约84万，艾滋病患者约8万。这些传染病病人、病原携带者是一个庞大的社会群体，他们除了承担着疾病带来的自身的不幸外，还要承受巨大的社会压力。传染病病人、病原携带者都是我们社会的成员，他们需要社会的理解和关爱。只有使传染病病人、病原携带者得到治愈，排除疑似传染病病人，才能切断并控制传染源。

为了保护公众的健康和安全，仍然有必要对传染病病人、病原携带者和疑似传染病病人就业实施特别限制。由于传染病病人、病原携带者随时可以通过各种途径向外界环境排出和扩散该病的病原体，而有可能感染接触过他们的健康人，因此应当对传染病病人、病原携带者从事的工作进行必要的限制。根据《食品卫生法》《公共场所卫生管理条例》《化妆品卫生监督条例》等法律、行政法规和卫生部的有关规定，传染病病人、病原携带者和疑似传染病病人不得从事易使传染病扩散的工作主要有以下几类：（1）食品生产经营中从事接触直接入口食品的工作；（2）饮用水的生产、管理、供应等工作；（3）在公共场所从事直接为顾客服务的工作；（4）托幼机构的保育、教育等工作；（5）美容、整容等工作；（6）直接从事化妆品生产的工作；（7）其他与人群接触密切的工作。

传染病防治法于2004年12月1日实施，各级人民政府、卫生行政部门及政府有关部门、医疗机构、疾病预防控制机构为贯彻落实传染病防治法的新规定，需要进行大量的准备工作。公共卫生管理体制的改革与转变，自上而下的疾病预防控制机构的建立，医疗救治与卫生监督体系的重组，基层传染病防治系统的重建，国家公共卫生应急预警、应急预案机制的建立等，都需要统筹安排，加以落实。因此，应当深刻认识传染病防治工作中政府责任的重要性，政府和有关部门要精心组织，抓紧工作，确保人民群众的健康与安全，使传染病防治法切实得到贯彻实施。

文物保护法修订开启我国文物保护工作新局面*

全国人大常委会法工委行政法室主任　李　援

2001 年 9 月 27 日，国务院提出文物保护法（修订草案）的议案；10 月下旬九届全国人大常委会第二十四次会议对文物保护法（修订草案）进行初审；12 月底全国人大常委会第二十五次会议进行了二审；2002 年 4 月全国人大常委会第二十七次会议进行了三审；10 月修订草案提请全国人大常委会第三十次会议四审。10 月 28 日会议进行表决，以 121 票赞成、1 票反对、5 票弃权的表决结果通过《中华人民共和文物保护法》。这部法律的通过必将对我国的文物保护工作提供强有力的法律保障。

一、文物保护要处理好三个关系及面临的主要问题

文物保护法是 1982 年 11 月制定的，1991 年 6 月全国人大常委会作出决定修改了该法的第三十条和第三十一条，这次是对文物保护法进行全面的修订。文物保护法（修订草案）一经提请全国人大常委会审议，李鹏委员长就提出文物保护工作要注意处理好三个关系：一是保护与利用的关系，二者不可偏废；二是重点与一般的关系，要各有侧重；三是国有文物与民间收藏文物的关系，政策上要区别对待。文物保护法的修订工作就是紧紧围绕处理好这三个关系进行的。

在文物保护法的实施过程中，文物保护面临着严峻形势，存在以

---

* 2003 年 9 月 24 日于河北西柏坡国家文物局培训班。

下几方面的主要问题：一是全社会文物保护的法律意识还比较薄弱，各级政府及其有关部门，包括文物行政部门依法保护文物的观念与政策把握有待加强，依法行政的觉悟和水平有待提高。

二是国家文物，特别是一些珍贵文物损毁严重，盗窃、盗墓、走私文物等犯罪行为猖獗，一些不法分子以此作为牟取暴利的手段，一些公司也在经济利益的趋使下参与非法走私活动，致使大量文物遭受严重流失、损失和破坏。

三是文物保护管理工作问题多，文物行政部门力量薄弱，执法力度不够；许多文博单位经费少、条件差、管理制度不严，文物底数不清，管理混乱。由于文物保护头绪多，从类别和属性上分为：不可移动文物与可移动文物、国有文物与私有文物、馆藏文物与民间收藏文物，因此，在保管与流通、文物出入境、对违法犯罪活动的打击等方面，需要实行不同的管理制度和采取不同的管理手段。但是，相关的法律法规规章与管理制度的健全以及行政执法的力度等方面，与实际工作上的需要还有相当大的距离。

四是文物保护工作涉及诸多政府部门，而这些部门在政策的把握上往往认识不一致。对文物的性质、范围与概念并不清楚，对文物作为中华民族的文化遗产的特殊作用不能充分认识。在处理文物保护与基本建设、文物保护与旅游、文物保护与文物开发利用、文物保护与考古发掘、文物保护与文物市场、文物保护与文物经营流通等关系上，文物部门与有关部门意见不一，产生分歧，影响了文物保护工作。

二、对修订草案的主要修改

针对上述问题，这次文物保护法作了较大的修改，修订后文物保护法共八章 80 条，比 1982 年制定的文物保护法 33 条增加了近 50 条。作出的主要修改是：

1. 明确文物保护工作的方针

文物保护法规定：文物工作贯彻保护为主、抢救第一、合理利用、加强管理的方针。这是文物工作者必须遵循的工作方针，把“保护为主”作为文物工作的首要条件和前提，在处理好李鹏委员长提出的三个关系的问题上，始终要把保护文物放在首位。

2. 明确文物行政部门和有关部门的职责

文物保护法规定：国务院文物行政部门主管全国文物保护工作。地方各级人民政府负责本行政区域内的文物保护工作，承担文物保护工作的部门对本行政区域内的文物保护实施监督管理。县级以上人民政府有关行政部门在各自的职责范围内，负责有关的文物保护工作。公安机关、工商行政管理部门、海关、城乡规划部门和其他有关国家机关，应当依法认真履行所承担的保护文物的职责，维护文物管理秩序。

当前在文物保护管理机构建设方面的主要问题，一是文物行政部门的队伍建设亟待加强。修订草案提交常委会审议时，国家文物局的机构设置非常薄弱。李鹏委员长在常委会分组审议修订草案的会议上，提出的第一个问题就是文物保护法赋予了文物行政部门这么重的责任，文物行政部门到底能不能承担得起来？修改文物保护法过程中，我们到陕西、上海、河南、两进河北调研，看到了一支很好的国家文物保护队伍，在经费少、条件差的情况下，几十年默默无闻，坚守在文物保护工作的第一线，作出了常人所不知的奉献。文物保护法的修订，要从文物保护法律制度上加强这支队伍的建设。

二是处理好文物保护与建设、旅游、文物流通、考古发掘、经费资金运用等关系。在审议过程中，各方面的意见都反映有些地方不能正确处理经济建设与文物保护的关系，因工程建设、旅游参观、环境污染等原因造成不可移动文物被毁坏。为了加大文物保护的力度，法律应当进一步明确规定各级政府及公安、海关等有关部门对保护文物的责任。我们根据大多数委员和各方面意见作出了修改，文物保护法规定：各级人民政府应当重视文物保护，正确处理经济建设、社会发展与文物保护的关系，确保文物安全。基本建设、旅游发展必须遵守文物保护工作的方针，其活动不得对文物造成损害。

3. 明确文物的范围

文物保护法规定：在中华人民共和国境内，下列文物受国家保护：（一）具有历史、艺术、科学价值的古文化遗址、古墓葬、石窟寺和石刻、壁画；（二）与重大历史事件、革命运动或者著名人物有关的以及具有重要纪念意义、教育意义或者史料价值的重要史迹、实物、代表性建筑；（三）历史上各时代珍贵的艺术品、工艺美术品；（四）历史上各时代重要的文献资料以及具有历史、艺术、科学价值的手稿、图书资料等；（五）反映历史上各时代、各民族社会制度、社会生产、社会生活的代表性实物。

这一规定要注意两点：一是扩大了文物的范围，将文物保护单位改称为不可移动文物；取消了对文物“具有历史、艺术、科学价值”的总限定，如（三）（四）（五）项规定中，有的将只按存留的年限确定是否为文物；增加了壁画和代表性建筑，扩大了文物的范围。

二是对文物进行了分类、定级，以便于管理。不可移动文物分为国家、省、县级文物保护单位；可移动文物分为珍贵文物和一般文物，珍贵文物又分为三级。文物保护法规定：古文化遗址、古墓葬、古建筑、石窟寺、石刻、壁画、近代现代重要史迹和代表性建筑等不可移动文物，根据它们的历史、艺术、科学价值，可以分别确定为全国重点保护单位，省级文物保护单位，市、县级文物保护单位。历史上各时代重要实物、艺术品、文献、手稿、图书资料、代表性实物等可移动文物，分为珍贵文物和一般文物；珍贵文物分为一级文物、二级文物、三级文物。

4. 明确国有文物、集体文物和个人所有的文物的界限，其所有权受法律保护

为了确保国家文物的安全，加强对文物流通的管理，法律有必要对文物的所有权问题作出规定，明确哪些文物属于国家所有，哪些文物属于集体和私人所有。关于国有文物，文物保护法规定：“下列可移动文物，属于国家所有：（一）中国境内出土的文物，国家另有规定的除外；（二）国有文物收藏单位以及其他国家机关、部队和国有企

业、事业组织等收藏、保管的文物；（三）国家征集、购买的文物；（四）公民、法人和其他组织捐赠给国家的文物；（五）法律规定属于国家所有的其他文物。”同时规定：“属于国家所有的可移动文物的所有权不因其保管、收藏单位的终止或者变更而改变。”“国有文物所有权受法律保护，不容侵犯。”关于集体所有和私人所有的文物，文物保护法规定：“属于集体所有和私人所有的纪念建筑物、古建筑和祖传文物以及依法取得的其他文物，其所有权受法律保护。文物的所有者必须遵守国家有关文物保护的法律、法规的规定。”同时规定：“一切机关、组织和个人都有依法保护文物的义务。”

这一规定，明确了国有文物的法律界限，特别是增加规定了国有不可移动文物的范围，目的是划清管理政策的界限。第一刀切开国有与集体、民间及其他所有方式，从大的政策上要有所不同。国有文物中区分为不可移动文物与可移动文物；可移动文物区分为馆藏文物（包括指定保管、收藏的文物）与可流通文物，这就可以分别制定不同的规范与政策，采取不同的管理方式与措施。如对馆藏国有文物就有调拨、调用、指定收藏、交换、出借甚至对退出馆藏文物的处置等。

从大政策上讲，对国有文物也可以给予合理补偿。这个考虑是：一是文物资源的合理配置，充分、有效利用；二是以丰补欠，解决资金紧缺问题，改善文物保护的条件；三是在本系统内采取转移支付的政策，有利于国家统一调控，利用调拨、调用、出借、交换等方式，对文物资源在全国范围内进行合理配置。当然，与之相配套，一定要有严格的管理制度，严格控制，不得为利之所趋出现违法违纪、搞乱文物保护秩序的现象和行为。

我们应该根据上述规定，真正搞清我们的家底。很遗憾，这次文物保护法的修订未能规定文物登记制度。进行文物登记，搞清家底，这是一项基础性的工作，也是一项难度很大的工作，但是不把这项工作做好，作为文物部门，所说的文物保护就是一句空话。

5. 加强对国有馆藏文物的管理

修订草案规定，馆藏珍贵文物以外的一般文物，经主管的文物行政部门批准，可以在馆际之间有偿转让，有偿转让所得必须用于购买新的馆藏文物或者改善馆藏文物的收藏条件；对于没有馆藏价值的馆藏文物，可以退出馆藏序列，具体办法由国务院规定。全国人大常委会在审议时，有的意见提出对国有馆藏文物的管理一定要严格，要谨防国有文物流失。我国目前文物市场混乱，国家文物档案也不健全，在此情况下不宜笼统规定馆藏文物可以“有偿转让”或者“退出馆藏序列出售”。对此，也有的意见提出，文物保护经费不足是长期存在的问题，但单靠政府投入远远满足不了需要。允许文物有偿转让和对无收藏价值的一般文物退出馆藏序列出售，可以促进馆际之间的文物交流，减少博物馆的库房积压，改善馆藏文物保护经费不足的状况，也可以满足社会对文物收藏、鉴赏的需求。

根据上述意见，文物保护法规定：“禁止国有文物收藏单位将馆藏文物赠与、出租或者出售给其他单位、个人。”删去修订草案关于国有馆藏文物经批准可以在馆际之间进行出租的规定。

将修订草案关于禁止国有馆藏文物出借给非国有博物馆的规定，修改为：“非国有文物收藏单位和其他单位举办展览需借用国有馆藏文物的，应当报主管的文物行政部门批准；借用国有馆藏一级文物，应当经国务院文物行政部门批准。”“文物收藏单位之间借用文物的最长期限不得超过三年。”

将修订草案关于馆藏文物经批准可以在馆际之间交换的规定，修改为：“已经建立馆藏文物档案的国有文物收藏单位，经省、自治区、直辖市人民政府文物行政部门批准，并报国务院文物行政部门备案，其馆藏文物可以在国有文物收藏单位之间交换；交换馆藏一级文物的，必须经国务院文物行政部门批准。”同时明确未建立馆藏文物档案的国有文物收藏单位不得依照上述规定处置其馆藏文物。

删去修订草案关于国有馆藏文物中的一般文物如果重复品较多，经批准可以在馆际之间有偿转让的规定。增加规定：“依法调拨、交换、借用国有馆藏文物，取得文物的文物收藏单位可以对提供文物的文物收藏单位给予合理补偿，具体管理办法由国务院文物行政部门制定。”“国有文物收藏单位调拨、交换、出借文物所得的补偿费用，必须用于改善文物的收藏条件和收集新的文物，不得挪作他用；任何单位和个人不得侵占。”“调拨、交换、借用的文物必须严格保管，不得丢失、损毁。”

6. 关于民间文物的私人买卖

修订草案规定，公民、法人和其他组织可以收藏从文物商店、文物拍卖企业购买的文物，以及依法继承或者接受赠予的文物，但是禁止公民私自买卖文物。在审议中这一话题引起了强烈的反应和较大的争论，一句话，就是北京潘家园买卖文物能否“合法化”？一些常委委员、专家提出，中国自古有民间收藏、买卖文物的传统。随着人们生活水平的提高，一些喜好收藏文物的群众希望通过市场的渠道得到文物，这已经成为一种社会需求。民间收藏活动，对于保护文物有积极意义。在规范有序、加强监督管理的条件下，可以适当放开民间文物的流通。有一些反对的意见提出，在目前情况下，是否放开民间收藏文物的流通要慎之又慎，文物流通管理不严可能给文物盗掘、走私等犯罪活动提供可乘之机，不同意放开文物流通市场。

法律委员会、法制工作委员会于2002年9月26日至27日召开了地方文物行政部门、国有和私人博物馆、文物商店负责人、文物收藏者、文物专家、法学专家及工商行政管理部门等参加的立法论证会。法律委、教科文卫委、法工委、国务院法制办、国家文物局的有关同志列席了会议，听取意见。

论证会上发扬民主，与会者畅所欲言，围绕这个问题充分论述了自己的观点，尽管有些意见还很对立，但是与会同志本着有利于文物保护，有利于文物保护法修订的原则，求同存异，达成了基本共识：随着改革开放近二十年的发展变化，文物管理体制需要作适当调整，在总体上加强文物保护的同时，文物市场在加强管理和监控的基础上可以适当放开使之有序进行。馆藏文物要有进有出，保护与利用不可偏废；民间收藏文物适当放开流通，同时进行严格管理。立法中可作原则规定，具体管理办法由国务院和国家文物局根据实际情况作出规定。

因此，对修订草案作了如下修改：一是增加一项公民合法收藏文物的渠道，即公民可以通过“相互交换或者依法转让”的方式取得文物，并明确规定，文物收藏单位以外的公民、法人和其他组织依法收藏的文物可以依法流通。同时，文物保护法对公民、法人和其他组织不得进行买卖的文物作了明确的规定。二是将修订草案有关“禁止文物购销经营单位和经营文物拍卖的拍卖企业以外的公民、法人或者其他组织私自买卖文物”的规定，修改为：“除经批准的文物商店、经营文物拍卖的拍卖企业外，其他单位和个人不得从事文物的商业经营活动。”

三、关于文物保护领域中的立法问题

据统计，1982 年文物保护法中规定“国务院制定”，或者“由国家文化行政部门制定”，或者“按照国家有关规定”等，有 4 处，而修订的文物保护法中这样的规定则有 14 处之多，这里面还不包括博物馆条例、文物监管品管理办法、文物市场管理办法等。

我国的法律体系是按照立法法的规定，以法制统一为前提，以宪法为基础，以法律为主体，内部多层次的和谐统一的法律体系。全国人大及其常委会制定法律，国务院制定行政法规，省级人大及其常委会和较大的市的人大及其常委会制定地方性法规，民族自治地方可以制定自治条例和单行条例。

在这样的法律体系框架下，文物保护法规定了我们国家文物保护的法律制度和基本原则，规定了文物保护工作的方针与基本政策，而大量的具体的一些管理规定还需要由行政法规、国家文物局的规章，以及国家有关的规定来作出，才有利于指导文物保护工作。文物保护法修订后，国务院已经制定了文物保护法的实施条例，国家文物局已经根据文物保护法的有关规定，制定了 11 个具体的实施文物保护法的规范。这方面的工作如同搞清文物家底一样属于基础性的工作。

这里需要提醒的是，在制定有关文物保护的规范时，应注意法制

统一的问题。法制统一从立法的角度讲有三层意思：第一层是我们一切法的形式，包括法律、行政法规、地方性法规、规章都不能同宪法相抵触；第二层是下位法不能抵触上位法，也就是文物保护领域里的立法，都不能与文物保护法相抵触；第三层是同位法之间也不能相冲突。这里之所以强调法制统一的问题，就是请大家在制定有关文物保护规定的时候，要把握住，不要突破文物保护法规定的基本法律制度和基本原则，不要突破法律中作出的明确界定。当然，在立法中可以用好用足法律授予的权力，可以补充，可以细化，但是不能越权，越权立法是无效的。还有，文物保护法赋予文物行政部门很大的管理权限、行政许可权限、行政处罚权限，因此，文物行政部门要注意处理好在制定文物保护法时提出的文物保护与经济建设、旅游、考古以及打击文物走私与盗墓活动等的关系，处理好与其他有关部门的关系，要在文物保护工作中形成合力，依法行政，贯彻执行好文物保护法。

四、按照行政许可法的规定，做好文物保护法规定的行政审批工作

据统计，1982 年文物保护法中关于“国务院批准”“国家文物行政部门批准”“省级文物行政部门批准”的地方有 16 处，也就是说有 16 项行政许可。而修订后的文物保护法增加到 35 项行政许可。

2003 年 8 月 27 日，十届全国人大常委会刚刚通过了行政许可法，国务院也进行了两年行政审批制度改革，应当按照行政许可法的规定，做好文物保护法规定的行政审批工作。这是依法治国、依法行政的要求。

第一，法定行政机关是实施行政许可的唯一主体，必须是法律、法规赋予其行政许可权的行政机关才能实施，行政机关根据分级管理的原则，依法办理职权范围内的许可事项。文物行政部门应当依照文物保护法的授权规定实施行政许可，不得委托其他社会组织实施行政许可。

第二，行政机关作出行政许可决定，必须依据法定的条件和标准。

在这一点上行政机关没有自由裁量权，必须按照法定的条件和标准办事。对符合法定条件的，要依法准予许可；对不符合条件的，应当坚决不予许可。

第三，实施行政许可一定要遵守法定程序，贯彻便民原则，坚决杜绝实施行政审批中的腐败现象。绝不能因亲疏好恶，或者给予自己好处的多少来决定是否准予许可。

第四，希望我们文物工作者切实履行文物保护法赋予我们的职责，把我们中华民族的财富、国家的宝藏保护好。

社会法篇

关于我国的社会法律制度建设*

全国人大常委会法工委行政法室巡视员　李　援

今天讲讲我国社会法律立法情况以及今后社会立法的展望。

社会法是二十世纪以来，特别是第二次世界大战以后提出的一个概念，法学界认为在传统的公法与私法划分的基础上，还应当划分出第三种类型，即介于公法与私法之间的第三种法域：社会法。社会法是从公法和私法中脱离出来的，既带有公法的性质又带有私法的痕迹，因此，社会法是一个特殊的法律领域。

社会法是国家在社会领域中的法律制度，它主要规范社会成员之间权利和义务的法律关系。社会法为解决社会问题而制定，具有普遍的社会意义，是以社会利益为本位的法律规范，其目的是为了维护社会弱势群体的生存和增进社会整体的福祉。社会法主要包括对弱势群体保护、促进就业和劳动关系的调整、建立社会保障体系，以及规范社会自治和社会组织等法律。

社会法中，政府的角色，也就是公权力，不是作为主体享受权利、履行义务，也不是作为管理者支配社会成员的行为，而是被赋予了一种社会责任，即保障社会法律制度中的福祉得以实现。

我国的社会法，作为中国特色社会主义法律体系中的一个部门，是在2001年九届全国人大四次会议李鹏委员长作全国人大常委会工作报告提出中国的社会主义法律体系基本形成的时候，讲到中国的法律体系有七个法律部门，其中一个法律部门就是社会法。但在这个报告

---

* 2010年11月23日中国人民大学与立法学会系列讲座。

之前，1999年4月28日，全国人大法律委员会主任委员王维澄向常委会作了一个法律讲座，主要阐述了中国的社会主义法律体系的组成及其形成的过程，在这个报告里提出了七个法律部门，其中就包括社会法。目前列入社会法部门的法律有18部。

我们国家的社会法律制度，是最能体现我国社会主义性质的国家社会政策，社会法所承载的、代表的社会主义色彩就特别浓重。好些人认为中国自称社会主义，实际上并不如没有自称社会主义国家的社会主义因素多，原因可能就在于没有完全认识到我国的社会法律制度所体现的社会主义性质。我们要建设具有社会主义特色的现代化国家，就要制定好社会法，关注到每个需要关注的个体的福祉，把涉及老百姓切身利益的问题解决好。

一、关于保护弱势群体合法权益的法律

社会法作为一个法律部门虽然是1999年确立的，但是我们国家的社会法的立法实践并不晚，首先这些法律是从保护弱势群体立法开始的。1990年制定残疾人保障法，1991年制定未成年人权益保障法，1992年制定妇女权益保障法，1996年制定了老年人权益保护法。这几部法律除了老年人权益保障法之外，其他法律在2000年以后又都不同程度地进行过修改或者修订。应当说我国在保护弱势群体方面的法律是比较完备的。

2005年8月28日，十届全国人大常委会第十七次会议通过了《关于修改〈中华人民共和国妇女权益保障法〉的决定》。妇女权益保障法的修改，是妇女人权法制建设进程中的一个里程碑，具有很重要的意义。第一，妇女权益保障法将“实行男女平等是国家的基本国策”写入总则。先写宪法的规定，妇女在政治、经济、社会、家庭生活中享有同男子平等的权利，接着规定“实行男女平等是国家的基本国策”，这就明确把男女平等从权利变为实现过程，在这个过程中，既体现了宪法关于男女平等权利的精神，又明确了实行男女平等是国家的基本国策。

第二，关于妇女政治权利的保障。常委委员们强烈要求在法里写上全国人大的各级代表中妇女的比例，以确保妇女的政治权利。考虑到关于妇女代表的比例问题应当由选举法来规定，所以妇女保障法规定，国家采取措施，逐步提高全国人民代表大会和地方各级人民代表大会中妇女代表的比例。其含义在于，国家要采取措施，制定相关政策，推进妇女参与国家和社会事务管理与决策的过程，来保障和提高妇女的政治权利。

第三，关于妇女人身权利的保护，这次修改增加了关于禁止性骚扰的规定。这是法律中第一次规定反对性骚扰的条文，当时引起社会强烈关注。妇女权益保障法规定："禁止对妇女实施性骚扰，受害妇女有权向单位和有关部门投诉。"同时在法律责任中，规定了对妇女实施性骚扰行为的，应当承担的法律责任。法律作出原则规定后，其他法规、规章就可以根据实际情况作出具体规定。

2008 年 4 月 24 日，十一届全国人大常委会第二次会议对《中华人民共和国残疾人保障法》进行修订。修订中着重对以下几个问题作出了新的规定：第一，为保障残疾人劳动就业权利，明确规定"国家实行按比例安排残疾人就业的制度"，把按比例安排残疾人就业作为一项法律制度，要求各单位按照国家规定的比例安排残疾人就业，履行保障残疾人就业的义务。

第二，对残疾人在劳动就业中的劳动保护和劳动条件作出规定，并明确规定："任何单位和个人不得以暴力、威胁或者非法限制人身自由的手段强迫残疾人劳动。"保障残疾人劳动就业权利，让全社会都来帮助残疾人融入社会。

第三，对残疾人家庭、贫困的残疾人、生活不能自理的残疾人，没有抚养人或者扶养人不具有扶养能力、没有生活来源的残疾人规定给予各方面的社会救助。用人单位应当保障残疾人参加社会保险，对生活确有困难的残疾人，按照国家规定给予社会保险补贴。对困难的残疾人家庭给予基本的、最低的生活保障。对无劳动能力、没有抚养人，或者抚养人不具有抚养能力、无生活来源的残疾人，按照规定，国家要给予供养。

第四，在对残疾人无障碍服务方面，对政府和有关部门及全社会为残疾人提供社会服务环境提出了明确的法律要求。包括乘坐公共交通工具时，要给予便利和优惠；盲人乘坐市内交通工具时、盲人的读物进行邮递时，要给予免费；电信、广播、电视等应当对盲人、聋哑人、语言有障碍的人提供各方面的服务。

二、关于社会组织的法律

社会组织的立法，是社会法的又一组成部分，这部分至今有两部法律：一部是 1992 年制定的《中华人民共和国工会法》，另一部是 1993 年制定的《中华人民共和国红十字会法》。

2001 年 10 月 27 日，九届全国人大常委会通过《关于修改〈中华人民共和国工会法〉的决定》，对工会法作了比较大的修改，这次修改首要考虑的问题就是如何进一步突出和强调工会维护职工权益的问题。当时中国经济社会已经发生了深刻的变化，社会主义市场经济的建立和发展，整个经济关系和劳动关系的变革，对工会组织的任务和职能提出了截然不同的要求，也要求工会法的修改一定要加强工会维权的职能，意义深远。

这次工会法修改赋予了工会组织四项权利：1. 监督权。规定要强化组建工会组织，对工会成员给予特殊保护，发挥职工代表大会的职能，并规定要有职工代表进企业的董事会，参与企业重大事项的管理，这些规定使得工会组织对用人单位执行法律、法规的情况具有了监督权。

2. 集体谈判权。主要是和企业平等协商、签订集体合同。工会还可以在县级以下的区域和建筑业、采矿业、餐饮服务业等行业中签订区域性和行业性的集体合同；可以就工资的正常调整机制，就女职工的特殊劳动保护等事项，签订专项集体合同。通过集体谈判，维护职工的合法权益。

3. 赋予了工会援助权。主要是针对工会维护个体劳动者权益而规定的，哪个职工的权益受到损害，工会组织要出面向企业方提出，予以纠正，并可以在职工起诉、仲裁时提供法律救济和援助。

4. 特别规定了交涉权。明确规定针对企业严重违反法律、侵犯职工合法权益的事项，特别是侵害职工群体性权益的事项，工会要出面交涉，作为解决侵害职工群体性权益的手段，可以使激化的矛盾得到理性的解决。工会组织行使这些权利是受法律保护的。

三、关于劳动法律

第三部分法律是劳动法。劳动法在社会法中占有非常重的分量，由于劳动关系具有非常普遍的社会意义，和社会的整体利益密切相关，劳动法以谋求劳动者的整体利益为己任，具有浓厚的社会色彩，是社会法的重要组成部分。

1994 年 7 月 5 日，八届全国人大常委会第八次会议通过了《中华人民共和国劳动法》。劳动法的立法宗旨就是为了协调劳资关系，保障劳动者的劳动权利，提升劳动者在社会中的地位，它代表了社会大众的普遍需求和社会发展进步的共同价值取向。

现行劳动法共十三章，除了总则、附则、法律责任等几章外，每一章都要专门制定法律。劳动法包括以下几个方面的制度：一是劳动关系方面的法律制度，如劳动合同法、集体合同法等；二是劳动基准方面的法律制度，如最低工资法、工作时间与休假法、劳动安全卫生法等；三是劳动就业方面的法律制度，如就业促进法、职业培训法、就业服务法等；四是社会保障方面的法律制度，如社会保险法、社会救助法、最低生活保障法等；五是劳动权利的保障与损害救济的法律制度，如劳动争议调解仲裁法、劳动监察法等。我国 2002 年制定了《安全生产法》，2007 年之后相继制定了三部劳动法律，即《劳动合同法》《就业促进法》和《劳动争议调解仲裁法》，2010 年制定了《社会保险法》。

劳动法确立了我国现代意义上的劳动法律制度。劳动法的制定，使我国在劳动用工领域完成了从计划经济时期企业与职工之间的人身依附关系到用人单位与劳动者双方自主选择的劳动契约关系的历史性转变。十几年来，劳动法的实施，对于破除传统计划经济体制下行政分配式的劳动用工制度，深化经济体制改革，实现劳动力资源的市场配置，促进劳动关系和谐稳定，发挥了十分重要的作用。

随着我国经济体制改革的不断深化，企业形式和劳动关系日趋多样化，劳动力市场供大于求的矛盾突出显现，劳动用工领域出现了一些新情况、新问题，带有一定普遍性的问题主要有以下三个：一是书面劳动合同签订率低，许多用人单位不愿与劳动者签订书面劳动合同。在没有书面劳动合同的情况下，一旦出现劳动争议，劳动者的合法权益很难得到有效保护。

二是劳动合同短期化现象突出。书面劳动合同多是一年一签，有的甚至一年几签，这种短期合同在已签订书面劳动合同中占到60%以上。这是一种严重的失衡。劳动合同短期化，使劳动关系缺乏稳定感、安全感，劳动者对用人单位缺乏归属感，企业自身发展也受到影响。

三是用人单位利用自己在劳动关系中的强势地位侵犯劳动者合法权益。有些用人单位滥用试用期，压低劳动者在试用期的工资待遇；有些用人单位违反法律、法规规定，拖欠、克扣职工工资，不按国家规定缴纳社会保险费；有些用人单位不执行劳动定额标准，随意延长劳动时间，不支付加班费等。更恶劣的是有的地方对劳动者实行强迫劳动、奴役劳动，如2007年发生的黑砖窑事件，致使劳动者的合法权益受到严重侵害。

出现这些问题，究其原因，大家都会谈到用人单位违法用工，存在“黑心老板”“血汗工厂”；劳动监察执法不力；劳动者维权成本高；劳动争议解决渠道不畅等问题。除此之外，还有更深层次的原因，就是有的地方政府把吸引外资、创造好的投资环境放在了保护劳动者权益之上；有些企业以牺牲劳动者的权益为代价谋求自身发展。这也是不少人，包括政府中的一些人认为劳动合同法“立早了”“超前了”“会把我们的经济搞坏了”的理由。

我们对科学发展观的认识有一个深化过程。党的十四大报告首次提出："兼顾效率与公平。"党的十四届三中全会提法改为："效率优先，兼顾公平。"直到十六大党中央提出立党为公，执政为民，坚持可持续发展，这一提法又改为："初次分配注重效率，再次分配注重公平。"十六届五中全会党中央《关于十一五规划建议》中提出，"注重社会公平，特别要关注就业和分配过程中的公平"，没有提到与效率的关系。党的十七大报告提出："初次分配和再次分配都要处理好效率与公平的关系，再次分配更加注重公平。"以人为本，关注民生，建设和谐社会，成为经济社会发展的主题。因此，制定劳动合同法被全国人大常委会提到日程上来，通过制定法律，对劳动合同制度加以完善，明确用人单位与劳动者双方的权利义务，保护劳动者的合法权益，发展和构建和谐稳定的劳动关系。

劳动合同法是对我国劳动合同法律制度的完善，体现了党的十六届六中全会和党的十七大关于构建社会主义和谐社会的精神，强调了保护劳动者的合法权益，规范和构建和谐稳定的劳动关系，对于我国经济社会的可持续发展必将产生深远的影响。伴随劳动合同法的制定，劳资双方进行了新一轮的博弈，二十年后当我们回过头来看，就能体会到劳动合同法所发挥的深刻的、巨大的作用。

劳动合同法是深入贯彻落实科学发展观的重要法律。改革开放以来，我国经济的高速持续发展，摆在我们面前的主要任务就是怎样更好地让全体人民共享改革发展成果。当前，迫切需要从提高国家核心竞争力的高度来看待并处理好保护劳动者权益的问题。

劳动合同法是促进构建社会主义和谐劳动关系的重要法律。改革开放以来，我国逐步建立了适应市场经济需要的用人单位与劳动者双向自主选择的用工制度，解放了生产力，发挥了劳动者的积极性和创造性，推动了中国经济的持续快速发展。劳动关系是一个社会最重要、最基本的社会关系之一，和谐的劳动关系是和谐社会的重要内容。制定劳动合同法，就是要明确劳动者和用人单位的权利义务，保护劳动关系双方的合法权益，为构建和谐稳定的劳动关系提供法律保障。

劳动合同法是体现社会公平、改善民生的重要法律。实现好、维护好、发展好最广大人民的根本利益是我们党和国家一切工作的出发点和落脚点，也是立法工作的宗旨。劳动合同法注重在促进经济又好又快发展的同时，使广大劳动者分享经济发展的成果，促进社会全面进步。

劳动合同法是平衡劳动关系，促进双赢的重要法律。劳动合同法针对现实生活中劳动合同签订率低、劳动合同短期化、滥用试用期和劳务派遣、侵犯劳动者权益等问题，要求和引导用人单位与劳动者签订劳动合同，并在法律规定的条件下与劳动者签订无固定期限劳动合同。劳动关系双方严格按照法律的规定行使权利履行义务，就能够实现双赢的结果。

法律的高票通过，并不意味法律可以被各方理解，顺利实施，特别是涉及劳资双方切身利益平衡的劳动合同法。2007 年下半年，各种争议和纷扰纷至沓来，有对法律规定的质疑和误解误读，有对法律的规避，终止合同、重签合同、“买断工龄”等做法都出现了，甚至在企业中还出现一定程度的恐慌。这些都源于对“应当签订书面劳动合同”“无固定期限劳动合同”“解除劳动合同给予劳动者经济补偿”等规定的不正确的理解。2008 年 3 月两会期间，劳动合同法已经实施三个月，仍有全国政协委员提出要修改劳动合同法，取消无固定期限劳动合同规定的意见。这些意见和做法，反映了各方从自身利益视角对这部法律的评判。笔者作为一名参与劳动合同法制定的立法者来看，这完全是正常的，如果没有 2007 年下半年的风风雨雨，就说明不了劳动合同法与用人单位和劳动者关系之重大，平衡双方的利益关系与经济社会发展联系之紧密。

劳动合同法有四个比较重要的规定：1. 建立劳动关系必须订立书面劳动合同。用工单位自用工之日起即与劳动者建立劳动关系，建立了劳动关系就要订立书面劳动合同。用劳动合同来保护劳动者最基本的合法权益。为了确保劳动者的合法权益不受侵犯，劳动合同法明确规定了劳动合同的必备条款，主要有：劳动合同期限；工作内容和工作地点；工作时间和休息休假；劳动报酬；社会保险；劳动保护、劳动条件和职业危害防护。

2. 劳动合同法尊重和维护劳动合同当事人的双向自主选择权利。劳动合同法规定，用人单位和劳动者协商一致可以订立、变更、终止、解除劳动合同；可以就试用期、保守商业秘密、保险、福利等事项作出约定。这一系列的规定尊重和维护了用人单位和劳动者在订立劳动合同时平等自愿、协商一致表达意愿的权利，这对实现和谐稳定的劳动关系具有十分重要的意义。

3. 规定了签订无固定期限劳动合同的法律条件，来促进劳动关系的稳定。这部法律鼓励和推动用人单位与劳动者签订比较长的固定期限劳动合同或者签订无固定期限劳动合同，解决劳动合同短期化的问题。明确无固定期限劳动合同并不是“铁饭碗”，用人单位如果利用短期劳动合同不断变换损害劳动者的权益，致使劳动关系不稳定，社会就难以稳定。

4. 拓宽了用工方式，专门规定了劳务派遣的用工方式。劳动合同法给了劳务派遣法律地位，企业为应对市场竞争，可以自主选择这一用工方式。但与此同时，劳动合同法也从规定派遣单位、用工单位和被派遣劳动者三方的权利、义务的角度，对劳务派遣作了严格的限制和规范。派遣单位就是用人单位，劳动合同关系中的用人单位有什么权利义务，派遣单位都应当承担。用工单位和派遣单位签订劳动协议，必须按协议去办，并且要负有保护被派遣劳动者的义务，同时还规定用工单位与派遣单位承担连带赔偿责任。被派遣劳动者享有与用工单位的劳动者同工同酬的权利和参加或者组织工会的权利，维护自身的合法权益。

劳动合同法已经实施两年多了，社会上对于劳动合同法的有关争论渐渐趋于平息。国务院发布了劳动合同法实施条例，进一步明确了在贯彻执行劳动合同法中碰到的具体问题。总的情况看，劳动合同法实施取得了较为明显的成效：书面劳动合同签订率提高，由立法前的50%左右提高到目前的80%以上，有的省高达93.1%；劳动合同期限延长，多数合同期限为二年、三年或五年，有些企业已实现全员签订无固定期限劳动合同；企业的用工管理理念转变，规章制度进一步完善，人力资源管理水平提高，维护了公平竞争环境，保护了合法企业；法律的实施对企业用工成本影响不大，因最低工资标准的调整、社会保险基金的缴纳等因素增加的用工成本约占企业总成本的2%；没有影响投资环境和总体经济社会发展，面对2008年国际金融危机，国内经济结构调整、GDP增长减缓的负面影响，劳动合同法在稳定就业、维护劳动者合法权益方面发挥了有效的作用。

2007年8月27日，十届全国人大常委会第二十九次会议通过了《中华人民共和国就业促进法》。制定就业促进法是促进社会和谐稳定的需要。就业是民生之本、安国之策。制定专门的就业促进法，将促进就业的各项工作纳入法制化轨道，建立市场经济条件下促进就业的长效机制。

（一）关于促进就业的方针。在发展社会主义市场经济条件下，必须充分发挥市场在劳动力资源配置中的基础性作用，政府的职能要从计划经济体制下的包揽就业转为加快培育市场就业机制、创造良好的就业环境。就业促进法在总则中明确了“劳动者自主就业、市场调节就业、政府促进就业”的方针。

（二）关于促进就业的政策支持。促进就业离不开国家宏观政策的支持。近几年来，国家先后出台了一系列积极的促进就业政策，在实践中发挥了重要作用。就业促进法在“政策支持”一章中明确规定了促进就业的各项政策，包括产业政策、经贸政策、投资政策、财政和税收政策、金融政策等。

（三）关于公平就业。实行公平就业，反对就业歧视，保障劳动者的平等就业权利，是就业促进工作的一项重要原则。目前劳动者受到就业歧视的情况比较普遍，如性别歧视、学历歧视、外貌歧视、对残疾人的歧视和对乙肝病毒携带者的歧视等。为了促进公平就业，保护劳动者的平等就业权，就业促进法明确规定，劳动者依法享有平等就业和自主择业的权利；劳动者就业，不因民族、种族、性别、宗教信仰等不同而受到歧视。

（四）关于就业服务和管理。为了培育和完善统一、开放、竞争、有序的人力资源市场，规范市场秩序，创造公平的就业环境，促进劳动者通过市场实现就业，就业促进法将劳动力市场和人才市场予以统一，称为“人力资源市场”。就业促进法规定，县级以上人民政府建立健全公共就业服务体系，设立公共就业服务机构，为劳动者免费提供就业服务；加强对职业中介机构的管理，从事职业中介活动，应当遵循合法、诚实信用、公平、公开的原则；禁止任何组织或者个人利用职业中介活动侵害劳动者的合法权益。

（五）关于就业援助。实施就业援助，帮助就业困难人员实现就业，是就业促进工作中的一项重要内容。就业促进法规定，各级人民政府应当建立健全就业与再就业援助制度，采取税费减免、贷款贴息、社会保险补贴、岗位补贴等办法，通过公益性岗位安置等途径，对就业困难人员实行优先扶持和重点帮助，并确保城市有就业需求的家庭至少有一人实现就业。

2007 年 12 月 29 日，全国人大常委会第三十一次会议通过了《中华人民共和国劳动争议调解仲裁法》。我国于 1987 年恢复了劳动争议仲裁制度，随着 1993 年企业劳动争议处理条例和 1994 年劳动法的相继颁布实施，形成了以协商、调解、仲裁、诉讼为主要环节的现行劳动争议处理制度。为了公正及时解决劳动争议，保护当事人的合法权益，促进劳动关系的和谐稳定，制定劳动争议调解仲裁法，将在解决劳动争议、维护社会稳定方面发挥十分重要的作用。

根据我国目前劳动争议数量多增长快、劳动争议处理能力不足等实际情况，劳动争议调解仲裁法维持“一调一裁两审”的基本程序，并针对劳动争议案件处理周期长的问题，对劳动争议处理机制加以完善。

针对劳动争议案件处理周期长、劳动者的维权成本高的现实问题，劳动争议调解仲裁法规定，一部分劳动争议金额小或者事实清楚案情简单的仲裁案件可以一裁终局，使相当一批劳动争议案件通过仲裁尽快得到解决。

劳动争议调解仲裁法强调着重调解，化解矛盾于基层，以调解为主，充分发挥各类调解组织的作用。规定发生劳动争议，当事人可以到企业劳动调解委员会、基层人民调解组织和依法在乡镇、街道设立的区域性或者行业性劳动调解组织申请调解。为强化调解，赋予调解相应的法律效力，规定因支付拖欠劳动报酬、工伤医疗费或者经济补偿事项达成调解协议，用人单位拒不履行的，当事人可以依法向人民法院申请支付令。

劳动争议诉讼是劳动争议处理的一个重要环节，劳动争议调解仲裁法规定，当事人对一裁终局以外的仲裁案件的裁决不服的，可以向人民法院提起诉讼；对一裁终局的案件，当事人可以申请人民法院撤销仲裁裁决或者裁定不予执行；劳动仲裁委员会对仲裁申请不予受理的，申请人可以向人民法院提起诉讼。

四、关于社会保障的法律

2010 年 10 月 28 日，十一届全国人大常委会第十七次会议通过了《中华人民共和国社会保险法》，自 2011 年 7 月 1 日起施行。社会保险法是一部重要的法律，是一部在社会主义法律体系中起支架性作用的法律，它还是一部促进和维护中国社会稳定的法律，通俗讲就是社会的安全网和平衡器，对国家的长治久安将发挥巨大的作用。同时它也是建立和完善符合中国国情的社会保险法律制度的一部法律，具有十分重大的意义。

第一，社会保险法实现了对全体公民社会保险制度性的全覆盖，以法律的形式确立了中国覆盖城乡全体居民的社会保险体系，这是一个非常大的成就。宪法第四十五条规定，中华人民共和国公民在年老、疾病或者丧失劳动能力的情况下有从国家和社会获得物质帮助的权利。社会保险是公民的宪法权利，国家有义务、有责任发展使公民这一权利得以实现的社会保险、社会救济制度和医疗卫生事业。这是国家的德政。实施的基本养老保险、基本医疗保险、工伤保险、失业保险和生育保险已经惠及每一位公民，虽然现在与事实上的全覆盖还有距离，但下一步就是要尽快做到事实上的全覆盖。

第二，社会保险法规定我国实行由用人单位和个人缴费的社会统筹社会保险基金与政府财政补贴相结合的基本模式。这种社会保险制度的核心价值是社会共济，就是全社会共同努力来保证社会保险制度的顺畅运行。在年轻、健康的时候拿出自己的一部分劳动收入交给社会，来帮助那些年老、患病的人，当我们自己有需要时，别人和社会也会帮助我们。它体现了我们全体国民的公德。

第三，社会保险法规定基本养老基金逐步实行全国统筹，其他社会保险基金逐步实行省级统筹。同时规定了转移接续制度，劳动者在不同统筹地区工作养老保险关系可以异地转移接续，缴费年限累计计算。社会保险法综合考虑城乡的社会保险体制，对城乡居民的基本养老保险和基本医疗保险的模式大体一致，资金来源、筹资的方式、待遇的标准也正在朝着统一的方向努力，建立统一的社会保险制度，提高社会保险统筹层次，缩小城乡之间、地区之间、职业行业之间、不同人群之间的差距，实现符合中国国情的公平、平等的社会保险制度，确保我国城乡居民依法享有的社会保险权益。

第四，社会保险法突出了保障参保人员的合法权利，社会保险权益是我国公民享有的宪法规定的基本权利。在保险制度的设计和实施方面，始终以保护参保人的权利，以提供政府服务为重点，很多具体制度的设计都是从保护参保人的权利出发，其合法权益受法律保护，社会保险权益受到侵害时，有权得到赔偿或者补偿。同时，随着经济社会的发展，要逐步提高全体公民的社会保险待遇水平，足以保障全体公民能够过上体面的生活。

最后再简单讲一下社会法律的立法趋势。

对于社会法，社会的关注度越来越高，原因就在于和每个人的切身利益关联度太高了。例如劳动合同法（草案）征求意见时收到191849件意见，社会保险法（草案）收到70501件意见。另一方面，社会法涉及的领域不断扩大，它和民法与行政法之间在不断地博弈，有时行政法往社会法里走，享受的个人利益可能就会受到行政权的控制；有时本来是社会法方面的事项，它把你推到民法方面去解决，你所处的社会地位权益保障就会降低。所以，全社会对社会法立法的关注度越来越高。

我们要针对当前现实的社会问题继续进行社会立法，第一，要适应老龄化的社会问题，修订老年人权益保障法。

第二，要解决收入分配问题，制定工资法、劳动基准法，进行集体协商机制立法。

第三，要平衡贫富差距，加快慈善立法和遗产税、赠与税方面的立法。

第四，要完善社会保障制度方面的立法，制定社会救助法、公共卫生服务法和基本医疗卫生保健法等。

党的十七大报告提出，我们正面临前所未有的机遇，同时正迎来前所未有的挑战。我国的社会法律制度的创建与完善，必然伴随我国社会民主政治的发展而发展，我们要为构建和谐的社会和富强的祖国而不懈努力。

劳动合同法带给中国的变化*

全国人大常委会法工委行政法室主任　李　援

今天讲两个问题：一是关于劳动合同法律制度的沿革与现状，讲一讲劳动合同法的科学性、民主性问题；二是我国的劳动合同法的主要内容。

关于劳动合同法律制度的沿革与现状。

我国的劳动合同制度是随着经济体制改革不断深化而逐步建立发展起来的。1986 年以前只适用于临时工，1986 年国务院颁布《国营企业实行劳动合同制暂行规定》后，适用于国营企业新招收的职工，二十世纪九十年代以后才逐渐推广到各种企业的全体职工。但这仍是计划经济体制下的劳动合同制，主要是利用劳动合同制奖勤罚懒。

1994 年 7 月我国颁布施行劳动法，确立了我国的劳动合同法律制度。劳动法的最大历史功绩，就是打破了不同所有制企业和不同身份职工的界限，其调整范围适用于所有在各种所有制单位劳动的人员。十几年来，劳动法的实施，对于破除传统计划经济体制下行政分配式的劳动用工制度，深化经济体制改革，实现劳动力资源的市场配置，

---

* 部分报告时间地点：2007 年 7 月 20 日至 2009 年 5 月 25 日，北京市、上海市、贵州省、河南省洛阳市、上海市普陀区、广东省广州市、内蒙古自治区包头市、海南省海口市、辽宁省沈阳市、江苏省徐州市、河北省秦皇岛市、北京市朝阳区人大，劳动与社会保障部、商务部、水利部、人民日报社、国家工商总局、农业银行、中国人民银行、中国银行、民航空管局、国家知识产权局、国家档案局、民建中央、中国铁道科学院党委中心组、广东省工商局、北京市高级人民法院、天津市开发区，北方工业集团、邮政集团、香港工商界推介会、中国网通、造币公司、银河证券、中国劳动关系学院、广州市总工会、铁路总工会、上海市工商协会、上海市人力资源协会、国航工会、中华律师培训中心、人事部高培中心、清华大学培训班、深圳市工商行政学院培训班等。

促进劳动关系和谐稳定，发挥了十分重要的作用。劳动法的制定，使我国完成了劳动力市场从计划经济的人身依附关系到劳动契约关系的历史性转变。这十多年来，是我国经济体制的转轨时期，随着工业化、城镇化和经济结构调整进程的加快，企业改革的不断深化，企业形式和劳动关系日趋多样化，劳动力市场供大于求的矛盾突出显现，劳动用工领域出现了一些新情况、新问题，主要是：一是用人单位与劳动者不订立书面劳动合同，劳动者的合法权益得不到有效保障。据统计，企业与职工书面劳动合同签订率仅50%，这是本法解决的首要问题。二是劳动合同短期化现象严重，已签订劳动合同的，60%是一年期限以下的劳动合同，劳动关系缺乏稳定感、安全感，劳动者对用人单位缺乏归属感。三是用人单位规避法律，滥用试用期、延长工作时间、拖欠压低劳动报酬和社会保险费、利用劳务派遣等用工方式逃避责任等，更恶劣的是强迫劳动、奴役劳动，严重损害了劳动者的合法权益。究其原因，主要是用人单位违法用工；劳动监察执法不力；劳动者维权成本高；劳动争议解决渠道不畅；还有就是有的地方政府把吸引投资放在保护劳动者权益之上的问题。因此，有必要制定劳动合同法，对劳动合同制度加以完善，明确用人单位与劳动者双方的权利义务，保护劳动者的合法权益，发展和构建和谐稳定的劳动关系。

2005年12月，十届全国人大常委会第十九次会议对劳动合同法（草案）进行了初次审议。经委员长会议决定，会后将草案向社会全文公布征求意见，引起广泛关注。自2006年3月20日至4月20日，共收到通过网络、报刊、信件提出意见191849件。劳动合同法（草案）征求意见有以下特点：（1）征求意见收集到各方面的反映，各方不同意见激烈交锋，甚至出现“撤资论”等争论。其中65%的意见是普通劳动者提出的意见和建议，弱势群体的话语权得到充分反映和重视。（2）外国在中国的各商会都对草案提出意见，并且在国外引起高度关注。27名美国议员联名给时任美国总统布什写信，请求他指示美国驻华大使表态支持中国正在审议的劳动合同法（草案），信中说，对于中国政府而言，能够将法律草案公布并征求意见是非常难能可贵的，而仔细研究反馈意见并加以吸收，可以说是一个巨大的进步。（3）检验了我国社会的承受力。尽管有很激烈的争论，但通过制定劳动合同法促进了社会经济的发展。可以对比的是，与此同时，法国也在修改劳动法，仅增加法律规定，两年以下期限劳动合同的解除，需有“适当理由”，就是这样的规定，在社会上引发动荡，巴黎甚至爆发骚乱。2006 年 12 月提交常委会审议的二审稿对 11 个问题作了重大修改，即本法的适用范围、企业规章制度、订立书面劳动合同、试用期、关于劳动合同短期化、服务期、竞业限制、关于拖欠工资和社会保险费、经济性裁员、集体合同以及劳务派遣等。其中有 8 处是吸收了用人单位方面的意见。有的外国商会明确提出，二审稿以后不再对中国的劳动合同法（草案）提意见。

法工委修改出二审稿后，再次按照法律草案征求意见的范围下发二审稿征求意见，这是以前立法过程中没有的新做法。2007 年 4 月全国人大常委会第二十七次会议进行了三审。三审稿对 7 个问题作了修改，主要是劳动关系的建立与劳动合同的订立、服务期协议、经济性裁员、经济补偿、集体合同、劳务派遣以及过渡条款。至 2007 年 6 月，十届全国人大常委会对劳动合同法（草案）经过四审，历时一年半，常委会第二十八次会议以 145 票赞成，无人反对和弃权，1 人未按表决器的结果，高票通过了《中华人民共和国劳动合同法》，自 2008 年 1 月 1 日起施行。这一表决结果说明，我国的劳动合同法律制度在国家权力机关取得高度共识，为这部法律的实施打下坚实的基础。

改革开放以来，我们国家实施现代化建设“三步走”战略，推动了我国经济的高速持续发展，人民生活得到了大幅度改善。在人民生活发展到整体小康之后，摆在我们面前的主要任务就是怎样更好地让全体人民共享改革发展成果。当前，我国迫切需要从提高国家核心竞争力的高度来看待并处理好保护劳动者权益的问题。劳动合同法通过法律手段平衡劳动关系，关注对劳动者权益的保护，有利于促进产业结构调整和企业升级转型，提高国家和企业的竞争力，实现经济的可持续发展。

改革开放以来，我国逐渐建立了适应市场经济需要的用人单位与劳动者双向自主选择的用工制度，解放了生产力，发挥了劳动者的积极性和创造性，推动了中国经济的持续快速发展。随着经济快速发展，劳动关系日益多元化，劳动关系是一个社会最重要、最基本的社会关系之一，和谐的劳动关系是和谐社会的重要内容。制定劳动合同法，就是要明确劳动者和用人单位的权利义务，保护劳动关系双方的合法权益，为构建和谐稳定的劳动关系提供法律保障。

劳动合同法针对现实生活中劳动合同签订率低、劳动合同短期化、滥用试用期等侵犯劳动者合法权益的问题，要求和引导用人单位与劳动者签订书面劳动合同，并在法律规定的条件下与劳动者签订无固定期限劳动合同，保护劳动者合法权益。同时劳动合同法也规定了维护用人单位合法权益的内容，如坚持协商一致的原则，充分尊重和维护用人单位和劳动者双方在订立、解除和终止劳动合同时，平等自愿、协商一致表达意愿的权利；为了使用人单位能够应对市场变化和自身发展，不但在劳动合同的期限种类上给了企业选择权，而且在各种用工形式上也给了企业选择权，赋予了劳务派遣、非全日制用工等用工形式的法律地位；为了保护用人单位的商业秘密，促进企业创新，促进公平竞争，规定了竞业限制制度；为了适应企业结构调整、参与市场竞争的需要，规定了经济性裁员制度；等等。劳动合同法是促进劳动关系双方双赢的重要法律，用人单位与劳动者严格按照法律的规定行使权利履行义务，就能够实现双赢的结果。

劳动合同法制定过程中争论最大的问题是，劳动合同法是否大幅度提高了用工成本。对这个问题应当从三方面看，一是从完善劳动合同制度角度看，从劳动法中有二十条规定劳动合同制度，到劳动合同法增加到九十八条规定劳动合同制度，增加的规定并没有改变我国市场劳动力价格低廉的现状与格局。企业只要是依法用工，对于合法者来说，就不存在提高成本的问题。

二是从社会发展角度看，劳动者也要分享改革发展的成果。2007年上半年 GDP 增长 11.9%，规模以上企业利润增长 42.1%，财政收入增长30.6%，随之国家劳动基准也在不断提高，广东在立法的一年半时间里，最低工资标准提高了200元。外电述评：中国政府意识到，为了社会稳定，到了该采取措施的时候了。

三是立法完善后，用人单位再不能以牺牲劳动者权益为代价获得企业发展的好处。也就是说，用人单位的违法成本将大大提高。如支付违法赔偿金、接受行政处罚、进行民事损害赔偿等。

劳动合同法的制定归纳起来就是三条：一是立足于完善劳动合同法律制度，用人单位与劳动者双方自主选择的权利得到充分保障；二是结合中国国情，与我国经济社会发展程度相适应，应对市场经济企业可以运用各种用工方式，同时让劳动者能够分享改革发展的成果；三是针对现实存在的问题，切实保护劳动者合法权益。

需要特别强调，我国的劳动合同法律制度有三条底线，第一，用人单位与劳动者建立劳动关系应当订立书面劳动合同。目前的情况是书面劳动合同的签订率尚不到50%，这是劳动合同法施行后面临的第一个艰巨任务。第二，用人单位向劳动者支付劳动报酬不得低于最低工资标准。包括非全日制用工的小时计酬标准，也不得低于最低小时工资标准。第三，就是要坚持同工同酬的原则。所谓同工同酬，是指在相同或者相近的岗位上付出大体相当的劳动，应当得到大体相同的报酬。对于各种不同的用工，无论是正式工、编内工、合同工、试用工、临时工、劳务工，还是小时工等，都必须实行同工同酬。这三条底线，就是三条红色警戒线，无论是谁，踩上了这三条红线，劳动者就可以拿起劳动合同法这一法律武器，起而维权；人民政府劳动监察机构就有责任进行监督检查，对违法者依法给予处罚；劳动调解组织、劳动仲裁机构和人民法院就应当按照劳动合同法的规定，还以公道。绝不能让那些严重损害劳动者合法权益的现象再继续下去。

一、关于劳动合同法的立法宗旨

劳动合同法属于社会法范畴。所谓社会法，一般是指为解决社会问题而制定的、具有普遍社会意义的、以社会利益为本位的法律规范。

其目的是为了维护社会弱势群体的生存及增进社会整体的福祉。

劳动合同法就属于典型的社会法，由于劳动关系是具有普遍意义的社会关系，劳工问题与社会的整体利益有着密切联系，劳动合同法以谋求劳动者的整体利益为己任，因此，劳动合同法的立法宗旨就是为了协调劳资关系，保障劳动者的劳动权利，提升劳动者在社会中的地位，它代表了社会大众的普遍需求和社会发展进步的共同价值取向。

劳动合同法立法过程引起争议的第一个大问题就是涉及立法目的问题，这部法律对用人单位和劳动者是单保护还是双保护？

我们从劳动合同法（草案）第一条的争论与修改中就可以清晰看出本法的立法宗旨。劳动合同法（草案）第一条规定：为了规范用人单位与劳动者订立和履行劳动合同的行为，保护劳动者的合法权益，促进劳动关系和谐稳定，根据《中华人民共和国劳动法》，制定本法。

劳动合同法（草案）二审稿第一条修改为：为了规范用人单位与劳动者订立、履行、变更、解除和终止劳动合同的行为，构建和发展和谐稳定的劳动关系，保护劳动者的合法权益，根据劳动法，制定本法。

劳动合同法（草案）三审稿第一条修改为：为了完善劳动合同制度，构建和发展和谐稳定的劳动关系，保护劳动者的合法权益，制定本法。

劳动合同法（草案）四审稿第一条修改为：为了完善劳动合同制度，明确劳动合同双方当事人的权利义务，保护劳动者的合法权益，构建和发展和谐稳定的劳动关系，制定本法。

从以上的修改思路可以看出劳动合同法的立法宗旨是：完善劳动合同制度，坚持保护劳动者的合法权益，兼顾劳动合同双方的权利义务，着眼于构建和发展和谐稳定的劳动关系。这里并不存在双保护还是单保护的问题，而是立足于劳动关系的双平衡，解决现实中损害劳动者合法权益的问题，随着我国经济社会的发展，使劳动者能够分享我国改革发展的成果。

二、关于建立劳动关系，订立书面劳动合同

关于建立劳动关系，1994 年的劳动法规定：“建立劳动关系应当订立劳动合同。”这一规定有不明确的地方，实践中，对于何时用人单位与劳动者建立劳动关系说不清楚，劳动者缺乏证据证明自己已经与用人单位建立了劳动关系。又由于一些用人单位不订立书面劳动合同，出现了所谓“事实劳动关系”，经常引发劳动争议，劳动者的权益得不到保障。针对这一情况，劳动合同法作出明确规定：“用人单位自用工之日起即与劳动者建立劳动关系。”不再以订立书面劳动合同作为建立劳动关系的标准。用人单位只要用工，就与劳动者建立了劳动关系，就应当履行自己的法定义务，不能损害劳动者的合法权益。劳动合同法的这一规定，在劳动法理论上取得突破：一是在建立劳动关系上确定了法律标准；二是弥补了劳动法规定的不足之处；三是堵住了规避法律的漏洞，例如我们常常在劳动关系与事实劳动关系、劳动关系与雇佣关系上的理论之争，导致劳动者合法权益得不到有效保护。

关于建立劳动关系与订立书面劳动合同的关系，（1）劳动合同法规定，“建立劳动关系，应当订立书面劳动合同”。这是用人单位的法定义务。以书面的形式记载劳动合同双方当事人的权利和义务，对于劳动者来说，书面劳动合同既是对劳动者通过劳动履行自己义务的约束，又是劳动者维权的凭证。（2）为了能够实际操作，劳动合同法规定：“已建立劳动关系，未同时订立书面劳动合同的，应当自用工之日起一个月内订立书面劳动合同。”留给用人单位一个月的时间来与劳动者订立书面劳动合同。（3）如果先订立劳动合同，后用工怎么算？劳动合同法规定，还是自用工之日起建立劳动关系。（4）但是，用人单位自用工之日起至一年还不与劳动者订立书面劳动合同的，劳动合同法规定：“视为用人单位与劳动者已订立无固定期限劳动合同。”并可以追究用人单位相应的法律责任，即向劳动者支付双倍工资。如果劳动者坚持不与用人单位订立书面劳动合同，那么他将会丢掉饭碗，用人单位也不会给其支付法定的经济补偿。

为什么一定要订立书面劳动合同？一是我们的现状：书面劳动合同签订率偏低、集体合同覆盖面低、劳动力市场供求关系紧张、企业追求利润以牺牲劳动者权益为代价等现象与状况，亟待通过劳动合同法的实施予以改变。二是口头劳动合同的内容难以固定，用人单位的强势地位可以使口头约定随意改变，不订立书面劳动合同对劳动者不利。书面劳动合同不仅能证明劳动关系的存在，而且能清楚记载用人单位与劳动者双方的权利与义务。发生劳动争议时，书面劳动合同可以作为主要证据使用。三是便于劳动行政部门监督执法。

如何保证都订立书面劳动合同？一是强调用人单位的法定义务，不订立书面劳动合同将承担法律责任。二是用工一年仍不订立书面劳动合同的，将被视为用人单位与劳动者双方订立了无固定期限的劳动合同，双方应当承担相应的权利义务。三是用人单位与工会订立集体合同，发挥集体合同的替代性与保障性的作用，以保护劳动者的合法权益。

三、关于劳动合同当事人双向自主选择的权利

劳动合同法规定了劳动合同的种类、劳动合同的必备条款和双方可以约定的事项、劳动合同的生效与无效。这些规定体现了用人单位用工自主权和劳动者行使劳动权利的双向自主选择，特别强调，订立劳动合同应当遵循合法、公平、平等自愿、协商一致、诚实信用的原则。劳动合同法规定：（1）劳动合同由用人单位与劳动者协商一致，并经用人单位与劳动者在劳动合同文本上签字或者盖章生效。（2）用人单位与劳动者协商一致，可以订立固定期限、无固定期限和以完成一定工作任务为期限的劳动合同。（3）用人单位与劳动者协商一致，可以变更、解除劳动合同。（4）劳动合同除应当具备法律规定的必备条款外，用人单位与劳动者可以协商约定试用期、培训、保守商业秘密、补充保险和福利待遇，以及约定服务期和竞业限制等其他事项。（5）如果在劳动合同订立时，对劳动报酬和劳动条件等标准约定不明确，引发争议的，用人单位与劳动者可以重新协商。

劳动合同法的这些规定，尊重和维护了用人单位和劳动者双方在订立劳动合同时，平等自愿、协商一致表达意愿的权利。这是劳动合同法的一个很重要的思想，体现着立法宗旨。可以说，凡是法律没有禁止规定的，或者在明确具体规定标准范围外的事项，用人单位与劳动者都可以以书面合同的形式约定。实际生活中，对高端劳动者一般都采用约定方式，尊重劳动合同当事人双向自主选择的权利。

四、关于无固定期限劳动合同

在贯彻劳动法的过程中，用人单位的劳动合同呈现短期化趋势，一年一签劳动合同很普遍，甚至还有一年签四次合同的现象，许多劳动者整天提心吊胆，担心劳动合同到期后失业。在劳动者无安全感的情况下，劳动关系很难做到和谐稳定。结果出现了劳动合同短期化，劳动关系长期化的异常现象。劳动合同法从保护劳动者长期利益出发，防止劳动合同短期化合法化，引导用人单位与劳动者多签订较长期限的固定期限劳动合同和无固定期限劳动合同，作出了一系列规定。

第一，转变思想观念。即职业“铁饭碗”思想，这一思想观念用人单位与劳动者都存在，这是改革开放前，计划经济时期人身依附关系遗留的旧观念。劳动合同法重新确定无固定期限劳动合同的定义，规定无固定期限劳动合同，是指用人单位与劳动者约定无确定终止时间的劳动合同。也就是说，无固定期限劳动合同不等于用工僵化，它不是“铁饭碗”。“无确定终止时间”与“无终止时间”的表述有根本的不同，前者表明，只要出现解除劳动合同的法定情形，无固定期限劳动合同就可以解除，并不是“终身制”。

第二，劳动合同法规定了三种情况下必须订立无固定期限劳动合同，改变了劳动法规定的无固定期限劳动合同附带的“福利合同”的性质。劳动合同法规定：“有下列情形之一，劳动者提出或者同意续订劳动合同的，应当订立无固定期限劳动合同：（一）劳动者已在该用人单位连续工作满十年的；（二）用人单位初次实行劳动合同制度或者国有企业改制重新订立劳动合同时，劳动者在该用人单位连续工作满十年且距法定退休年龄不足十年的；（三）连续订立二次固定期限劳动合同且劳动者无本法第三十九条和第四十条第一项、第二项规定的情形续订劳动合同的。”这里需要说明，（1）第一项、第二项规定虽仍然带有福利性质，这并不是中国特有的，日本劳动法也有规定，符合法定条件的，企业与职工必须签订“终身雇佣合同”；（2）第三项规定表明无固定期限的劳动合同今后要常态化；（3）第三项规定，是劳动合同法针对劳动合同短期化问题作出的规定；（4）劳动合同法第三十九条、第四十条规定，是指劳动者有违规违纪违法行为，或者患病、非因工负伤，不能胜任工作时，用人单位可以解除劳动合同，那么，劳动者在两次签订固定期限劳动合同期间遵纪守法，能够完成工作任务，用人单位与其订立无固定期限劳动合同是应该的，也是合理的；（5）为防止规避法律，劳动合同法还规定劳动合同到期终止要支付经济补偿。

第三，劳动合同法规定：“用人单位自用工之日起一年内不与劳动者订立书面劳动合同的，视为用人单位与劳动者已订立无固定期限劳动合同。”这样规定，就是考虑到在实际生活中有大量的短期劳动合同也是正常的、必要的，解决劳动合同短期化也不能绝对化。劳动合同法在解决劳动合同短期化的同时，还应着重解决不订立书面劳动合同的问题。用人单位如果自用工之日起一年内不与劳动者订立书面劳动合同，就要按已订立无固定期限劳动合同来对待，用人单位必须履行相应的法定义务，并承担相应的法律责任。

第四，劳动合同法规定了法律责任，违反本法规定不订立无固定期限劳动合同的，用人单位自应当订立无固定期限劳动合同之日起，向劳动者每月支付二倍的工资。

劳动合同法建立了一个机制，使无固定期限劳动合同常态化。第一，它打破了计划经济时期劳动者对用人单位的人身依附关系，劳动力市场不再存在“铁饭碗”。第二，政府和企业都要认识到，从为国家劳动转变到为企业干活，这是中国特色社会主义市场经济的一个不可逆转的趋势。第三，无固定期限常态化的机制，需要靠劳动合同法建立的国家劳动法律制度来保障。订立无固定期限的劳动合同目的是稳定劳动关系，按照2008年1月1日实施的劳动合同法，第一份劳资双方自愿签订的无固定期限劳动合同，经两次签订一年期限的固定合同后，2010年1月1日后才出现。当然，我们也愿意见到企业现在就与劳动者签订无固定期限的劳动合同。

五、关于劳动合同的履行

劳动合同法规定，用人单位与劳动者应当按照劳动合同的约定，全面履行各自的义务。这是对用人单位和劳动者履行劳动合同的法定要求。但是在实践中，有的用人单位违反法律、法规的规定，随意拖欠工资，不按规定缴纳社会保险，不执行劳动定额，随意延长劳动时间，不支付加班费，甚至对劳动者进行强迫劳动，其非人待遇令人发指。针对这些情况，劳动合同法规定：（1）用人单位应当按照劳动合同约定和国家规定及时足额支付劳动报酬。（2）用人单位应当严格执行劳动定额标准，不得强迫或者变相强迫劳动者加班。用人单位安排加班的，应当按照国家有关规定向劳动者支付加班费。（3）劳动者拒绝用人单位管理人员违章指挥、强令冒险作业的，不视为违反劳动合同；劳动者对危害生命安全和身体健康的劳动条件，有权对用人单位提出批评、检举和控告。（4）国家采取措施，建立健全劳动者社会保险关系跨地区转移接续制度，以保障劳动者在全国范围内因工作流动仍能获得社会保险的权利。这些规定，都是根据各方面的意见作出的，以切实保护劳动者的合法权益。

六、关于劳动合同的解除、终止与经济补偿

按照劳动合同法规定，劳动合同的解除或者终止的情形都是法定的，用人单位与劳动者不能自行约定法定之外的劳动合同解除或者终止的条件。

关于劳动合同解除的情形，劳动合同法规定：（1）用人单位与劳动者协商一致解除的。（2）劳动者提前三十日书面通知用人单位解除

的，或者劳动者在试用期内解除的。（3）因用人单位的过错，劳动者提出解除的。（4）因劳动者的过错，用人单位提出解除的。（5）因劳动者患病、非因工负伤、不能胜任工作或者因客观情况发生重大变化，致使劳动合同无法履行的，用人单位在提前三十日以书面形式通知劳动者本人或者额外支付劳动者一个月工资后解除的。（6）经济性裁员解除的。需要说明，这一条放宽了解除劳动合同的法定范围，主要是针对国企改革、转制、企业适应市场变化转产等情况。

关于劳动合同终止的情形，劳动合同法规定：（1）劳动合同期满的。（2）劳动者已开始依法享受基本养老保险待遇的。（3）劳动者死亡，或者被人民法院宣告死亡或者宣告失踪的。（4）用人单位被依法宣告破产的。（5）用人单位被吊销营业执照、责令关闭、撤销或者用人单位决定提前解散的，以及法律、行政法规规定的其他情形。

关于用人单位应当支付经济补偿的标准，劳动合同法规定，按照劳动者在本单位工作的年限，每满一年支付一个月工资的标准向劳动者支付。六个月以上不满一年的按一年计算；不满六个月的支付半个月工资的经济补偿。劳动者的月工资是劳动者本人解除或者终止劳动合同前十二个月平均工资。同时，对高收入的劳动者作了限制，香港也有这样的限制规定，月补偿最高 22500 元，补偿总额不超过 39 万元。劳动合同法规定，劳动者月工资高于用人单位所在地人民政府公布的职工月平均工资的三倍的，按职工月平均工资三倍的数额支付经济补偿，向其支付经济补偿的年限最高不超过十二年。举北京的例子，2007 年北京城镇居民年工资为 36097 元，大约月平均工资 3000 元，那么，对北京职工经济补偿的限制就是：月平均工资超过 9000 元的，每月补偿 9000 元，最高补偿 12 年，共 108000 元。这些规定是按照劳动法施行后多年来实行的标准，结合我国社会经济发展的实际情况和国际通行规则作出的。同时，吸纳了各方面的意见，从保护劳动者的合法权益出发，采取一定的经济利益导向方式，以起到遏制劳动合同短期化趋势的作用。

七、关于集体合同

劳动合同法对集体合同的内容及其订立程序作出专节规定。一是增加规定可以订立行业性或者区域性集体合同，以保护中小企业和个体劳动者的合法权益。规定在县级以下区域内，建筑业、采矿业、餐饮服务业等行业可以由工会与企业方面代表订立行业性集体合同，或者订立区域性集体合同。

二是企业可以订立专项集体合同，规定企业职工一方与用人单位可以订立劳动安全卫生、女职工权益保护、工资调整机制等专项集体合同。

三是明确依法订立的集体合同对用人单位和劳动者具有约束力。规定行业性、区域性集体合同对当地本行业、本区域的用人单位和劳动者具有约束力。

四是集体合同中劳动条件和劳动报酬等标准不得低于当地人民政府规定的最低标准。用人单位与劳动者订立的劳动合同中劳动条件和劳动报酬等标准不得低于集体合同规定的标准。

尽管有工会法等法律强有力的支撑，实践中通过劳资谈判解决劳动关系平衡作用仍不理想。劳动合同法实施后，工会一个重要任务就是加强集体合同的订立工作，特别是利用订立行业性、区域性的集体合同的契机，推进劳动合同法的贯彻实施。当前订立集体合同的重点应在非国有企业和现代企业改制试点的企业进行，积累经验，逐步扩大范围。

八、关于劳务派遣

劳务派遣是另一种用工形式，因此，劳动合同法在第五章作出特别规定。劳务派遣这种用工方式将劳动合同双方的用工关系，变为三方关系，形成有劳动没关系，有关系没劳动的关系，即劳务派遣单位与劳动者签订劳动合同，按照用工单位的要求，将劳动者派往用工单位，并与用工单位签订用工协议，用工单位仅对劳务派遣单位负责，劳动者的合法权益极易失去保障。近年来，劳务派遣用工发展迅猛，据统计，2006 年已达 2700 万人，各行业、各岗位、各单位都有劳务派遣用工方式，对这种用工方式缺乏法律规范，实践中对劳动者权益损害严重，亟待作出规范。

劳动合同法对劳务派遣在特别规定一章中专节作出规定，其意义在于：一是确立劳务派遣这种用工方式的法律地位，使其合法化。用人单位在应对劳动力市场需求与变化时，多了一种用工方式的选择。二是对劳务派遣用工予以规范，对劳务派遣单位、用工单位以及被派遣劳动者三方的权利义务作出法律规定，以保障劳动者的合法权益。三是加大劳务派遣用工的成本，特别是违法成本，使用工单位在选择劳务派遣用工方式时，考虑的是市场运营、企业发展的需要，而不是仅仅为了省钱、省事。

劳动合同法对劳务派遣单位、用工单位和被派遣劳动者三方权利义务明确规定：（1）劳务派遣单位是本法所称用人单位，应当履行用人单位对劳动者的义务。劳务派遣单位应当与被派遣劳动者订立二年以上的固定期限劳动合同。（2）用工单位应当履行下列义务：执行国家劳动标准，提供相应的劳动条件和劳动保护；告知被派遣劳动者的工作要求和劳动报酬；支付加班费、因绩效应当给予的奖金；对在岗被派遣劳动者进行工作岗位所必需的培训；连续用工的，建立正常的工资调整机制。（3）劳务派遣单位派遣劳动者应当与用工单位签订劳务派遣协议。用工单位应当根据工作岗位的实际需要与劳务派遣单位确定派遣期限，不得将连续用工期限分割签订数个短期劳务派遣协议。（4）劳务派遣单位有义务将劳务派遣协议的内容告知被派遣劳动者。劳务派遣单位不得克扣用工单位按照劳务派遣协议支付给被派遣劳动者的劳动报酬。（5）被派遣劳动者享有同工同酬的权利，有权参加或者组织工会，维护自身合法权益，并可以依法与劳务派遣单位解除劳动合同。（6）劳务派遣一般应当在临时性、辅助性或者替代性的工作岗位上实施。（7）禁止用工单位自设劳务派遣公司，向本单位或者所属单位派遣劳动者。

劳动合同法是一部重要的法律，出台于改革开放三十年之际，具有非同寻常的现实意义和长远意义。劳动合同法被普遍认为，是中国法律向弱势的劳动者倾斜，造成劳资双方在2008年法律实施前的博弈。无论如何，新的劳资关系和劳动力市场新秩序必将在新的一年出现。劳动合同法在法律层面上规范和平衡了劳资双方的权益关系，对建立和谐稳定的劳动关系，进而构建和谐社会的作用是巨大而长远的。二十年后，当中国崛起，小康社会来临，再回顾今天的劳动合同法，便会更加显现出它给中国带来的巨大变化。

依法促进就业 建立促进就业的长效机制*

全国人大常委会法工委行政法室主任　李　援

《中华人民共和国就业促进法》于2007年8月30日由十届全国人大常委会第二十九次会议以150票赞成、1票反对、1票弃权的表决结果通过，于2008年1月1日起施行。作为一部与民众利益密切相关的法律，就业促进法在起草之初就受到社会各界的广泛关注，人们期待这部法律的制定和实施能为扩大就业、发展和谐劳动关系带来福音。历经三次审议，反复修改，就业促进法正式出台了，禁止就业歧视、扶助困难群体、规范就业服务与管理等诸多人们关心的就业问题在这部法律中都有体现。为了便于掌握就业促进法的基本精神和主要内容，现就大家普遍关心的几个问题作一下解读。

问题一：为什么现在要制定就业促进法？

就业是民生之本、安国之策。党中央、国务院历来高度重视就业工作，近几年来，先后制定了一系列积极的促进就业政策，对于促进就业，增加就业总量，推动经济发展与促进就业良性互动，维护社会稳定产生了积极的影响。据统计，到2005年末，全国城乡就业人员达到7.6亿人，其中城镇就业人员达2.7亿多人，比1990年末增加1亿多人，城镇登记失业率控制在4.3%以下。“十五”期间，城镇新增就业4200万人，转移农村富余劳动力4000万人。国有和集体企业下岗失业人员实现再就业1965万人，基本实现下岗向失业的并轨。开发公

* 2011年6月9日于人事部高培中心。

益岗位解决“40、50”人员和零就业家庭再就业537万人，帮助一大批原来就业无门、靠救济过日子的人员走上了工作岗位。

但是，还必须看到，我国人口多，劳动力总量过大、就业结构性矛盾十分突出，我国的就业工作仍然面临着十分严峻的形势。

一是劳动力供求总量矛盾突出，就业压力大。到2010年，全国劳动力总量将达到8.3亿人，城镇新增劳动力供给5000万人，而劳动力就业需求岗位只能新增4000万个，劳动力供求缺口在1000万人左右。需要制定法律大力促进就业、扩大就业，保障做好就业工作。

二是劳动力素质与就业岗位需求不相适应而产生的劳动力结构性矛盾突出。一些传统行业出现大批下岗失业人员，而一些新兴的产业、行业需要的技能劳动者却供不应求甚至严重短缺，直接影响经济发展。“民工荒”问题就是在经济结构调整阶段，劳动力结构性问题的突出表现。在现有经济结构下，每年只能提供1200万个岗位，而城镇需要就业的人数仍保持在2400万人以上。

三是人力资源市场不规范。一些非法的职业中介机构擅自从事职业中介活动，侵害求职者的合法权益。如收了钱不介绍工作、搞非法劳务派遣等。

四是一些用人单位在招工中存在对妇女、残疾人、农村劳动者以及传染病病毒携带者的歧视，侵害这些劳动者的平等就业权利。

五是随着我国的经济快速发展，对劳动者的职业能力和素质提出了更高要求，迫切需要建立完善以就业为导向的职业教育和培训体制，以提高劳动者的就业能力和创业能力。目前统筹城乡就业任务繁重，每年1.5亿农村富余劳动力向城市转移就业，应通过培训扩大就业。

党中央强调坚持科学发展观，构建和谐社会，以人为本，执政为民，着力解决民生问题。依法促进就业，千方百计扩大就业，使更多的劳动者找到工作岗位，改善生活，分享社会发展成果，关系千百万家庭的切身利益，有利于促进社会和谐稳定。在国家关注民生问题的同时，全国人大常委会在2007年的立法计划中将劳动立法放在重要位置，在劳动就业的三个环节，即就业、工作、纠纷解决上，相继制定劳动合同法、就业促进法和劳动争议调解仲裁法。2007 年 2 月在审议、通过劳动合同法的同时，十届全国人大常委会第二十次会议对就业促进法（草案）进行了初次审议，并于同年 3 月 25 日至 4 月 25 日，将就业促进法（草案）向社会公布征求意见。在一个月的时间里，全国人大常委会法工委共收到各方面的意见 11000 多件，其中来自基层群众的意见约占意见总数的 70%。大家对这部法律草案积极建言献策，有的结合自身的求职、创业经历反映情况，有的对政府的就业促进工作提出建议，有的对草案的具体条款提出修改意见。公众对就业促进法草案的关心和热情，体现了国家立法和人民意志的一致性。全国人大常委会经三次审议，对草案进行认真研究修改，在 2007 年 8 月全国人大常委会第二十九次会议上，高票通过了就业促进法。

问题二：制定就业促进法的重大意义是什么？

就业是保障和改善人民群众生活的基本前提和基本途径。制定促进就业法，是解决广大人民群众最关心、最直接、最现实的切身利益问题的重要举措。制定促进就业法，在立法中体现以人为本，关注民生，落实积极的就业政策，是维护广大人民群众根本利益的需要。

就业促进法将经过实践检验行之有效的国家就业政策上升为法律规范，规定了政策支持的法律内容。本法规范的对象是各级人民政府、用人单位、职业中介机构等。本法立足消除就业歧视，保障公平就业，使妇女、少数民族劳动者、残疾人、传染病原携带者以及进城务工的农村劳动者等，都成为就业促进法的重点保护对象，体现了党和国家对广大劳动者的权益维护、民生保障的高度重视和关怀。在 1994 年制定劳动法的基础上制定就业促进法，加强社会领域立法，有利于进一步完善我国劳动法律制度，为社会主义市场经济健康发展提供法律保障。

解决就业问题是长期而艰巨的任务，实施积极的就业政策，扩大就业是我们党和国家工作的重要目标，也是全面落实科学发展观、构建社会主义和谐社会的具体体现。制定就业促进法将国家的就业再就业政策措施以法律的形式固定下来，具有重大的现实意义和深远的历史意义。

问题三：就业促进法规定的国家促进就业的方针是什么？在促进就业工作中政府承担什么责任？

在发展社会主义市场经济条件下，必须充分发挥市场在劳动力资源配置中的基础性作用，政府的职能要从计划经济体制下的包揽就业转为加快培育市场就业机制、创造良好的就业环境。实践证明，坚持“劳动者自主就业、市场调节就业、政府促进就业”的方针，有利于把市场机制的调节作用与政府部门的促进就业作用很好地结合起来，是立足于我国国情、解决就业问题的正确选择。就业促进法的“重头戏”就是把促进就业这一责任压在了政府的身上。规定：“国家把扩大就业放在经济社会发展的突出位置，坚持劳动者自主就业、市场调节就业、政府促进就业的方针，多渠道扩大就业。”

国家要采取有关教育、医疗、就业、住房以及社会保险等一系列政策措施，让全体劳动者都能享受到中国改革发展的成果。国家已经有能力做到这一点，2011 年我国 GDP 已经是世界第二，突破 40 万亿元。国家也已经到了必须做到这一点的时候了。因为贫富差距的扩大和社会矛盾趋于激化，迫使我们通过搞好二次分配来解决发展与稳定、构建和谐社会等重大问题。应当说，促进就业是解决当前收入分配差距不断拉大、社会矛盾趋于激化等社会问题的极为重要的方面，必须给予高度重视。

促进就业、扩大就业是人民政府的一项重要职责。近几年来，国家先后出台了一系列积极的促进就业政策，在实践中发挥了重要作用。就业促进法将这些实践证明是正确的、有效的并且需要长期执行的国家促进就业政策，在法律中固定下来，使促进就业的各项政策措施制度化，建立了促进就业的长效机制。为此，就业促进法在“政策支持”一章中规定了促进就业的各项政策，包括产业政策、经贸政策、投资政策、财政和税收政策、金融政策等。各级人民政府和有关部门应当负责任地予以执行。

问题四：促进就业法规定政府实施哪些积极的就业政策？

实施积极的就业政策是这部法律的特点，主要有：一、建立促进就业的长效机制，将我们一些行之有效的政策制度化、法治化、规范化。由于过去我国促进就业政策大部分是短期的、临时性的和尝试性的，只管三五年。如2002年、2005年国务院分别制定颁布促进就业再就业的若干优惠政策，期限都是三年。本法通过后的2008年，国务院又发文件，将若干优惠政策又延续三年，显示出它的“临时性”，同时又迫切需要将它“长期化”。就业促进法将这些政策转化为国家法律制度，建立了促进就业的长效机制。

二、建立促进就业的政府责任体系，包括通过发展经济和调整产业结构、实行有利于促进就业的各项经济和社会政策，拓宽就业渠道，增加就业岗位。国家产业政策制定、经济结构调整、区域经济发展、投资与重大项目建设、对外交流合作等都要与扩大就业相协调。

三、建立健全失业保险制度，依法确保失业人员的基本生活。我国的登记失业率近年来稳定在4.3%左右。2010年10月，全国人大常委会制定了社会保险法，将失业保险制度作为五种社会保险之一作出了法律规范。这里简要概述一下我国的失业保险制度：失业保险实行由用人单位和个人缴费的社会统筹保险资金与政府财政补贴相结合的基本模式。用人单位按工资总额的2%缴纳失业保险费，职工个人缴费率占工资总额的1%。失业待遇标准为失业人员按照失业前用人单位和本人累计缴费时间的不同，领取相应期限的失业保险金，期限分别为12个月至24个月。职工失业后应到社会保险单位登记，符合下列情况的可以领取失业保险金：（1）已缴费一年以上；（2）非因本人意愿中断就业；（3）经登记并有再就业意愿的。失业后再次就业的，缴费期间重新计算，领取失业保险金的期限与前次失业应当领取而尚未领取的失业保险金的期限合并计算。社会保险经办机构应当保证失业人员领到足额的失业保险金。

四、建立促进就业的政策支持体系，包括产业政策、经贸政策、金融政策、积极的财政政策与税收的优惠政策。本法明确规定在财政预算中应当安排就业专项资金，用于促进就业工作。

五、建立城乡统筹的就业政策，实行城乡统筹、区域统筹和群体统筹，统筹做好城镇新增劳动力、农村富余劳动力以及失业人员的就业工作。

六、建立统一、规范的人力资源市场体系，面向所有劳动者的职业教育和培训体系，不断完善公共就业服务体系，加强就业服务，拓宽就业渠道，增加就业岗位，降低就业门槛。

七、建立劳动者公平就业制度和困难群体就业援助体系，保障劳动者的平等就业权利，鼓励劳动者自主创业，自谋职业。各级政府和有关部门开拓就业渠道，简化程序、提高效率，为劳动者的就业创业提供便利与服务。

促进就业是一项系统工程，各级政府和有关部门都应当各负其职，履行职责，依法行政，做好促进就业工作。

问题五：就业促进法关于公平就业作了哪些规定？

实行公平就业，反对就业歧视，保障劳动者的平等就业权利，是就业促进工作的一项重要原则。目前劳动者受到就业歧视成为一个社会问题，如性别歧视、对残疾人的歧视、对乙肝病毒携带者的歧视以及涉及学历、外貌等的歧视，这些问题的存在，损害了劳动者的工作机会和就业权利，使他们陷入困境。

1958年国际劳工大会通过《就业及职业歧视的公约》，第一条规定，歧视包含：基于种族、肤色、性别、宗教、政治见解、民族血统或社会出身等原因，具有取消或损害就业或职业上的机会均等或待遇平等作用的任何区别、排斥或特惠。这是国际上的就业歧视的概念，它包括就业录用歧视，也包括就业状态下的劳动歧视。我国就业促进法所规范的就业歧视是指在获得职业过程中受到的歧视，即职业选择性歧视。具体讲就是，求职时在其他条件相同，因求职者个人的身份、性别、地域、户籍、种族、年龄、容貌或其他与劳动岗位职责无关的条件因素，遭到雇主的拒绝或者对劳动者在其求职过程中进行区别对待。

就业权是人类生存和发展的前提，是劳动者劳动权利的直接体现，是劳动者最重要、最基本的权利。在市场经济的环境下，某些群体劳动者的平等就业权往往受到侵害。因此，在一些劳动者的就业权通过市场难以平等实现时，就需要公权力的介入，以弥补市场本身的不完善。这就是政府应当履行的职责：保障劳动者平等就业权利。

我们看国外的情况：美国国会于1946年通过就业法，1964年通过民权法案，以及后来通过平等就业法案、残疾人就业机会法案等，明确规定了联邦政府保障国民就业的义务，保障公民平等就业权利的职责和对雇主与用人机构的要求。规定在拥有15人以上的公司、教育机构、工会组织、地方政府以及一些专门机构内，在征聘、面试、晋升、培训、薪金、福利等决策和实施过程中，禁止任何种族、肤色、性别、原出生国以及地域性等方面的歧视。英国1976年制定的反性别歧视法规定，禁止对妇女、残疾人、少数民族人口等实行就业歧视。并根据这一法律设立了公平就业委员会。韩国为解决就业难题，制定了雇佣政策基本法等十多部法律，具体规定了就业政策的基本原则，并规定企业主雇佣劳动者时，不得因性别、信仰、年龄、身份、出生地、毕业学校、婚姻、妊娠和疾病等因素歧视劳动者，保障其平等的就业机会。

消除就业歧视，是全国人大常委会关注的问题，在本法草案向全社会征求意见时，有超过50%的意见是关于反就业歧视的，其中消除乙肝歧视的占这些意见的36%。这里说明一下，在国家的法律里，没有出现过“农民工”这个词。本法用的是“农村劳动者”，社会保险法用的是“进城务工的农村居民”。为了促进公平就业，保护劳动者的平等就业权，就业促进法增加了“公平就业”一章，规定国家保障妇女、少数民族劳动者、残疾人、农村劳动者、传染病病原携带者等特定人群的劳动权利。劳动者依法享有平等就业和自主择业的权利，劳动者就业，不因民族、种族、性别、宗教信仰等不同而受歧视。同时规定各级人民政府应当创造公平就业的环境，消除就业歧视。还规定用人单位招用人员和职业中介机构从事职业中介活动，应当提供平等就业机会与公平就业条件，不得实施就业歧视。对用人单位和职业中介机构违反上述规定，实施就业歧视的，受害劳动者可以向人民法院起诉，通过司法途径获得权利救济。

问题六：就业促进法如何统一和规范人力资源市场？

为了培育和完善统一开放、竞争有序的人力资源市场，创造公平的就业环境，促进劳动者通过市场实现就业，就业促进法规定，县级以上人民政府培育和完善统一开放、竞争有序的人力资源市场，为劳动者就业提供服务。将由于部门分工管理造成的“劳动力市场和人才市场”分割现象予以统一，统称为“人力资源市场”，同时对公共就业服务机构和职业中介机构的有关问题作出了明确规定，以更有利于规范市场秩序，创造公平的就业环境，促进劳动者通过市场实现就业。

2008 年国务院进行了大部制机构改革，其中将劳动部与人事部合二为一，成立了人力资源与社会保障部。这一机构改革是由 2007 年三部劳动法律的制定促成的。劳动合同法将劳动合同与聘用合同统称为“劳动合同”；劳动争议调解仲裁法将劳动争议仲裁委员会与人事争议仲裁委员会统称为“劳动争议仲裁委员会”；就业促进法将劳动力市场与人才市场统称为“人力资源市场”。这就将劳动力要素市场统一起来，有利于社会主义市场经济的健康发展。

我国的就业服务体系分为两部分，一是政府有关部门和一些社会团体举办的公益性公共就业服务机构；二是社会力量举办的经营性职业中介机构。统一的人力资源市场使原来这两部分机构各分为劳动力市场与人才市场的割裂局面得以彻底改观。劳动力市场与人才市场的合二为一，达到了就业服务体系实现“四合二”的目的。

问题七：如何做好公共就业服务工作和加强对职业中介机构的管理？

我国的就业服务体系，由公益性的公共就业服务机构和经营性的职业中介机构两部分组成。就业促进法对它们分别作出规定。

公共就业服务机构，是指各级人民政府劳动行政部门和其他有关部门、社会团体以及企业事业单位举办，承担公共就业服务职能的公益性服务机构。就业促进法规定，县级以上人民政府建立健全公共就业服务体系，设立公共就业服务机构，为劳动者免费提供就业服务；公共就业服务机构应当提高服务质量与效率，不得从事经营性活动；公共就业服务经费纳入同级财政预算；召开招聘会不得向劳动者收取费用，并明确了违法行为应当承担法律责任。

职业中介机构是指由法人、其他组织和个人举办，从事营利性职业介绍活动的服务机构。就业促进法规定，要加强对职业中介机构的管理，完善设立职业中介机构的条件和许可程序；从事职业中介活动必须遵循合法、诚实信用、公平、公开的原则；禁止任何组织或者个人利用职业中介活动侵害劳动者的合法权益；不得提供虚假就业信息，不得为无合法证照的用人单位提供职业中介服务，不得伪造、涂改、转让职业中介许可证，不得扣押劳动者的证件或者收取押金等行为。有上述行为的，要依法承担法律责任。

此外，对擅自从事职业中介活动的，即所谓“黑中介”，劳动行政部门应当依法予以关闭，并给予行政处罚。就业促进法的实施，使我国的就业市场活动有法可依，更加规范。

问题八：如何扩大就业，充分挖掘就业潜力？

改革开放以来，我国曾经历三次就业高峰期：知青返城（1978年—1979年）；企业改制（1997年—2003年）；劳动人口达到峰值（2006年—2007年）。立法时，当年在校大学生达928万人，“十一五”期间就有2700万需要就业的大学毕业生。同时我们也应看到，在改革开放不断深化、经济建设不断发展的大环境下，我国的就业仍具有很大的潜力。

一是要大力发展第三产业。目前，我国第三产业的产值仅占GDP的40%，而全球服务业增加值占GDP的60%，发达国家一般在70%以上。印度的外包服务业就超过中国。第三产业是用人多、产品附加值高的产业，但2005年我国服务业劳动就业占全部就业的比重仅为31.4%，远低于世界水平。大力发展第三产业可以有效促进就业，这里大有就业潜力。

二是鼓励自主创业、自谋职业。党的十七大报告提出，要实施扩大就业的发展战略，促进以创业带动就业。就业促进法规定，国家倡导劳动者树立正确的择业观念，提高就业能力和创业能力；鼓励劳动者自主创业、自谋职业。各级人民政府和有关部门应当简化程序，提高效率，为劳动者自主创业、自谋职业提供便利。这就是要求政府开拓就业渠道，放松某些方面的管制，为劳动者自主创业、自谋职业提供条件和便利。如城管对小摊贩的管理方式，就需要很好研究。现在小摊贩经营已不仅仅是为了生存，还往往是为创业积累第一桶金。据统计，我国私营企业和个体工商户的平均就业规模分别为13.31人和2.03人，这意味着前者以一个人的创业就创造了13个就业机会，后者一个人提供了2个就业机会。也就是说，这两种经济组织形式的发展，分别以13和2的乘数创造着就业岗位！强调以创业促进就业的政策手段，是对政府积极就业政策以及培育劳动力市场成功经验的总结和应用。

三是降低就业门槛，促进就业。比如减少行政审批环节、减免审批收费、改革资格证书制度等。有关资格证书我国有300多种，取得资格证书的成本很高，挡住了相当多劳动者的就业。而美国只有54种必要的资格证书，是劳动岗位必须具备的技术资格素质。本法草案在网上征求意见时，有意见提出，我国的资格证书制度改革要与过去的八级技术等级制结合起来，主要与工资水平结合，并要降低取得资格的成本，消除就业时的学历歧视和职务资格歧视。政府宽容些，让百姓选择多一些。

四是搞好职业教育和就业培训。挖掘就业潜力，搞好职业教育和就业培训是促进就业的重要工作，是实施科教兴国战略和加强人力资源能力建设的重要途径。就业促进法规定：（1）国家发展职业教育，鼓励和支持各类职业院校、职业技能培训机构和用人单位依法开展就业前培训、在职培训、再就业培训和创业培训，提高劳动者的素质。（2）企业应当对劳动者进行职业技能培训和继续教育培训。（3）建立健全劳动预备制度，对未能继续升学的初高中毕业生实行一定期限的职业培训。（4）组织进城就业的农村劳动者、失业人员参加就业培训，增强其就业能力和创业能力。

问题九：对就业困难人员如何实施就业援助？

实施就业援助，帮助就业困难人员实现就业，是就业促进工作中的一项重要内容。就业促进法规定，各级人民政府应当建立健全就业与再就业援助制度，采取税费减免、贷款贴息、社会保险补贴、岗位补贴等办法，通过公益性岗位安置等途径，对就业困难人员实行优先扶持和重点帮助，并确保城市有就业需求的家庭至少有一人实现就业，逐步消除“零就业”家庭。

政府投资开发的公益性岗位，如公交协管员、食品安全监督员等，应当优先安排符合岗位要求的就业困难人员。被安排在公益性岗位工作的，按照国家规定给予岗位补贴。

县级以上地方人民政府采取多种就业形式，拓宽公益性岗位范围，开发就业岗位，确保城市有就业需求的家庭至少有一人实现就业。法定劳动年龄内的家庭人员均处于失业状况的城市居民家庭，可以申请就业援助，经确认属实的，应当为该家庭中至少一人提供适当的就业岗位。

问题十：如何切实做好就业促进法的贯彻实施工作？

促进就业，关系改革发展稳定的大局，关系人民群众生活水平的提高，关系和谐社会的建设。就业促进法的颁布实施，为做好就业促进工作提供了法律保障。我们要从全面落实科学发展观、构建和谐社会的高度，深入学习、宣传和贯彻这部法律，使全社会进一步认识就业促进工作的重要性，从而切实做好法律的实施工作。

第一，各级人民政府和有关部门必须牢固树立就业是民生之本的思想，把扩大就业放在经济社会发展的突出位置，依法履行在促进就业工作中的各项职责，建立健全促进就业的工作机制。劳动行政部门要对就业促进法的实施情况加强监督检查，建立举报制度，受理对违法行为的举报，并及时予以核实、处理。

第二，要充分发挥工青妇等人民团体在协助人民政府开展促进就业工作方面的作用，形成全社会共同参与、齐心协力做好就业工作的局面。

第三，要抓紧做好就业促进法配套法律、法规、规章的制定或者修改工作，要以就业促进法的颁布实施为契机，进一步加强社会领域立法，着眼于以人为本、关注民生，保障权利、促进公平，切实解决人民群众最关心、最直接、最现实的利益问题，促进社会的和谐稳定。

化解劳动争议　构建和谐社会*

全国人大常委会法工委行政法室主任　李　援

我国于1987年恢复了劳动争议仲裁制度，随着1993年企业劳动争议处理条例和1994年劳动法的相继颁布实施，形成了以协商、调解、仲裁、诉讼为主要环节的现行劳动争议处理制度。这一制度在解决劳动争议、维护社会稳定方面发挥了十分重要的作用。

2005年10月全国人大常委会法工委开始起草劳动争议处理法。2006年7月形成劳动争议调解仲裁法（草案）。2007年4月法工委将这部法律草案征求意见稿发全国各地、各部门及有关单位、专家学者广泛征求意见。2007年8月劳动争议调解仲裁法（草案）提请十届全国人大常委会第二十九次会议进行审议。10月提请十届全国人大常委会第三十次会议进行二审。2007年12月29日，十届全国人大常委会第三十一次会议以151票赞成、2票弃权、2人未按表决器的结果，通过劳动争议调解仲裁法。现介绍一下劳动争议调解仲裁法的主要内容。

一、劳动争议处理的现状和问题

随着市场经济的发展，经济结构和就业方式的变化，社会利益格局和劳动关系也发生了深刻的变化，劳动争议处理工作出现了许多新情况、新问题，主要表现为：一是近年来劳动争议案件数量大幅上升。据统计，自1987年我国恢复劳动争议处理制度以来，截至2005年底，全国受理劳动争议案件172万件，涉及劳动者532万人，近二十年来

* 根据2007年9月14日于香港工商界劳动法律推介会上的演讲稿整理。

案件数量年均增长率达27.3%。仅2005年全国各级劳动争议仲裁委员会共立案31.4万件，涉及职工74.4万人，比去年同期增长20.5%。同时，集体争议平均年增长率也达到16.3%。争议案件日趋复杂，争议内容日益多样化，案件类型几乎涵盖了劳动法律关系的所有方面，调处难度加大。

二是1987年以来，随着企业劳动争议处理条例和劳动法的实施，劳动仲裁机构网络体系逐步完善，我国建立了省、市、县三级劳动争议仲裁委员会。但由于当前案件的普遍性和复杂性，劳动争议仲裁机构已经不能适应现实情况的需要。目前我国劳动仲裁机构性质不明确，人员、经费等必备的条件得不到国家财政的保障，劳动仲裁机构缺乏独立性，劳动仲裁人员专业化程度低，仲裁员长期处于超负荷工作状态，影响办案质量，不利于劳动争议的及时妥善解决，不能适应解决劳动争议的需要。

三是由于我国采用一裁两审的争议处理机制，发生争议可进行企业调解，也可申请仲裁，对仲裁结果不服，可以向人民法院起诉，对一审判决不服还可向上一级法院上诉。有些案件要历时一年甚至几年时间才能得到最终生效的判决，劳动争议处理周期过长，劳动者维权成本高，不利于劳动争议的处理。同时，有的用人单位利用劳动争议处理制度恶意延长处理周期，损害劳动者的合法权益。

二、关于调整范围

关于本法的调整范围，劳动争议调解仲裁法规定：第一，与劳动合同法的调整范围相同。即用人单位与劳动者发生的劳动争议，适用本法。

第二，对劳动争议作了如下分类：（一）确认劳动关系；（二）订立、履行、变更、解除劳动合同；（三）除名、辞退和辞职、离职；（四）有关劳动标准和劳动条件的争议；（五）有关薪酬等金钱给付的争议；（六）法律、法规规定的其他争议。

第三，事业单位实行聘用制的工作人员与本单位发生的劳动争议，适用本法。

第四，对集体合同的争议，适用劳动法第八十四条的规定。即因签订集体合同发生的争议，协调解决不成的，当地人民政府劳动部门组织有关各方协调处理；因履行集体合同发生争议的，当事人协商解决不成的，可以向劳动争议仲裁委员会申请仲裁，对仲裁裁决不服的，可以向人民法院提起诉讼。

三、关于劳动争议处理的原则和基本程序

劳动争议调解仲裁法规定，解决劳动争议，应当根据事实，遵循合法、公正、及时、着重调解的原则。

在本法审议过程中，有的意见提出，劳动争议处理应当实行“或裁或审”，由当事人自主选择仲裁或者诉讼，以减少环节，缩短周期。

考虑到劳动关系双方不同于一般民事关系双方，特别是在就业形势严峻，劳动者与用人单位之间的实际地位非常悬殊的情况下，当事人之间很难通过平等协议的约定选择仲裁或者诉讼。另外，根据我国劳动争议处理的现状，如果实行或裁或审，会有大量的劳动争议案件涌向法院，现行法院体制将难以承受，反而不利于劳动争议的及时解决。因此，针对我国目前劳动争议数量多增长快、劳动争议处理能力不足等实际情况，劳动争议调解仲裁法维持现行“一调一裁两审”的基本程序，解决劳动争议案件处理周期长的问题，对劳动争议处理体制加以完善。

因此，劳动争议调解仲裁法规定劳动争议处理的基本程序是：发生劳动争议，当事人不愿协商、协商不成或者达成和解协议后不履行的，可以向调解组织申请调解；不愿调解、调解不成或者达成调解协议后不履行的，可以向劳动争议仲裁委员会申请仲裁；对仲裁裁决不服的，除本法另有规定的外，可以向人民法院提起诉讼。这里“除本法另有规定的外”的案件，是指部分一裁终局的案件。

香港的劳动争议处理体制也是根据本地的历史情况形成的。香港劳动争议处理机构主要是特区政府的经济发展及劳工局、劳资审裁处和小额薪酬索偿仲裁处。劳工局的主要职能是为雇主和雇员提供劳动关系、劳动条件咨询、接受当事人的申请，进行劳动争议调解。劳资审裁处是香港法院系统的一部分，进行劳资纠纷的调解与仲裁，其生效的裁决具有法律的强制执行力。小额薪酬索偿仲裁处设在政府劳工局内，属于行政机构，但具有准司法性质。在香港，劳动争议案件不超过 10 人，每人申请额不超过 8000 元的属于小额案件，小额薪酬索偿仲裁处对小额案件专属管辖，其仲裁裁决一裁终局。当事人不服劳资审裁处仲裁裁决的，可以向法院提起诉讼。

四、关于协商与调解

劳动争议调解仲裁法规定，发生劳动争议，劳动者可以与用人单位协商，也可以请工会或者第三方共同与用人单位协商，达成和解协议。

劳动争议案件通过调解化解纠纷，可以有效避免劳动关系双方“赢了官司，僵了关系”的不利局面，对于维护劳动关系的和谐与稳定起到积极的作用。因此，强调着重调解，化解矛盾于基层，依托各种劳动调解组织，依法调解劳动争议。劳动争议调解仲裁法规定，企业可以设立劳动调解委员会，依法调解本企业发生的劳动争议。

解决劳动争议要以预防和调解为主，充分发挥各类调解组织的作用。劳动争议调解仲裁法规定，发生劳动争议，当事人可以到企业劳动调解委员会、依法设立的基层人民调解组织和在乡镇、街道设立的区域性或者行业性劳动调解组织申请调解，以充分利用各种劳动调解组织的巨大资源。

为了强化调解，劳动争议调解仲裁法赋予调解协议书相应的法律效力。由于调解的法律效力不明确，调解协议书是否只具有合同效力，没有法定执行力，成为劳动争议调解率低，调解协议履行率低的主要原因。因此，劳动争议调解仲裁法规定，因支付拖欠劳动报酬、工伤医疗费或者经济补偿事项达成调解协议，用人单位在十五日内拒不履行的，当事人可以持调解协议书依法向人民法院申请支付令。人民法院应当依法发出支付令。

五、关于用人单位的举证责任和劳动监察的强化

关于举证责任，劳动争议调解仲裁法的规定与民事诉讼法基本一致，将“谁主张、谁举证”作为处理劳动争议的一般举证责任原则，规定发生劳动争议，当事人对自己提出的主张，有责任提供证据。同时，规定了用人单位特殊举证责任：与争议事项有关的证据属于用人单位掌握和管理的，用人单位应当提供；用人单位不提供的，应当承担不利的法律后果。这里的“不提供”是指主观上的故意，而不是客观上的不能。

为了切实保护劳动者的合法权益，劳动争议调解仲裁法强化政府劳动监察部门的劳动监察执法力度，如用人单位违反国家规定，拖欠或者未足额支付劳动报酬，或者拖欠工伤医疗费、经济补偿或者赔偿金的，劳动者可以向劳动行政部门投诉，劳动行政部门应当依法处理。

六、关于仲裁机构

关于劳动仲裁机构，仍维持现行做法。劳动争议调解仲裁法规定，省、自治区人民政府根据需要在市、县设立劳动仲裁委员会，直辖市人民政府在区、县设立劳动仲裁委员会。劳动仲裁委员会由劳动行政部门代表、工会代表和企业方面代表组成，聘任仲裁员，依法仲裁劳动争议案件。劳动仲裁委员会下设办事机构，负责办理劳动仲裁委员会的日常工作。

关于政府劳动行政部门与劳动争议仲裁委员会及其办事机构的关系，劳动争议调解仲裁法规定，国务院劳动行政部门依照本法有关规定制定仲裁规则。省、自治区、直辖市人民政府劳动行政部门对本行政区域的劳动争议仲裁工作进行指导。

劳动争议调解仲裁法对劳动仲裁管理体制进行了重大改革，作出了明确规定，事业单位实行聘用制的工作人员与本单位发生劳动争议的，依照本法执行；法律、行政法规或者国务院另有规定的，依照其规定。

七、关于劳动争议仲裁的时效

关于时效。现行劳动法规定劳动争议仲裁的时效为"自劳动争议发生之日起六十日内"。这一时效规定的立法目的是为更快地解决劳动争议。但这一规定在实际工作中，发生了一些劳动者由于不熟悉法律规定耽误时间而失去了通过仲裁和诉讼手段保护自己权益的救济渠道。

为了更好地保护当事人的合法利益，劳动争议调解仲裁法适当延长了时效，并完善了时效中断、中止制度，规定仲裁时效期间为一年。仲裁时效期间从当事人知道或者应当知道其权利被侵害之日起计算。

因当事人一方向对方当事人主张权利，或者向有关部门请求权利救济，或者对方当事人同意履行义务，时效中断。从中断时起，时效期间重新计算。

因不可抗力或者有其他正当理由，当事人不能按照本法规定时效申请调解、仲裁的，时效中止。从中止时效的原因消除之日起，时效期间继续计算。

劳动争议调解仲裁法还规定了因拖欠劳动报酬发生争议的特殊仲裁时效。在劳动关系存续期间因拖欠劳动报酬发生争议的，劳动者申请仲裁不受本法规定的仲裁时效的限制；但是，劳动关系终止的，应当在劳动关系终止之日起一年内提出。

八、关于一裁终局的案件

针对劳动争议案件处理周期长、劳动者的维权成本高的现实问题，对一部分劳动争议金额小或者事实清楚案情简单的仲裁案件可以一裁终局，使相当一批案件通过仲裁尽快得到解决。劳动争议调解仲裁法规定，下列劳动争议，除本法另有规定的外，仲裁裁决为终局裁决，裁决书自作出之日起发生法律效力：（一）追索劳动报酬、工伤医疗费、经济补偿或者赔偿金，不超过当地月最低工资标准十二个月金额的争议；（二）因执行国家的劳动标准在工作时间、休息休假、社会保险等方面发生的争议。

九、关于劳动争议诉讼制度

劳动争议诉讼是劳动争议处理的一个重要环节，本法对劳动争议诉讼制度未作具体的规定，而是原则规定，适用民事诉讼法的有关程序，当事人对一裁终局以外的仲裁案件的裁决不服的，可以向人民法院提起诉讼。对一裁终局的案件，劳动争议调解仲裁法规定，当事人可以申请人民法院撤销仲裁裁决或者裁定不予执行。此外还规定，劳动仲裁委员会对当事人的仲裁申请不予受理的，申请人可以向人民法院提起诉讼。

一个和谐的社会不是没有争议和纠纷的社会，而是有完善的机制解决争议和纠纷的社会。如果把劳动争议比喻为水，劳动争议调解仲裁法就是渠道，流畅的渠道能够合法、公正、及时地化解劳动争议。这就是我们的期待！

建立和完善符合中国国情的社会保险法律制度*

全国人大常委会法工委行政法室巡视员　李　援

今天讲三个问题：一、社会保险法的重要性及其社会意义。二、社会保险法建立的是什么样的社会保险法律制度？也就是我国社会保险法律制度概述。三、社会保险的经办、社会保险基金的监管与监督问题。

第一个问题，社会保险法的重要性及其社会意义

2007 年 12 月 6 日，国务院向全国人大常委会提交关于提请审议《中华人民共和国社会保险法（草案）》的议案。同年 12 月 23 日，十届全国人大常委会第三十一次会议对社会保险法（草案）进行了初审。2008 年 12 月 22 日，十一届全国人大常委会第六次会议对社会保险法（草案）进行了二审。2008 年 12 月 28 日至 2009 年 2 月 15 日，全国人大常委会向社会公开征求对社会保险法（草案）的意见，各地人民群众通过网络积极提出意见。2009 年 12 月 22 日，十一届全国人大常委会第十二次会议对社会保险法（草案）进行了三审。2010 年 10 月 28 日，十一届全国人大常委会第十七次会议以 144 票赞成、5 票反对、9 票弃权的表决结果通过《中华人民共和国社会保险法》，2011 年 7 月 1 日起施行。这部法律从 1994 年开始起草，经十届、十一届全国

* 部分报告时间地点：2010 年 11 月 15 日至 2011 年 5 月 25 日：北京市、浙江省、江西省南昌市、浙江省杭州市人大，全国总工会，上海市政府，劳动关系学院、民航总局、中国人寿保险公司、泰康人寿保险公司培训班等。

人大常委会四次审议，历时16年，终于出台了。改革开放三十年，我国第一次确立了自己的社会保险法律制度。

社会保险法是一部重要的法律：

——这部法律是中国特色社会主义法律体系中起支架作用的法律。2010年形成的中国特色社会主义法律体系确立了七个法律部门，社会法是我国法律体系中第一次确立的法律部门，而社会保险法则是社会法中一部填补空白的法律。

——这部法律是促进中国经济社会健康发展，为社会公众提供社会保障、解除后顾之忧，维护社会稳定、长治久安的法律，是一部具有重大社会意义的法律。

——这部法律是建立和完善符合中国国情的社会保险法律制度的法律。它体现着中国社会主义性质的社会政策，中国公民在社会福利方面的待遇得到法律的确立。

——这部法律是全社会民众期待、盼望尽快出台的一部法律。因为它关系全体中国公民的切身利益。2008年12月28日至2009年2月15日，社会保险法二审稿向社会公开征求意见，由于网上提出意见众多，12月29日全国人大网瘫痪了5个小时。征求意见期间虽经元旦、春节两个假期，但在春节假期期间仍然收到了1500多件意见，这次征求意见，共收到意见70501件。主要意见有七个方面：一是建议社会保险实现全覆盖；二是建议适当降低缴费比例；三是建议取消或者降低养老保险最低缴费年限；四是建议对社会保险关系异地转移接续作出明确规定；五是建议提高医疗保险待遇水平；六是建议明确社会保险费征收机构；七是建议加强对社会保险基金的监督管理。

那么，社会保险是什么呢？笔者的体会是四句话：社会保险是国家的德政、国民的公德、社会的安全网、公民的权益。

国家的德政：《中华人民共和国宪法》第四十五条规定："中华人民共和国公民在年老、疾病或者丧失劳动能力的情况下，有从国家和社会获得物质帮助的权利。国家发展为公民享受这些权利所需要的社会保险、社会救济和医疗卫生事业。"据此，社会保险是国家的德政，世界上每个国家都是如此。国家在发展经济的同时，必须建立完善的社会保险制度，保障国民过上体面而有尊严的生活。

国民的公德：社会共济是社会保险的核心价值观。在人们年轻、健康时拿出自己部分的劳动所得，筹集成社会保险基金，向需要的人，如年老、患有疾病或者丧失劳动能力的人，支付社会保险。当自己有需要时，如自己年老、患病或者丧失劳动能力时，其他人又会伸出援手，帮助自己。真可谓是“一人帮大家，大家助一人”道德观的体现，这就是社会共济。这里使用“国民”一词，是因为国民包括法人和自然人。

社会的安全网：完善的社会保险是实现社会和谐稳定的一项政府职责，它是确保社会安定、社会公正的社会安全网和平衡器；它是维护社会稳定的重要防线，本身就是一种社会安全体系。它还是社会财富二次分配的重要组成部分，通过它实现“老有所养、病有所医、残疾有保障、失业有救济”，解除人们的后顾之忧。政府应当加大社会保险投入比重，确保社会保险基金的安全，实现社会保险社会人群的全覆盖。

公民的权益：社会保险权益是中华人民共和国公民享有的宪法规定的基本权利，其合法权益受法律保护，受到侵害时，有权得到赔偿或者补偿。

对于社会保险法律制度的特性、作用以及其重要性，需要大力宣传，使它深入人心，政府、社会、单位与个人都切实履行各自社会保险的社会责任，起到凝民心、聚民意的社会效果，让社会稳定和谐。

社会保险法律制度的三个制度目标：

一是让人民享有全面保障权。社会保险法建立了五种社会保险，让每一位公民都能享有社会保险，现在已经从法律制度上实现全覆盖，今后要尽快实现事实上的全覆盖。现实中我国的社会保险在全覆盖中还有差距：2009 年我国医疗保险覆盖 90%，而养老保险仅覆盖 25%。

二是让人民享有公平保障权。即建立统一的社会保险制度，提高社会保险统筹层次，缩小城乡之间、地区之间、职业行业之间、不同人群之间的差距，采取措施逐步解决“碎片化”“双轨制”等问题。

三是让人民享有基本保障权，即保险待遇达到一定水平。随着经济社会的发展，一定会逐步提高全体公民的社会保险待遇水平，足以保障全体公民能够过上体面而有尊严的生活。什么叫“有尊严”？就是不用求着谁，靠的是自己的劳动。

面对现状，社会保险法是一部立法难度较大的法律，经济的发展已经形成利益格局，因此，难在利益调整，主要涉及四个方面的利益调整。

一、国家利益向社会公众倾斜。国家：要做好共同富裕这道题。

要让劳动者、公民都能享受到中国改革发展的成果，搞好二次分配，包括教育、医疗、住房以及社会保险等一系列政策。我们国家现在已经有能力做到这一点，我们国家也已经到了必须做到这一点的时候了。主要是因为，国家社会经济虽然有了很大的发展，但与此同时我国的贫富差距也在拉大，这是个严重的问题，需要中央作出决策。

二、政府加大对社会保险的投入。政府：要做好社会公平这道题。

完善我国的社会保险制度，确保全体公民社会保险全覆盖。2001年到2007年财政收入17万亿元，2010年财政收入超过8万亿元，年均增幅30%以上。2002年政府对社会保险的投入最高达财政收入的12.33%，而2007年降为10.89%。据了解，国外主要发达国家投入比例在30%左右。政府对社会保险的投入还有空间。

三、部门与地方不能有自己的利益，健全社会保险制度要进行利益调整。部门与地方：要做好服从大局这道题。

本法涉及人力资源和社会保障部、卫生部、财政部、人民银行、税收机关、发改委以及审计署等多个部门，必须协调、配合，做好社会保险基金的征缴、支付、管理与投资运营等重要工作。

本法涉及近2300多个社会保险统筹地区，7500多个社会保险经办机构，1.5万多个独立结算的社会保险基金，必须在社会保险统筹层次的提升、公民社会保险的转移接续、社会保险待遇的及时发放上树立以人为本、全局意识，破除地方利益。例如，扬州与镇江仅一江之隔，扬州的养老基金的节余足够3年不用收保险费，而镇江入不敷出，当年收缴的社会保险费不够支付养老金。这个问题只能采取提高统筹层次的方法解决，社会保险基金必须做到能够调剂使用。

四、以体面、有尊严的生活为标准，提高社会保险待遇。公众：要做好和谐社会这道题。

用人单位和公民要履行社会保险的缴费义务，实现社会保险的社会统筹和社会共济。企业要把它作为社会责任，认真履行。不断提高养老保险等社保待遇，使社会保险制度的实施，最终确保我国公民过上体面而有尊严的生活。目前我国养老保险待遇水平还不高，2009年全国月平均工资2435元，月平均养老金仅为1200元；2010年上半年月平均工资提高到2768元，月平均养老金为1300元。随着国家经济社会的发展，我国社会保险待遇会逐年提高。

第二个问题，我国的社会保险法律制度概述

社会保险法开宗明义，第一条规定："为了规范社会保险关系，维护公民参加社会保险和享有社会保险待遇的权益，使公民共享发展成果，促进社会和谐稳定，根据宪法，制定本法。"

社会保险制度的产生与发展，实质上是工人阶级自下而上为自身权利而斗争，统治者为调整社会利益关系，缓和社会矛盾的相互作用的结果。1883年，德国俾斯麦政权先后制定了疾病保险法、工伤保险法及养老、残疾、死亡保险法，从而奠定了德国社会保险法律制度的基础，德国成为世界上第一个建立社会保险制度的国家。

自新中国成立以后，随即建立了一套覆盖国有部门的保障体系，它大体上能够满足城市职工及其家属的生、老、病、死等生活保障需要，形成了以职工所在单位实施的"现收现付"保障制度。改革开放以来，我国对养老、医疗、工伤、失业、生育等项社会保险制度进行了一系列的改革探索，初步建立了独立于企业事业单位之外、资金来源多元化、保障制度规范化、管理服务社会化的社会保险制度。

社会保险法的制定，标志着我国建立和完善了符合中国国情的社会保险制度。

我国社会保险制度的主要内容是：

一、五种社会保险：我国社会保险包括基本养老保险、基本医疗保险、工伤保险、失业保险和生育保险五种社会保险。有的国家还有护理保险、学生保险，日本有超龄老人保险等社会保险。

二、基本模式：我国实行由用人单位和个人缴费的社会统筹保险资金与政府财政补贴相结合的基本模式。社会保险法规定，中华人民共和国境内的用人单位和个人依法缴纳社会保险费。国家多渠道筹集社会保险资金。县级以上人民政府对社会保险事业给予必要的经费支持。

国际上支付方式大体有三种模式：（1）现收现付制；（2）完全个人积累制；（3）部分个人积累制。

资金筹集方式大体有四种模式：（1）国家福利保障型：国家征税从“摇篮到坟墓”全保障，如瑞典等北欧国家；（2）国家统筹型：通过征收社会保险税筹集社会保险基金，如德、法、英等国家，美国的养老保险；（3）社会统筹与个人积累相结合型：社会统筹加个人账户构成，如意大利、东欧诸国，我国大体采用这种模式；（4）强制储蓄型：建立私人账户，由社会保险强制险机构运作保值增值，如智利、墨西哥等国家，美国的医疗保险。目前多国根据自己的国情，对社会保险制度进行改革，因此大多国家实行混合型。新加坡则实行中央公积金制度。

三、社会保险人群：有职工、城镇居民、农村居民三类。职工参加五种社会保险。职工中按照缴费和领取社保待遇的标准不同分为企业职工、事业单位职工、灵活用工人员和公务员。社会保险法规定农村进城务工人员依照本法执行，即农民工应当和职工一样，参加五种保险。

城镇居民和农村居民参加基本养老保险和基本医疗保险。其中农村居民参加新型养老保险和新型农村合作医疗，即“新农合”。

四、缴费义务：有用人单位、职工和城镇与农村居民三部分。

1. 用人单位按照工资总额的一定比例缴纳社会保险费。基本养老保险：20%，基本医疗保险：6%，工伤保险：平均1.5%，国家根据不同行业的工伤风险程度确定行业的差别费率，并根据使用工伤保险基金、工伤发生率等情况在每个行业内确定费率档次。社会保险经办机构根据用人单位使用工伤保险基金、工伤发生率和所属行业费率档次等情况，确定用人单位缴费费率0.5%至2%，失业保险：2%，生育保险：0.5%。总计为30%至32%。立法时到鞍钢调查，鞍钢2008年的情况是：年营业收入约1000亿元，工资总额48亿元，工资性支出：社保缴费30%、福利费14%、公积金15%、教育培训费2%、工会会费2%，共占工资总额的60%；工资和工资性支出总计约80亿元，占年营业收入的8%—10%。

2. 职工按照本人工资的一定比例缴纳社会保险费：基本养老保险：8%，基本医疗保险：2%，失业保险：1%，总计为11%。灵活就业人员基本养老保险：16%至20%，基本医疗保险8%。职工的社会保险费是由用人单位登记、缴纳，灵活就业人员需自己到社会保险费征收机构登记、缴纳。

3. 城镇居民和农村居民按照国家规定缴纳一定数额的社会保险费，如医疗保险个人缴纳20元，再加上政府医疗保险补助80元，共计100元。

4. 政府责任：社会保险法规定，基本养老保险基金出现支付不足时，政府给予补贴。由于社会保险基金由社会筹集，其性质属于社会公共资金，而非财政资金。政府的责任在于，社会保险基金出现支付不足时，由财政资金给予补足。

五、待遇标准：五种社会保险不同。

（一）基本养老保险待遇：基本养老金由统筹养老金和个人账户养老金组成。基本养老金标准根据累计缴费年限、缴费工资、当地职工平均工资、个人账户金额、城镇人口平均预期寿命等因素确定。企业职工和灵活就业人员：累计缴费年限35年替代率约为58%；事业单位约为70%；公务员约为90%。城镇居民和农村居民为政府补贴55元加上个人缴费部分。

现在社会上诟病的社保“双轨制”问题。关于公务员，全世界各国都实行公务员与职工不同的社会保险制度。这一问题的关键在于两者社会保险资金的性质不同，公务员的社保资金是财政资金，而职工社会保险基金是社会统筹资金。因此，解决“双轨制”的关键问题是要实现社保待遇的大体相当。欧洲各国通过改革社保制度解决“双轨制”的问题。如缩小财政资金保障公务员的范围，英国立法确定2000名“高级公务员”由财政包下来，其他公务员纳入社会统筹的社会保险制度中。另外，我国通过改革，把事业单位人员纳入社会统筹的社会保险制度中，同时，通过连年调整养老金水平，使不同人群的养老待遇水平差距逐步有所缩小。

养老保险金计算公式比较复杂，需要用微积分来计算。但我们可以用较为通俗一点的办法，大体上计算出自己到退休时的养老金数额。即缴费年限已达35年，退休时最后一个月的工资（如1万元）乘以替代率58%：养老金约为10000元×0.58＝5800.00元。

待遇领取：参加基本养老保险的个人，达到法定退休年龄时累计缴费满十五年的，按月领取基本养老金。有的人认为自己一辈子只缴费十五年就能按月领取养老金了，不必再给别人多缴社保费了。孰不知缴费十五年的替代率只有23%，这点钱不能保障退休后的基本养老生活。

参加基本养老保险的个人，达到法定退休年龄时累计缴费不足十五年的，可以缴费至满十五年，按月领取基本养老金；也可以转入新型农村社会养老保险或者城镇居民社会养老保险，按照国务院规定享受相应的养老保险待遇。

国家建立基本养老金正常调整机制。根据职工平均工资增长、物价上涨情况，适时提高基本养老保险待遇水平。到2010年已实现六连调，养老保险待遇的差距在缩小。

国家建立和完善新型农村社会养老保险制度。新型农村社会养老保险实行个人缴费、集体补助和政府补贴相结合。农村居民和城镇无业居民也有了社会养老保险。

这里再附带讲一下养老保险制度过渡性办法：我国现行社会养老保险制度是在1991年建立，并且不断改革完善，覆盖面逐步扩大，这就出现了新旧制度之间如何过渡的问题。国务院人力资源和社会保障部先后下发1991年33号、1995年6号、1997年26号、2005年38号等文件，都规定了具体待遇过渡期如何计算。社会保险法规定的追溯期过渡办法就是以国务院这些规定为限。具体讲就是国有企业、事业单位职工参加基本养老保险前的工龄视同缴费年限期间，应当缴纳的基本养老保险费由政府承担。

（二）基本医疗保险待遇：基本医疗保险在起付线以上（目前是职工平均工资的10%）、封顶线以下（目前是职工平均工资的6倍）部分按比例支付。新农合按照医疗机构级别、门诊与住院医药费、封顶线（目前是4万—6万元）以下等情况按比例支付。医疗保险必须在诊疗、药品、设施标准及急诊、抢救范围内支付。

医疗保险要求：（1）医疗费用由社会保险经办机构与医疗机构、药品经营单位直接结算，个人不垫付，目前全国已实行医保卡制度；（2）建立异地就医医疗费用结算制度，方便参保人员享受基本医疗保险待遇；（3）医疗费用依法应当由第三人负担的，第三人拒不支付或者无法确定第三人的，由基本医疗保险基金先行支付，基本医疗保险基金先行支付后，有权向第三人追偿。如最近发生的张海超“开胸验肺”事件，在工伤保险确定之前，医疗保险应当先行支付。

新型农村合作医疗与城市居民基本医疗保险：社会保险法规定，国家建立和完善新型农村合作医疗制度；建立和完善城镇居民基本医疗保险制度。农村居民和城镇居民医疗保险实行个人缴费与政府补助相结合。

（三）关于工伤保险：社会保险法规定，工伤保险待遇需要经工伤认定和工伤级别鉴定后按规定由社会保险基金支付。

工伤保险应当由用人单位支付的项目：（1）工伤期间的工资福利；（2）五级、六级伤残职工按月领取的伤残津贴；（3）终止或者解除劳动合同时，应当享受的一次性伤残就业补助金。

同时社会保险法加重了用人单位的责任，规定职工所在用人单位未依法缴纳工伤保险费，发生工伤事故的，由用人单位支付工伤保险待遇；用人单位不支付的，从工伤保险基金中先行支付。

（四）失业保险待遇：失业人员符合下列条件的，从失业保险基金中领取失业保险金：（1）失业前用人单位和本人已经缴纳失业保险费满一年的；（2）非因本人意愿中断就业的；（3）已经进行失业登记，并有求职要求的。

失业人员失业前用人单位和本人按照规定累计缴费时间的不同，领取失业保险金的期限最长分为12个月至24个月。失业保险金的标准，由省、自治区、直辖市人民政府确定，不得低于城市居民最低生活保障标准。

失业后，再次就业的，缴费时间重新计算，领取失业保险金的期限与前次失业应当领取而尚未领取的失业保险金的期限合并计算，最长不超过24个月。例如，一职工已缴费8年后失业了，可领取失业金18个月。领失业金6个月后又找到工作，此时失业期间应领取而未领取的失业金期限有12个月。而该职工工作2年后再失业，此时可领取失业金12个月，两个期限合并计算可领取失业金24个月。

（五）关于生育保险：女性：生育医疗费和生育津贴；男性：计划生育手术医疗费和没有工作配偶的生育医疗费。

六、关于统筹层次。

社会保险法明确规定，基本养老基金逐步实行全国统筹。其他社会保险基金逐步实行省级统筹，具体时间、步骤由国务院规定。前面讲了，我国有2300多个社会保险统筹地区，7500多个社会保险经办机构，1.5万多个独立结算的社会保险基金，这就是所谓“碎片化”现象。其危害是制度性危害，对我国社会保险制度的损害是巨大的。

第一是违反大数法则，影响社会保险基金发挥效能。例如，上海基本养老保险基金分为上海本地职工和赴沪外地劳动者两个养老保险基金账户，结果上海本地职工养老保险基金账户入不敷出，每年上海财政要向职工养老保险基金投入140个亿，而赴沪外地劳动者的养老保险基金账户却年年节余，基金花不出去。

第二是社会保险资金无法调剂，降低基金使用效率。例如，全国医疗保险基金算总账年节余达2000亿，但我国医疗保险基金以县为单位设立账号，独立结算。全国3000多个县，节余的钱都平均掉了，怎么提高全国的医疗保险水平？

第三是个人权益记录存在隐患。全国这么多人口，保持完整的个人权益记录本身就是一项十分艰巨的工作，更何况是处在如此零散状况下，如何能够确保一个人自参加工作到退休几十年各项社保权益的实现？2007年6月初，日本厚生劳动省社保厅曝出超过5000万份养老金个人记录存在信息缺失的丑闻，日本公众对此义愤填膺，引发社会动荡，厚生劳动省大臣辞职道歉谢罪，社会保险厅官员总辞。最后，刚上台半年的首相也引咎辞职，以平息事态。

第四是基金安全存在风险。社会保险基金账户分别建在五大商业银行里，这种碎片化的现象大大增加了监督管理的难度。

七、关于转移接续。

社会保险法规定了社会保险转移接续制度，主要有四个：（1）养老保险待遇在统筹地区间的转移接续；（2）养老保险待遇制度间的转移接续；（3）医疗保险和失业保险的转移接续；（4）企业、事业单位和公务员之间因职业变动社会保险待遇的转移接续。

社会保险法综合考虑城乡的社会保险体制，建立统一的社会保险法律制度，对城乡居民的基本养老保险和基本医疗保险的模式大体一致，资金来源、筹资方式、待遇标准也正朝着统一的方向努力，同时提高社会保险统筹层次，逐步缩小城乡之间、地区之间、职业行业之间、不同人群之间社会保险待遇的差距。

（一）养老保险统筹地区间的转移接续。劳动者在不同统筹地区工作养老保险关系可以异地转移接续，社会保险法规定，个人跨统筹地区就业的，其基本养老保险关系随本人转移，缴费年限累计计算。个人达到法定退休年龄时，基本养老金分段计算、统一支付。具体办法由国务院规定。在制定这部法律之前，那些先在北京工作，后调到上海、深圳工作的人，即便在北京、上海、深圳工作时都缴费，也不能保证60岁退休时能够拿到全部的养老金。例如，某人在北京工作10年，上海工作5年，深圳工作8年，一共23年，超过按月领取养老金的最低缴费15年的期限。但由于每一地的工作年限都不到15年，如果不能转移接续，则退休时就不能按月领取养老金。不足缴费年限的过去都是采取退保的办法，极大地损害了城乡居民的社保权益。现在不仅可以转移社保关系，还转移社保基金，分段计算，统一支付。

（二）养老保险待遇制度间的转移接续。养老保险待遇制度分为职工基本养老保险、新型农村社会养老保险和城镇居民社会养老保险。社会保险法规定，参加职工基本养老保险的个人，达到法定退休年龄时累计缴费不足15年的，可以转入新型农村社会养老保险或者城镇居民社会养老保险，按照国务院规定享受相应的养老保险待遇。

（三）医疗保险和失业保险的转移接续。关于医疗保险：社会保险法规定，个人跨统筹地区就业的，其基本医疗保险关系随本人转移，缴费年限累计计算。异地就医的参保人员按照异地就医医疗费用结算制度享受基本医疗保险待遇。参加职工基本医疗保险的个人，达到法定退休年龄时累计缴费达到国家规定年限的，退休后不再缴纳基本医疗保险费，按照国家规定享受基本医疗保险待遇；未达到国家规定年限的，可以缴费至国家规定年限。

关于失业保险：社会保险法规定，领取失业保险金需根据失业登记后按照缴费年限长短支付不同时间的失业保险金。

（四）企业、事业单位和公务员之间职业变动的转移接续。社会保险法规定，按照国家有关规定办理，以保障其社会保险的合法权益。

第三个问题，社会保险的经办、社会保险基金的监管与监督

一、关于社会保险的经办

社会保险法规定，国务院社会保险行政部门负责全国的社会保险管理工作；国务院其他有关部门在各自的职责范围内负责有关的社会保险工作。县级以上地方人民政府社会保险行政部门负责本行政区域的社会保险管理工作；县级以上地方人民政府其他有关部门在各自的职责范围内负责有关的社会保险工作。国务院有关部门是财政部、卫生部、税务总局、审计署等，这些部门应当在法定职责内做好社会保险管理工作。

统筹地区设立社会保险经办机构，社会保险经办机构的职责是，提供社会保险服务，负责社会保险登记、个人权益记录、社会保险待遇支付等工作。法律要求社会保险经办机构应当及时为用人单位建立档案；完整、准确地记录参加社会保险的人员、缴费等社会保险数据；妥善保管登记、申报的原始凭证和支付结算的会计凭证；及时、完整、准确地记录参加社会保险的个人享受社会保险待遇等个人权益记录。

社会保险法规定，国家建立全国统一的个人社会保障号码。个人社会保障号码为公民身份号码。社会保险经办机构应当按时足额支付社会保险待遇。定期将个人权益记录单免费寄送本人。

用人单位和个人可以免费向社会保险经办机构查询、核对其缴费和享受社会保险待遇记录，社会保险经办机构应当提供社会保险咨询等相关服务。

二、关于社会保险基金的管理

（1）对社会保险基金实行严格监管。国家对社会保险基金实行严格监管。建立健全社会保险基金监督管理制度，保障社会保险基金安全、有效运行。各项社会保险基金按照社会保险险种分别建账，分账核算，执行国家统一的会计制度。社会保险基金专款专用，任何组织和个人不得侵占或者挪用。

（2）建立社会保险基金预算制度。社会保险基金通过预算实现收支平衡。县级以上人民政府在社会保险基金出现支付不足时，给予补贴。社会保险基金按照统筹层次设立预算。社会保险基金预算按照社会保险项目分别编制。统筹地区的社会保险基金预算、决算草案的编制、审核和批准，按照国务院规定执行。

（3）设立社会保险基金财政专户。社会保险法规定，社会保险基金存入财政专户，具体管理办法由国务院规定。

（4）确保社会保险基金保值增值。社会保险法规范了社会保险基金的投资运营，社会保险基金在保证安全的前提下，按照国务院规定投资运营实现保值增值。社会保险基金不得违规投资运营，不得用于平衡其他政府预算，不得用于兴建、改建办公场所和支付人员经费、运行费用、管理费用，或者违反法律、行政法规规定挪作其他用途。

国家设立全国社会保障基金，由中央财政预算拨款以及国务院批准的其他方式筹集的资金构成，用于社会保障支出的补充、调剂。全国社会保障基金由全国社会保障基金管理运营机构负责管理运营，在保证安全的前提下实现保值增值。

三、关于社会保险基金的监督

社会保险法对社会保险基金的监督设计了三个路径：

（1）人大监督：各级人民代表大会常务委员会听取和审议本级人民政府对社会保险基金的收支、管理和投资运营情况进行监督检查的专项工作报告，组织对本法实施情况的执法检查等，依法行使监督职权。

（2）政府监督：县级以上人民政府采取措施，鼓励和支持社会各方面参与社会保险基金的监督。

县级以上人民政府社会保险行政部门应当加强对用人单位和个人遵守社会保险法律、法规情况的监督检查。对社会保险基金的收支、管理和投资运营情况进行监督检查。发现存在问题，应当提出整改建议，依法作出处理决定或者向有关行政部门提出处理建议。检查结果应当定期向社会公布。

财政部门、审计机关按照各自的职责，对社会保险基金的收支、管理和投资运营情况实施监督。

（3）社会监督：设立社会保险监督委员会。统筹地区人民政府成立由用人单位代表、参保人员代表，以及工会代表、专家等组成的社会保险监督委员会，掌握、分析社会保险基金的收支、管理和投资运营情况，对社会保险工作提出咨询意见和建议，实施社会监督。

社会保险经办机构应当定期向社会保险监督委员会汇报社会保险基金的收支、管理和投资运营情况。社会保险监督委员会可以聘请会计师事务所对社会保险基金的收支、管理和投资运营情况进行年度审计和专项审计。审计结果应当向社会公开。

社会保险监督委员会发现社会保险基金收支、管理和投资运营中存在问题的，有权提出改正建议；对社会保险经办机构及其工作人员的违法行为，有权向有关部门提出依法处理建议。

关于法律救济途径。个人或者用人单位认为社会保险费征收机构或者社会保险经办机构的行为侵害自身社会保险合法权益的，可以依法申请行政复议或者提起行政诉讼。用人单位侵害个人社会保险权益的，个人也可以要求社会保险行政部门或者社会保险费征收机构依法处理。

社会保险法立足于中国的实际，与我国的社会经济发展水平相适应，从制度层面已经建立起一个全覆盖、保基本的社会保险法律制度。对于保障社会公平，构建和谐社会，促进经济社会的平稳快速发展，必将发挥其应有的功能，造福于全体人民。

加强工会组织建设　维护广大职工权益*

全国人大常委会法工委行政法室主任　李　援

工会法修正案（草案）于 2001 年 8 月 27 日提请九届全国人大常委会第二十三次会议初审，2001 年 10 月 27 日九届全国人大常委会第二十四次会议以 116 票赞成、1 票反对、14 票弃权的表决结果通过了《全国人民代表大会常务委员会关于修改〈中华人民共和国工会法〉的决定》。今天讲一讲工会法修改需要解决的主要问题。

我国第一部工会法是 1950 年由中央人民政府颁布的，1992 年曾经作过一次修订。这部法律确定了工会在国家政治、经济和社会生活中的地位，规范了工会的权利和义务，对于工会依法开展活动，履行各项职能发挥了积极作用。工会法修订实施以来，由于社会主义市场经济的建立和完善，经济结构的战略性调整，公有制实现形式的多样化和非公有制经济的快速发展，经济关系和劳动关系发生了深刻变革。当前，工会工作面临着一些新的、亟待解决的问题，需要根据新的形势，对工会法进行适当的修改，以加强工会组织的建设，维护广大职工的权益，建立和谐的劳动关系，充分发挥工人阶级主人翁作用，维护社会稳定，促进改革与经济发展。

这次工会法修改首先考虑解决的问题是：如何定位工会的职责问题

定位工会的职责中心是突出和强化工会维护职工合法权益的职能。

---

* 2001 年 11 月 10 日全国总工会工会法培训班。

在这个问题上能够有所突破，意义深远。第一，由于社会主义市场经济的建立和快速发展，我国的经济关系和劳动关系发生了深刻变革，社会经济成分、组织形式、就业方式、利益关系和分配方式日益多样化，大量涉及职工劳动就业、劳动报酬、社会保障和劳动安全卫生等方面的问题需要协调。同时，随着我国社会主义民主政治建设的推进和发展，又需要坚持贯彻党的全心全意依靠工人阶级的根本指导方针，保证职工在基层的经济、政治、文化和其他社会事务中当好家作好主。这就要求工会更好地肩负起维护职工合法权益的基本职责，积极参与劳动关系的协调，维护广大职工的经济、政治、文化权益，成为广大职工合法权益的代表者、维护者。

第二，改革开放和发展社会主义市场经济，使我国的劳动关系发生了很大的变化，工会维护职工合法权益的任务异常繁重艰巨。一些外商投资企业、私营企业和乡镇企业，无视劳动法的规定，私招滥雇工人，不与职工签订劳动合同；强迫工人长期加班加点，甚至有的工人每天工作12小时以上；任意拖欠、克扣工人工资，据在建有工会的单位中统计，2000年全国共拖欠职工工资近370亿元；还有的企业拒不为职工缴纳养老、失业、工伤保险金；不为职工提供必要的劳动保护设施，致使重大伤亡事故频繁发生；甚至有的企业严重侵犯人身权利，任意打骂、侮辱工人等。这些行为不仅严重侵犯了职工和工会的合法权益，还引发了大量群体性事件的发生。如2000年发生的广东省中山市中横灯饰厂非法拘禁毒打工人案，山西省清徐县垣跃暖气片有限公司和浙江省诸暨市李字集团对工人进行监狱式管理案，广东省深圳市龙岗区坑梓镇宝洋产业制品厂56名女职工被搜身案等一系列恶性侵权案件，在社会上造成了十分恶劣的影响。广大职工反映强烈，迫切要求工会组织能更好地维护他们的合法权益。

第三，我们在修改工会法征求意见过程中，一些专家和企业的同志谈道，修改工会法一定要关注和适应国际的大环境。我国已加入WTO，融入全球经济一体化进程，然而，随着全球经济一体化的发展，全球资方力量进一步团结和集中，资本的力量越来越强大，劳动者就更处于弱势地位。在亚洲经济危机之后，有的国家为了增强国家的竞争力，维护国家的利益，而有意识地削弱、牺牲劳动者的利益，韩国还因此修改了工会法。要注意这个倾向性的问题。我们修改工会法，既要与我国加入 WTO、加入国际经社文权利公约的大的国际国内环境相适应，使本法具有一定的前瞻性，又要突出和强化工会维护职工合法权益的职能。在这个问题上，不能动摇。

因此，在工会法修改过程中大量增加了工会进一步发挥维权职能的条款。如工会法增加规定："中华全国总工会及其各工会组织代表职工的利益，依法维护职工的合法权益。"强调："维护职工合法权益是工会的基本职责。工会在维护全国人民总体利益的同时，代表和维护职工的合法权益。"并规定："工会与企业通过平等协商和集体合同制度，协调劳动关系，维护企业职工劳动权益。""工会依照法律规定通过职工代表大会和其他形式，组织职工参与本单位的民主决策、民主管理和民主监督。"特别是在第三章工会的权利和义务一章中，充实了有针对性的内容，把工会的权利规定得更为具体，主要是从加强工会的组建工作、对职工民主权利的法律保护、健全劳动关系的协调机制以及工会在维护职工劳动权益等方面的权力和手段，作出了法律规范。

这里先讲讲工会在维护职工劳动权益方面的权力和手段的问题。大家知道，工会维权的权力主要有三个，一是组织权，将个体的分散的职工组织起来，形成与雇主相抗衡的力量。二是谈判权，通过平等协商签订集体合同，保障职工最基本的和必要的劳动权益；通过对侵犯职工权益的问题与企业方交涉、提出意见和建议，使企业加以改进。三是罢工权，这是工人与雇主斗争中采取的最极端的、最后的也是最有效的手段。我国是社会主义国家，我国的职工是国家的主人，即使是非公有制企业的职工，也是具有双重身份的，即企业中的雇员和国家的主人这样一种双重身份。因此，工会法不能规定工会可以组织职工罢工。这也是 1980 年修改宪法取消罢工自由规定的原因。

工会法在赋予工会维权的手段方面，主要修改的内容是：一、规定企业、事业单位违反职工代表大会制度和其他民主管理制度，工会

“有权要求企业纠正”，保障职工依法行使民主管理的权利。

二、规定工会对企业处分职工不适当的，“有权提出意见”，企业要“将处理结果书面通知工会”；职工因企业侵犯其合法权益而申请劳动仲裁或者向人民法院提起诉讼的，工会“应当给予支持和帮助”。

三、规定工会对企业劳动安全卫生条件、企业强令职工冒险作业等情况“提出意见”和“解决的建议”，企业必须及时作出处理。

四、规定企业、事业单位违反劳动法律、法规，克扣职工工资、不提供劳动安全卫生条件、随意延长劳动时间、侵犯女职工和未成年职工特殊权益以及其他严重侵犯职工权益的，工会“应当代表职工与企业进行交涉”，企业、事业单位应当予以研究处理，并向工会作出答复；企业、事业单位拒不改正的，工会可以“请求县级以上人民政府依法作出处理”。这一规定大家要引起重视，这是一项很必要也是很有力的一个手段，与企业进行交涉，可以说是“准罢工权”。这次工会法新规定工会的“交涉权”，是一个重要的规定。

五、企业发生停工、怠工事件时，工会“应当代表职工”进行协商，“反映职工的意见和要求并提出解决意见”。

这些方面赋予工会的权力和手段，比 1992 年的工会法大大强化，对于维护职工合法权益方面将更加有效，特别是对非公有制企业来讲，有了更大的适用性。

第二个需要解决的问题是：切实保障职工参加和组织工会的权利

最大限度地把广大职工组织到工会中来，是维护工人阶级队伍团结统一的迫切要求，也是工会履行维护职工合法权益基本职责的前提。中央领导同志指出，我们一定要从巩固和加强党的阶级基础和执政基础的高度，从维护改革发展稳定大局的高度，从代表广大职工根本利益的高度，深刻认识新建企业组建工会工作的重要性和紧迫性，在加强原有基层工会建设的同时，加快新建企业组建工会的步伐，最大限度地把职工组织到工会中来。进入二十世纪九十年代后，由于多方面的原因，我国工会出现了基层组织数减少、会员人数下降的现象。据统计，1999 年底，全国会员总数为 8700 多万，较 1995 年的 1.03 亿会员减少了约1600万。各级工会采取有力措施，加大了基层工会组建的力度，使基层工会组织和会员人数呈现出恢复性增长趋势。截至2000年底，全国工会会员总数已回升到1.03亿，但也仅占全国职工总数的二分之一左右。

造成这种现状的主要原因，一是一些地方把组建工会和建立良好的投资环境对立起来，担心组建工会会影响外商的投资积极性，有的甚至公开说，挂上工会的牌子，就会少了外商的票子。一些外商投资企业和私营企业的经营者对我国工会的性质和作用存在疑虑和误解，怕工会建立起来以后跟自己对着干，怕工会开展活动影响生产。

二是1992年的工会法对阻挠、限制职工参加和组织工会的违法行为，没有规定相应的制裁措施。职工参加和组织工会的权利缺乏强有力的法律保障。

三是随着经济结构调整和国有、集体企业的改制，不少工会组织被撤并，导致工会会员流失。

工会法针对上述现象作出规定，一是规定："企业、事业单位、机关有会员二十五人以上的，应当建立基层工会委员会；不足二十五人的，可以单独建立基层工会委员会，也可以由两个以上单位的会员联合建立基层工会委员会，也可以选举组织员一人，组织会员开展活动。"同时对建立工会女职工委员会和在工会委员会中设女职工委员问题作了规定。还规定："企业职工较多的乡镇、城市街道，可以建立基层工会的联合会。""上级工会可以派员帮助和指导企业职工组建工会，任何单位和个人不得阻挠。"这就使工会以多种组织形式，采取多种方式做好工会组建工作，最大限度地将职工组织到工会中来。

二是加强对工会组织的保障和对工会干部的保护，这是做好工会工作的基础。工会法规定："任何组织和个人不得随意撤销、合并工会组织。""被撤销的工会，其会员的会籍可以继续保留，具体管理办法由中华全国总工会制定。"规定"工会主席、副主席任期未满时，不得随意调动其工作"；"非经会员大会全体会员或者会员代表大会全体代表过半数通过，不得罢免"。还规定将基层工会主席、副主席或者委员的任职期限与劳动合同期限联系起来，不得因工会职务任期的长短，而影响劳动合同的履行。

三是增加了法律责任的规定，工会法对违反本法规定的行为作出规定，对阻挠职工依法参加工会或者阻挠上级工会帮助、指导职工筹建工会的；对依法履行职责的工会工作人员无正当理由调动工作岗位，进行打击报复的；对依法履行职责的工会工作人员进行侮辱、诽谤或者进行人身伤害的；职工因参加工会活动而被解除劳动合同的和工会工作人员因履行本法规定的职责而被解除劳动合同的；妨碍工会组织职工通过职工代表大会和其他形式依法行使民主权利的；非法撤销、合并工会组织的；妨害工会参加职工因工伤亡事故以及其他侵犯职工合法权益问题的调查处理的；无正当理由拒绝平等协商的，以及侵占工会经费和财产拒不返还的等违反本法规定的行为，都规定了相应的法律责任，更有力地保障工会依法履行职责。

第三个需要解决的问题是：进一步健全劳动关系协调机制

工会代表职工就保护劳动者合法权益与用人单位进行平等协商和签订集体合同，是我国发展社会主义市场经济过程中协调劳动关系的一个重要机制。

截至2000年底，我国建立平等协商、集体合同制度的企业已达42.9万家，全国已有10个省、自治区地方人大制定了集体合同条例。但实行平等协商、集体合同制度，目前还存在着许多问题：一是认识不统一，有的认为平等协商、集体合同制度可以在非公有制企业实行，国有企业可以不实行这个制度；二是有的企业经营者从维护自身利益的角度出发，拒绝与工会平等协商、签订集体合同；三是法律规定刚性不强，工会进行平等协商的权利难以落实。平等协商、集体合同制度作为工会参与协调劳动关系、维护职工合法权益的主要方式，应当进一步健全和加强。

对此，工会法规定，工会与企业通过平等协商和集体合同制度，协调劳动关系，维护企业职工劳动权益。工会代表职工与企业以及实行企业化管理的事业单位进行平等协商，签订集体合同。集体合同草案应当提交职工代表大会或者全体职工讨论通过。工会签订集体合同，上级工会应当给予支持和帮助。

随着社会主义市场经济体制的逐步建立，国家、企业、职工三方利益格局日益明晰。在这种情况下，有必要根据我国国情，在借鉴国际经验的基础上，积极探索建立多层次的劳动关系三方协调机制。1978 年我国批准了《三方协商促进履行国际劳工标准公约》。现在我国许多省、市建立了劳动关系三方协调机制，实践证明作用和效果都是好的。2001 年 8 月，劳动和社会保障部、中国企业联合会和全国总工会建立了国家一级劳动关系三方协商会议制度。因此，工会法规定："各级人民政府劳动行政部门应当会同同级工会和企业方面代表，建立劳动关系三方协商机制，共同研究解决劳动关系方面的重大问题。"

政府是三方协商机制中的一方，建立劳动关系三方协商机制，共同研究解决劳动关系方面的重大问题是政府负有的责任。劳动关系三方协商机制属于社会法范畴，因而带有公法性质与特点，不完全是私法。工会的"官方特征"，恰恰是这一法律属性的反映，我们要把所谓的"官办"工会变成实实在在的政府责任。工会的维权，政府应当理直气壮、义不容辞地给予支持。

但是三方协商制度在各地的发展还很不平衡，没有充分发挥作用，需要按照工会法的规定，认真加以贯彻落实。

第四个需要解决的问题是：保障工会工作的物质基础

工会经费是工会依法维护职工合法权益和组织职工开展活动的物质基础。工会开展工作及各级工会领导机关工作人员的工资等费用，均是从工会经费中开支，而不是由政府财政开支。按照 1992 年工会法的规定，企业、事业单位、机关按职工工资总额 2% 拨缴经费，其中，60% 留在基层，40% 分级上解。留在基层工会的经费用于与职工有关的各项活动和帮助困难职工。工会各级领导机关留成的经费，除用于人事、办公的费用外，大部分也都用于上述工作。近年来，尽管职工队伍不断壮大，但工会经费的收缴率却出现逐年下降趋势，主要原因是一些单位没有执行工会法的规定，拖欠、拒缴工会经费。目前全国工会经费收缴率只有50%左右，有的省仅为30%。由于经费得不到保障，致使一些地方工会和基层工会无法正常开展工作，有的甚至连工会专职干部的工资都无法支付，有的已严重影响到工会的生存和维权工作的开展，各地工会反映十分强烈。因此，工会经费的收缴亟须在法律上给予保障。

有的意见提出，工会法应建立企业未建工会的实行工会会费预付款制度，以督促企业建立工会。我们考虑，工会是由职工组建的，不是由企业或单位建立的，组建工会是企业职工享有的法定权利，组建了工会就有了会费，企业就应当按照工会法的规定拨缴工会会费，因此，没有采纳建立工会会费预付款制度的意见。

这次工会法修改，打破所有制界限，规定“建立工会组织的企业、事业单位、机关按每月全部职工工资总额的百分之二向工会拨缴经费”。并且明确“企业、事业单位拨缴的经费在税前列支”，同时，在收缴程序上作出规定：“企业、事业单位无正当理由拖延或者拒不拨缴工会经费，基层工会和上级工会可以向当地人民法院申请支付令；拒不执行支付令的，工会可以依法申请人民法院强制执行。”

以上是笔者简要将这次工会法修改解决的主要问题作的介绍。一部法律实施的效果，主要靠执行者对法律的认知与实践。工会法的修改，一定会有力地推动我国的工会工作。

妇女权益保障法修改的原则和重点*

全国人大常委会法工委行政法室主任　李　援

结合妇女权益保障法修改过程中涉及的几个主要法律问题，介绍一下这部法律修改的主要内容。

一、妇女权益保障法修改的原则和修改的重点

1992年10月1日，《中华人民共和国妇女权益保障法》实施，至今已近十五年了。这是七届全国人大五次会议通过的法律，是我国第一部专门以妇女为主体，全面保护妇女权益的基本法律，相对于其他几部由全国人大常委会通过的如未成年人保护法、老年人保护法等特定人群权益保护的法律，其地位和法律位阶是最高的。妇女权益保障法实施十多年来，在保护妇女权益、促进男女平等方面发挥了重要作用。

这部法律实施十多年来在妇女维权方面出现了一些新情况、新问题，于是2005年6月，国务院提请全国人大常委会审议妇女权益保障法修正案（草案），全国人大常委会于2005年8月28日审议通过了《关于修改〈中华人民共和国妇女权益保障法〉的决定》，于12月1日起施行。这是我国妇女事业发展进程中的一件大事，是妇女人权法制建设进程中的一个重要里程碑。它为广大妇女维护自身合法权益提供了重要的法律保障，为国家机关履行保障妇女权益职责提供了重要的法律依据。

---

* 2006年3月2日最高人民检察院女检察官协会，2006年11月7日全国政协女委员座谈会。

（一）关于修改的原则

1. 以宪法为依据，注重妇女权益保障法与宪法和其他有关法律的协调、衔接，维护法律的和谐统一。

2. 立足国情，适应我国经济社会发展和法制建设的进步，符合妇女权益保障面临的现实要求。

3. 保持基本框架，在原妇女权益保障法规定的基础上，针对妇女权益保障面临的突出问题进行修改完善。原法的九章结构没有变，对妇女的政治权利、文化教育权利、劳动和保障权益、财产权益、人身权利、婚姻家庭权益等在原有规定的基础上加以补充完善。

（二）关于修改的重点

1. 通过修改，明确执法主体，强化人民政府及相关部门的责任，增强法律的适用性。妇女权益保障法属于对特定人群权益保护的法律，特定人群往往是弱势群体，人民政府对弱势群体负有法定的、不可推卸的保护职责。我们正在构建和谐社会，政府更应当关注弱势群体，保护他们的合法权益，以体现社会公平。

2. 突出妇女权益保护的重点，增加适应社会主义市场经济条件下妇女权益保障的内容，增强法律的针对性。这部法律与残疾人保护法、未成年人保护法、老年人保护法一样，都有其需要特殊保护的权利。我们正在修订未成年人保护法，二审稿在第三条中就增加规定："国家根据未成年人的身心发展特点给予特殊、优先保护。"因此，这类法律应当有针对性地对特定人群的特殊权益的保护作出规范。

3. 强化妇女权益保护的措施和法律责任，加大依法行政、依法维权的力度，增强法律的操作性。这是这一类法律共同的问题，即共性和个性的关系。特定人群的合法权益都包含在公民的合法权益中，而公民的基本权利与其他合法权益在宪法和其他法律中都作出了规定，有的人就认为只需执行宪法和其他法律就可以了，这类保护特定人群合法权益的法律只是"宣言"，执行好坏关系不大。所以，修改时加大了依法维权的力度，在增强法律的操作性上下功夫，改变这类法律的"软法"形象。

4. 总结和借鉴国内外妇女人权保障的成功经验，体现法律的时代性。修改中我们充分参照妇女维权的国际公约，如《消除对妇女一切形式歧视公约》和《消除对妇女暴力宣言》，吸收中国妇女发展纲要的一些好的精神和内容，使妇女权益保障法具有鲜明的时代特色。

二、妇女权益保障法修改的主要内容

修改后的妇女权益保障法由原来的54条增加到61条，其中新增7条，删除6条，修改32条，修正案草案提出了多达44条的修改条文。修改法律有两种方式，一种是修正案方式，一般在修改条文比较少的情况下采用；另一种是修订的方式，它不受原法结构、条文的限制，可以大改。妇女权益保障法改了那么多，为什么用修正案方式呢？原因有三：一是妇女权益保障法是由七届全国人大五次大会通过的，是基本法律。这次由常委会来修改，常委会修改基本法律，只能是修正案，如果是修订，则必须由大会修改通过；二是这次修改是对原法的补充完善，依照宪法规定，在不与基本法律的基本原则相抵触的情况下，常委会可以对大会通过的基本法律作出修改；三是实施日期，修订法律要重新规定实施日期，而修正案则是沿用原法的实施日期。妇女权益保障法是由大会通过并确定了实施日期，因此，只能采用修正案的方式。

妇女权益保障法的修改内容主要体现在以下七个方面：

（一）将男女平等基本国策写入总则

修正案草案规定："男女平等是国家的基本国策。妇女在政治的、经济的、文化的、社会的和家庭的生活等方面享有与男子平等的权利。"在常委会审议和征求意见的过程中，对于"男女平等是国家的基本国策"的表述有两种不同意见。

一种意见认为，男女平等是否作为基本国策写入法律，需要慎重考虑。理由是：第一，在有关文件和领导同志讲话中，关于基本国策的提法比较多，如"改革开放""可持续发展""耕地保护""实行计划生育""环境保护"等。但是法律中只规定了耕地保护和实行计划生育两项基本国策。“男女平等”是宪法规定的宪法原则，这一宪法原则已经在我国的政治经济和社会生活的各方面得到确立，如果将“男女平等”与耕地保护和实行计划生育一样作为基本国策写入法律，有可能产生误解，是不是我国在实行男女平等方面有了严重问题，需要在修改法律时加以强调。第二，男女平等是宪法规定的基本权利，其稳定性和权威性远远高于国策，将两者并列规定是否合适，是否反而降低了男女平等这一宪法权利的地位。第三，基本国策作为政策，一般由政府根据实际情况需要确定。由立法来确定国策，需要慎重。

另一种意见认为，在本法中规定这一内容非常必要。理由是：第一，基本国策是宪法原则的具体化，规定男女平等是国家的基本国策，有利于各级人民政府和社会更加重视妇女权益的保护。第二，男女平等基本国策是我国政府对世界的庄严承诺。在1995年联合国第四次世界妇女大会上，我国政府对国际社会郑重承诺：“把男女平等作为促进我国社会发展的一项基本国策。”在《中国妇女发展纲要（2001—2010年）》中，明确将男女平等基本国策写入其中，确定了妇女发展的优先领域和主要目标。在2005年8月底纪念联合国第四次世界妇女大会召开十周年大会上，胡锦涛主席再次强调：“我们将坚持贯彻男女平等的基本国策，不断促进性别平等和两性和谐发展。使男女平等的基本国策真正落实到经济社会发展的各个领域和社会生活的各个方面。”将这一承诺用法律固定下来，有利于更好地维护我国的国际形象。第三，男女平等这一国策已经有了深厚的群众基础。2005年是全国妇联开展的国策宣传年，经过大力宣传，其内容已经在各级政府、社会和广大人民群众中有了广泛而深刻的影响，将它写入法律，有利于更好地贯彻这一基本国策。

法律委员会经过反复研究认为，两种意见都有各自的道理，应根据各方面的意见作出修改。修改后的妇女权益保障法规定：“妇女在政治的、经济的、文化的、社会的和家庭的生活等各方面享有同男子平等的权利。”这是照搬宪法的规定，一字不差，重申了宪法关于男女平等的原则。

接着规定："实行男女平等是国家的基本国策。国家采取必要措施，逐步完善保障妇女权益的各项制度，消除对妇女一切形式的歧视。"第一句话，把男女平等从权利变为实现过程，"实行男女平等是国家的基本国策"，比修正案草案增加了"实行"两个字，从这个角度上讲基本国策，讲得通。基本国策在政策体系中处于最高的地位，规范和引导着其他政策的制定和实施。将它规定在宪法男女平等原则之后，既体现了宪法至上的精神，又明确了实行男女平等基本国策的地位。

（二）明确执法主体，强化政府主导地位

妇女权益保障法修改前的突出问题之一是执法主体不够明确。有人说妇女权益保障法是软法、棉花法。现在全国人大常委会正在审议的未成年人保护法修订草案也有这个问题，中央一级对未成年人保护工作的协调机构仍未明确。修改后的妇女权益保障法在坚持重申保障妇女权益是全社会的共同责任的同时，从各级人民政府、人民政府有关部门、人民政府负责妇女儿童工作的机构三个层面，明确了执法主体，强化了政府责任。

关于各级人民政府的责任：(1) 各级人民政府是法律规定的首要的执法主体，妇女权益保障法规定，人民政府应当重视和加强妇女权益的保障工作。(2) 地方各级人民政府制定和实施妇女发展规划是地方各级人民政府贯彻落实妇女权益保障法的重要工作，妇女权益法规定，县级以上地方各级人民政府根据中国妇女发展纲要，制定本行政区域的妇女发展规划，并将其纳入国民经济和社会发展计划。(3) 人民政府有关部门的责任，除了规定"县级以上人民政府有关部门在各自的职责范围内做好妇女权益的保障工作"外，还在具体条文中，对涉及哪个部门的职责都作出明确规定。

关于妇女儿童工作的机构的责任：妇女权益保障法规定，县级以上人民政府负责妇女儿童工作的机构，负责组织、协调、指导、督促有关部门做好妇女权益的保障工作。这里"负责妇女儿童工作的机构"就是指妇女儿童工作委员会。国家级的妇女儿童工作机构是国务院妇女儿童工作委员会，成立于1990年，是国务院负责妇女儿童工作的协调议事机构。2005年委员会成员单位由最初的17个增加至33个，其中包括1个中央部门、27个政府部门和5个非政府组织。全国31个省份都在省级政府中建立了妇女儿童工作委员会办公室，此外385个地（市）、2000多个县（区）政府也成立了相应的机构。目前，已经形成四级政府保障妇女权益的组织机构体系，为推动妇女权益保障法的实施提供了必要的组织保障。

（三）进一步规范妇联组织的职能

修改后的妇女权益保障法从法律上进一步规范了妇联的职能和作用，明确了其代表和维护妇女利益，做好维护妇女权益工作方面的权利义务。以前人们有个错误的观念，把政府保障妇女权益的工作等同于妇联的工作，这可能与国务院妇儿工委的办公室设在全国妇联所造成的印象有关。2002年，全国妇联做过一次抽样调查，在回答“谁是妇女权益保障法的执法主体”问题时，有24.6%的人认为是妇联。

中华全国妇女联合会成立于1949年4月。妇女联合会的最高权力机构是全国妇女代表大会及其常务委员会，常务委员会下设书记处，由常务委员会推选第一书记和书记若干人组成，主持日常工作。妇联的地方组织包括省、市、县、乡（街道、社区）四级妇女联合会。目前，全国共有地（市）级妇联组织435个，县（区）级妇联组织2336个，乡（镇）妇联组织48066个，城市社区妇联（居委会妇代会）7.4万个，农村基层妇代会61万个，已经做到从中央到基层的全方位覆盖。长期以来，妇联组织以其健全的组织网络优势和在妇女群众中的影响，广泛参与妇女权益保障的各项工作，一是在国家立法和宏观决策过程中，妇联组织作为妇女利益的代表，参与了有关妇女权益保障的法律法规、政策的制定；二是配合政府制定实施中国妇女发展纲要，协助政府部门建立健全妇女发展纲要实施的组织机构和监督评估机制，协调有关部门建立了社会化的工作机制；三是维护受害妇女的合法权益，做了大量的维权工作。

修改后的妇女权益保障法新增了关于妇联为受害妇女提供服务救

助方面的权利义务的规定，拓展了妇联维护妇女合法权益的渠道，强化了妇联等妇女组织维护妇女合法权益的法律手段和责任，进一步明确了妇联组织的职能。笔者有一份材料讲，妇联组织通过在基层的多种形式，做了大量的维权工作，如建立妇女法律援助站、妇女儿童庇护中心、家庭暴力伤情鉴定中心，以及设立反家庭暴力投诉报警点和社区维权岗等，为权益受到损害的妇女提供服务救助。正是妇联组织以自己的维权工作，证明了妇联就是妇女权益保障法的“执法主体”。这是当之无愧的，应当引以为自豪的。尽管如此，本法的执法主体仍然是人民政府，本法只是明确规定了妇联的维权职能。修正案草案曾规定“各级人民政府和公安、民政、劳动保障、卫生等行政部门和妇联组织按照其职责及时采取措施解救”受害妇女。将政府及其有关部门与妇联组织并列起来，是不妥的。后来这一规定修改为：“各级人民政府和公安、民政、劳动保障、卫生等行政部门按照其职责及时采取措施解救被拐卖、绑架的妇女，做好善后工作，妇女联合会协助和配合做好有关工作。”把政府的责任与妇联组织的职能分开作出规定。

（四）完善了妇女的政治权利

妇女的政治权利是指妇女依法通过各种途径和形式，参与国家政治生活，管理国家事务，管理经济和文化事业、社会事务，对国家大事发表见解，以及对国家机关和国家机关工作人员进行监督的权利。修正案草案主要从各级人大女代表比例以及基层群众自治组织中的女性名额方面加以完善，加强了对妇女参政权的特别保障。关于妇女的政治权利，大家的关注点在各级人大女代表所占比例的问题上。从二十世纪八十年代以来，我国各级人大女代表比例增长缓慢，在有些地区和领域甚至有所下降。从 1978 年的五届全国人大到 1993 年的八届全国人大，女代表的比例一直徘徊在 20%—21% 之间。到 1998 年九届全国人大才增加到 21.8%，而到了 2003 年第十届全国人大女代表的比例又下降至 20.2%。目前，我国人大常委会女委员比例在 13% 左右，地方各级人大及其常委会的女代表、女委员的比例有的更低一些。笔者没有看到关于全国政协女委员比例的材料，是不是要比全国人大女代表的比例高一些？（有全国政协女委员回答：全国政协女委员的比例是 17.6%，比全国人大女代表的比例低）针对现实问题，修正案草案规定："国家采取措施，逐步提高全国人民代表大会和地方各级人民代表大会的代表中女性代表的比例。地方各级人民代表大会女性代表候选人的比例，由省、自治区、直辖市规定。"

对草案的这一规定，有意见提出：（1）本条中应明确规定女代表的具体比例，如规定女代表的比例为 30%；（2）女代表的比例由地方作出规定，有利于为妇女参政创造更多的机会，近几年来全国各级人大妇女代表比例不但没有增长，反而有所下降，亟须依法采取有效措施，提高妇女代表的比例。目前，全国已有 22 个省、自治区、直辖市规定了地方人大女代表的比例，法律应当对此予以肯定。

另有意见则认为：（1）实践中地方人大换届选举时，中央对妇女代表的比例都有明确的指导性意见和要求，地方应当遵照执行，而不宜自行作出规定；（2）如果本法要求地方规定妇女代表候选人的比例，与选举法规定不衔接，实践中也不好操作，如要规定，也应该由选举法作出规定；（3）草案规定"地方各级人民代表大会女性代表候选人的比例，由省、自治区、直辖市规定"，主体不明确，是由地方人大规定，还是由地方政府规定，或是由地方党委规定？因此，建议删去此规定。

法律委员会经过研究认为，中央对地方各级人大的妇女代表的比例有明确要求，地方不宜再作规定。同时，考虑到这一问题涉及选举制度，应与选举法相衔接。因此，法律委员会建议将这一规定修改为："全国人民代表大会和地方各级人民代表大会的代表中，应当有适当数量的妇女代表。国家采取措施，逐步提高全国人民代表大会和地方各级人民代表大会的妇女代表的比例。"与 1992 年的妇女权益保障法的规定相比，增加了"国家采取措施"的规定。其含义是：国家制定相关政策，推进妇女参与国家和社会事务管理及决策进程，扩大妇女民主参与的渠道；在人大选举中，由中央给予地方指导性要求，逐步提高妇女代表的比例；在日常实际工作中注重培养女干部，加强培训，提高妇女的综合素质和参政水平，促进妇女在政治上发挥更大的作用。

（五）有关退休的规定

修正案草案规定："用人单位在就业、晋级、晋职、评聘专业技术职称、退休等方面，应当严格执行国家有关规定，不得歧视妇女。"增加了"退休"两字。本意是在退休的年龄上，男女要一样，都是六十岁退休。审议时，也有意见要求明确写上实行男女六十周岁退休。由于目前我国国家机关、企业事业等不同性质的单位，执行不同的退休制度，都有具体的规定，这部法律还不能作出统一的规定。2005年6月刚通过的公务员法，虽然大家意见也很大，但也没能解决这一问题。如果在男女平等的层面上规定统一的退休年龄，就会与现在国家机关、企业事业等不同性质的单位的不同规定不一致，执行中就会出现混乱。另外，考虑到近年来在执行现有退休制度方面，出现了一些侵害妇女权益的现象，如有的单位不执行国家有关规定，擅自将女职工退休的年龄提前，即使规定企业女职工50岁退休，单位也不执行，还要提前；还有的擅自降低女职工的退休待遇，侵犯了妇女的合法权益等。针对现实中的问题，修改后的妇女权益保障法规定："各单位在执行国家退休制度时，不得以性别为由歧视妇女。"对退休问题规定了一个非歧视原则，以解决执行中的问题，但没有涉及退休年龄等具体问题。

（六）增强对妇女人身权利的保护

对妇女的人身权利，任何组织和个人都不能任意地剥夺或者妨碍其权利的行使。结合近年来出现的拐卖妇女、利用妇女进行色情活动、实施性骚扰等妇女人身权利和人格尊严保护中的突出问题，修改后的妇女权益保障法在已有的保护措施的基础上，增加了关于妇女权利保护新内容。主要体现在三个方面：

1. 扩大了妇女人格权的保护范围。妇女权益保障法规定："妇女的名誉权、荣誉权、隐私权、肖像权等人格权受法律保护。"增加了对妇女荣誉权、隐私权的保护，对妇女给予了更深层次的人文关怀，并且还特别强调了大众传媒的责任，有很强的现实针对性。

近年来通过大众传播媒体或者其他方式贬低损害妇女人格的现象较多，其中利用女性的容貌、身体和低俗的言行来刺激消费，追求经济利益的“美女经济”有愈演愈烈的趋势。名目繁多的选美活动，不断升级的美容整形，花样翻新的美女广告促销，还有在孕妇肚皮上作画、人体宴、商场门前洗澡等，都是把妇女放在一种满足他人欲望的被欣赏、被评价甚至是被商品化的位置，极大地贬低了妇女的人格。因此，妇女权益保障法规定：“禁止用侮辱、诽谤等方式损害妇女的人格尊严。禁止通过大众传播媒介或者其他方式贬低损害妇女人格。”同时规定：“违反本法规定，通过大众传播媒介或者其他方式贬低损害妇女人格的，由文化、广播电影电视、新闻出版或者其他有关部门依据各自的职权责令改正，并依法给予行政处罚。”明确了通过大众传媒或者其他方式损害妇女人格的法律责任。

2. 明确规定人民政府和公安、民政、劳动保障、卫生等部门以及妇联组织在解救被拐卖、绑架的妇女和做好善后工作方面的责任，有利于推动建立政府领导下的多部门合作的反拐卖妇女儿童工作机制，形成工作合力。各级人民政府和公安、民政、劳动保障、卫生等部门按照其职责应当及时采取措施解救被拐卖、绑架的妇女，并做好善后工作。妇女联合会予以协助和配合。政府各部门和有关组织应当依照妇女权益保障法的规定，明确责任、各司其职、相互配合、通力合作。

3. 增加禁止对妇女实施性骚扰的规定，并明确救助途径。这是本法修改过程中的一个热点问题，也是法律中第一次规定“性骚扰”，是新规定，社会上引起很大关注，这里多讲一点。

关于性骚扰的概念。“性骚扰”这一概念最早于二十世纪七十年代在美国出现，到二十世纪九十年代开始逐渐被中国大众接触。在中国，老百姓一般对性骚扰这类行为称之为“耍流氓”，或者是“侮辱、猥亵他人”。目前国际上对“性骚扰”还没有统一的定义，但对职场性骚扰基本达成共识：一是此行为必须带有性色彩，以性愉悦为目的；二是此行为对承受方而言是不受欢迎的，是有损于其人格和尊严的；三是承受者对该行为的接受与否被明确地或者含蓄地用来作影响该人接受职业培训、得到雇佣、晋升、提高工资待遇或者其他雇佣决定的基础，或者这种行为可导致承受人在工作场所中产生一种胁迫、敌视、羞辱性的工作环境，即敌意性工作环境，也就是说让人待不下去。最具权威性的“性骚扰”的定义是：“性骚扰是指不受欢迎的性行为，或其他以性为目的的行为，它损害了工作女性与男性的尊严，包括不受欢迎的身体接触、语言或者非语言行为。”判定性骚扰的标准是“此行为是否受欢迎”。如搂抱一女性，她不反感，则不是性骚扰；如她反感、讨厌，则构成性骚扰。是否是性骚扰以承受者的感受为标准，而不以行为者的主观动机为标准。

上述对性骚扰概念的理解，在我国还是有所不同。我国现行法律没有对性骚扰作过明确界定，在妇女权益保障法中是第一次作规定。学者和理论界对性骚扰的理解主要是指广义的性骚扰，即发生在工作场所、公共场所等区域中的针对他人的性暴力行为。根据其严重程度，分为一级性骚扰和二级性骚扰。一级性骚扰，是指性攻击行为，如强奸、性虐待及任何造成身体伤害的暴力动作或者异常行为，也就是构成犯罪的行为。我们现在要规范的性骚扰行为是指二级性骚扰行为，主要表现为：一是语言骚扰，包括各种带有性含义的性别歧视、性别偏见的评论；二是性挑逗，即一切不受欢迎、不合时宜的带猥亵行为的性挑逗行为，包括掀衣服、触摸敏感部位、暴露性器官、展示色情图片等；三是性胁迫，即以威胁或胁迫等违背他人意志的手段实施的强迫性性行为，如强吻、搂抱或强行猥亵行为。如果上述行为情节严重的，应受到法律制裁。从这一定义看出，我国对性骚扰的理解与国外还是有差别的，我们还是以行为者判定性骚扰的成分多一些。也就是说，从承受方讲，同一行为，对甲来说可能构成性骚扰，而对乙来说，可能就不构成性骚扰；从行为方讲，同一行为，则对甲和乙而言，都是性骚扰。

再回过头来讲妇女权益保障法的规定。修正案草案的规定：“任何人不得对妇女进行性骚扰。”“用人单位应当采取措施防止工作场所的性骚扰。”对这个问题，在常委会审议和征求意见的过程中有两种意见。一种意见认为，本法不宜对性骚扰作出规定。理由是：第一，性骚扰涉及的问题比较多，如什么是性骚扰，司法实践中如何进行举证，用人单位如何采取措施来防止性骚扰，处罚方面如何与治安管理处罚法相衔接等。这些问题不搞清楚，就将其写入法律，不但不具有操作性，而且容易造成混乱。第二，性骚扰的受害者不仅包括女性，还包括男性，法律第一次对性骚扰规范，不宜首先由妇女权益保障法来作出规定。从国外的立法来看，多是在劳动领域的立法中对职场性骚扰问题作出规定，因此，我们可以考虑将来在劳动法或者其他法律中作出规定。

另一种意见则认为，性骚扰是目前侵害妇女人身权利方面比较突出的问题，社会各方面非常关注。本法明确规定禁止性骚扰，有利于进一步加强对妇女权益的保护，是必要的。同时还应考虑对这一规定的内容加以补充完善，如规定性骚扰的概念、举证责任、用人单位在防止性骚扰方面的具体义务以及对性骚扰的赔偿责任等。

当时性骚扰问题在社会上引起广泛关注和热烈讨论，报纸、广播、网络都把它作为热点问题进行炒作，发表了大量文章和意见。一时间就好像妇女权益保障法的修改，就是要写进性骚扰这一个问题似的，甚至发生狗遭“性骚扰”打 110 求助的荒唐事情。事情到了这一步，应当怎么办？说实在话，笔者并不同意在这部法律中首先规定性骚扰，但这时如果把这一条内容删去，其社会反响可想而知。

法律委员会经过对上述两种意见进行反复研究认为，性骚扰问题社会各方面十分关注。目前，妇女是性骚扰案件的主要受害者，为了更好地保障妇女的合法权益，在本法中规定禁止性骚扰是必要的。同时考虑到“性骚扰”写入法律是第一次，需要慎重对待，对此问题只作出原则规定比较适宜，对涉及的有关问题，如性骚扰的概念、举证责任以及用人单位在防止性骚扰方面的义务等，可以由地方性法规或者司法解释作出规定。因此，法律委员会建议将这一规定修改为：“禁止对妇女实施性骚扰。受害妇女有权向单位和有关部门投诉。”这是从受害妇女主张权利的角度规定，也是向国际上对性骚扰通行的理解靠扰，以承受者的感受为主要判定标准。同时，在法律责任中规定：“违反本法规定，对妇女实施性骚扰或者家庭暴力构成违反治安管理行为，受害人提出请求的，由公安机关对违法行为人依法给予行政处罚。受害人也可以依法向人民法院提起民事诉讼，请求侵权损害赔偿。”这样规定也有利于地方性法规或者司法解释作出具体规定。最近，上海制定的妇女权益保障法实施细则中就规定：“禁止采用语言、图片、音像、网络邮件和行为等方式对妇女实施性骚扰。”具体规定了五种方式，有利于对受害妇女权益的保护。

（七）强化了救济措施和法律责任

法律责任一章是这次修改妇女权益保障法的重点之一，也是变化比较大的一章。不仅从数量上由 5 条增为 8 条，而且在内容上也作了重大修改。

1. 明确了妇女权益受到侵害时的救济途径，向有关部门投诉、向有关机构申请仲裁、向人民法院起诉；增加了法律援助机构、人民法院依法为妇女提供法律援助或者司法救助的规定。

2. 强化了妇联等妇女组织维护妇女合法权益的法律手段。规定妇女权益受到侵害，可以向妇联投诉，妇联有权要求并协助有关部门或者单位予以查处。审议中还有意见提出，妇联可以代表受害妇女提起诉讼的问题，因为涉及公益诉讼和团体诉讼的问题，我们将在修改民事诉讼法和行政诉讼法时一并考虑。

3. 进一步明确了侵犯妇女合法权益的行为人应当承担的法律责任，包括民事的、行政的和刑事的法律责任，并规定其他法律、法规已规定法律责任的，依照法律、法规的规定给予处罚。这一规定也解决了妇女权益保障法与其他法律的衔接问题。

4. 强化了负有保障妇女合法权益职责的机构和工作人员的法律责任，对失职推诿的、不履行职责的和自己本身就侵犯妇女权益的三种情况，分别作出规定，对其领导人员或者主管人员和直接责任人员依法给予行政处分。

5. 其他法律没有规定法律责任的，如家庭暴力与性骚扰、贬低损害妇女人格的行为，作出了具体的法律责任规定，以便在实践中更好操作。

法律责任的这些规定，使侵害妇女合法权益的行为人所应承担的法律责任更加清晰明确，责任体系也更加完整，对于保证妇女权益保障法的贯彻实施，对于妇女合法权益的保护增加了力度，更有操作性，可以有效改变这部法律的“软法、棉花法”的形象。

后记

我的第一篇法律宣传文章刊登在1987年11月23日的《法制日报》上，题目是《我国公民享有宪法和法律规定的权利》。我第一次接受记者采访是1994年10月28日与北京大学法律系贾俊玲教授、劳动部法规司陈刚司长一起接受《光明日报》编辑部采访，介绍刚刚通过的劳动法，题目是《我国劳动法制建设的里程碑》。1996年3月，行政处罚法出台，我在司法部宣教中心录制了第一张宣讲行政处罚法主要内容的光盘。1999年11月17日我第一次到央视《今日说法》专栏，录制了行政复议法释法系列专题节目。此后，全国人大常委会法工委在每一部重要法律出台后，都要通过培训班、报告会、出版释法讲话书籍，以及召开记者发布会等多种形式向社会各界宣讲法律。我也因此就我参与制定的行政法和社会法领域的重要法律作了数百场释法报告，直到退休后的若干年。本书就是这些年我作过的十四部重要法律外加代序共十七个释法报告，经过整理编辑成集。

立法，就是建立法律制度，使我们国家机关和公民、组织在法律制度下依法治国、依法行政和依法办事。释法报告主要对法律的制定过程、立法宗旨与指导思想、应遵循的法律原则以及建立的基本法律制度作出讲解。由于法律具有规范性与稳定性特征，尽管有的法律之后做过修改，但其立法宗旨、原则与基本法律制度并未修改。因此，释法报告现在读来，仍然可以看到立法当时社会经济发展的历史背景，读出立法原意，体会法律的规范对于我国改革开放，促进社会经济发展，推动依法治国方略的实施所起到的巨大历史作用。正确理解法律是切实执行好法律的基础，那么，正确宣讲法律，以便于公众正确理解法律，就是我所作释法报告的意义之所在。

我在全国人大常委会法制工作委员会工作了三十年，在各级领导和机关同事的关怀、领导、帮助下，参与了行政法和社会法领域的一些重要法律的制定工作，做了一些法律宣传工作。现在我把在工作中作过的释法报告编辑成书，看作是我三十年立法工作的小结。局限于我的法律理论水平，释法报告中难免有疏漏失误之处，请读者不吝赐教。

中国特色社会主义法律体系已经形成，把它加以完善和发展，为实现依法治国，建设社会主义的现代化国家，我们的立法任务十分艰巨。我衷心祝愿我国的立法事业在新时代不断取得新的成绩。

是为后记。

作　者

2019 年 6 月 15 日午后